奇蹟課程釋義

學員練習手冊 行旅

Journey through the Workbook of A Course in Miracles

第一冊（1～40課）

肯尼斯‧霍布尼克博士（Kenneth Wapnick, Ph.D.）◎著

若 水◎譯

奇蹟課程基金會授權出版

若水致謝詞

　　早年，我雖知這整套十三冊（原文版）的《奇蹟課程釋義》乃是奇蹟學員不可或缺的自修資料，但受卷帙浩繁所震懾，不敢輕易擔下這一重責，僅私下鼓勵深諳英文的資深學員，以共修方式分享此書的精華。未料到一向曲高和寡的肯恩思想，竟然在奇蹟團體內引起熱烈迴響，令我重新反思出版中文版的可能性。而肯恩的意外早逝，讓我意識到，若要發揚光大肯恩的傳承，唯有這套大部頭的《奇蹟課程釋義》最能表達出肯恩對《奇蹟課程》的獨到見解以及修行心得。在我猶豫之際，幸有許多知我惜我的奇蹟弟兄慨然相助，為我謄稿，校訂，編排，彙整，圓滿我回報師恩的心願。

　　在此特向〈學員練習手冊行旅〉第一冊的協助小組獻上最深的感謝：輸入文字的李泰運，協助譯文排列及奇蹟引文正確呈現的彭桂華，負責中英文校對的林妍蓁；此外，最感謝的莫過於奇蹟資訊中心總編李安生與黃真真，他們除了潤稿以外，還需照料出版過程所有可想見的繁雜細節，為中心所有出版物品質把關，讓這部〈行旅〉得以最完美的形式呈現於讀者面前。

目　次

序

　　1998到1999年間，我在「奇蹟課程基金會」舊址紐約州的羅斯柯鎮，為學員連續講解〈練習手冊〉一年有餘，現在這八冊書〔譯註一〕就是根據當年那五十八堂課的演講錄音結集出來的成果。每一卷錄音約莫一小時，逐句解釋了〈練習手冊〉的每日練習、導言、複習、綱要以及跋。礙於當初在課堂上時間的限制，不能不跳過若干章節，有些較為次要的段落也只能三言兩語簡要帶過。如今，在這八冊〈手冊行旅〉中，我不僅補上課堂中所略過的章節，為某些論點增添了不少補述，還進一步提供《奇蹟課程》裡頭相關的章句，也適時引證了「序言」、〈心理治療〉和〈頌禱〉〔譯註二〕，以及《天恩詩集／暫

〔譯註一〕即指肯恩在2005年出版的一套八冊〈學員練習手冊行旅〉。中文版因為顧及篇幅，故有不同的分冊及冊數。
〔譯註二〕〈心理治療〉和〈頌禱〉即是《奇蹟課程》之〈補編〉，通常簡稱為〈補編〉，是海倫・舒曼晚年的秘傳資料。

譯》〔原註〕，來跟先前的論點相互印證。因此，這套的〈練習手冊行旅〉，堪稱為奇蹟學員研讀〈練習手冊〉最完整的修行夥伴。

這套書的編纂目的，同時也是當初開設此一課程的初衷：幫助奇蹟學員了解三百六十五課的深意，以及它們在整部課程中的作用，更重要的是，幫助學員明瞭「將每日一課運用於現實生活」的立意所在。倘若不能在生活中活出來，《奇蹟課程》那些震古鑠今之言可謂枉費唇舌，徒然淪為一套了無生命的學說。換言之，本書的宗旨，就是幫助學員將〈正文〉理念架構所引申出來的教誨運用到現實生活，一如〈練習手冊〉開宗明義所言：

> 〈正文〉中所提供的理論基礎，是〈練習手冊〉中不
> 可或缺的架構，它賦予了每個練習的意義。然而，你
> 必須親自操練這些練習，才可能達到本課程的目標。
> 沒有經過鍛鍊的心靈是無法成就任何事情的。這本
> 〈練習手冊〉的目的，即是遵循〈正文〉的要旨來訓
> 練你的心靈如何思考。（W-in.1）

〔原註〕這本詩文集乃出自《奇蹟課程》的筆錄者海倫・舒曼之手。在本書中，我直稱她為「海倫」，暱稱她的筆錄夥伴威廉・賽佛為「比爾」。若要深入了解海倫及其筆錄《奇蹟課程》與相關資料的歷程，還有她與比爾的關係，請參閱我的《暫別永福──海倫・舒曼的故事以及筆錄奇蹟課程的經過／暫譯》一書。

　　雖然我們多半記不得自己小時候是如何學會閱讀、書寫與算術的，然而，凡是當過老師的人都明白，學生必須藉著不斷重複練習才能學會。同理，只要是學會任何一種樂器的人，絕對忘不了那種日復一日反覆練習音階與基礎曲目的過程。因此，若想學會〈正文〉裡的寬恕原則，同樣需要從早到晚操練，甚至還得時時刻刻的覺察！耶穌提醒過我們，每一個會晤都是神聖的會晤（T-8.III.4:1），因為每一刻的經歷，不論大小輕重，都給予我們一個收回投射的機會，我們才可能看清自己隱藏在潛意識下的心念。缺少了這份覺知，本課程的終極目標「重新選擇」，根本就形同虛設了。可還記得，我們在小學裡初學基礎課程時，並不是去學每一個單字或數字的所有排列組合；老師只是教導一些原理或原則，然後給出幾個具體範例，讓我們反覆練習套用在所有的例題上。耶穌或聖靈這位新老師也是如此，他先教我們如何寬恕某個特殊關係，然後要我們把這個基本心態套用在所有的關係上頭：

> 本〈練習手冊〉的目的是按部就班地訓練你的起心動念，給你另一種知見去看待世上的一切人與事。這些練習有意幫你將課程生活化，使你明瞭原來每一課都能夠同等地運用在你所見的一切人與事上。（W-in.4）

　　耶穌擔心我們漏讀了這一段，因此隔了兩段，又再叮嚀一次：

因此，你唯一需要貫徹的普遍原則就是：首先，按部就班地依照指示去練習。這是幫你把當天的概念普遍運用於你所在的任何場景，以及所涉及的每個人或每件事上。……總而言之，這些練習的目標是為了增強你的延伸或推恩能力，把行將操練的觀念運用到一切事物上。（W-in.6:1~2;7:1）

等我們進入〈練習手冊〉內文後，還會針對這一重點詳加解說。

至於如何閱讀這套〈練習手冊行旅〉，至少有三種方式：一、一氣呵成地讀完，就像閱讀〈正文〉那樣；二、在不同時機選讀自己想要深入的某一課；三、隨著自己操練每日一課的進度，配合該課的釋文來閱讀。不過，對於初次操練〈練習手冊〉的新學員，我建議你們只讀每日的課文就夠了，不用加上我的釋義。總之，這套〈行旅〉和我其他《奇蹟課程》相關著述一樣，只適合當作補充資料來加深操練時的體驗，不能取代〈練習手冊〉這份天賜的禮物。

在進入內文以前，容我針對本書的性質與架構稍作說明。對於從頭讀到尾的讀者，請記得，我解說時並無意鉅細靡遺地涵蓋每一個細節，否則這套〈行旅〉的篇幅必然卷帙浩繁，遠遠超過目前的八冊，必定令人難以負荷。也就是說，每當我提出某些原則或某一觀念時，乃是假設讀者已經讀過我以前的詳盡解說，例如我常提到小我的運作原則「非此即彼」，通常不

再細說它的形上哲理及深遠含意。另如下文提到《奇蹟課程》的比擬用語，當出現「上主」一詞時，往往是指聖靈。這些情況，有時我會為讀者點出，有時則略過，不再一一細述。

基於〈練習手冊〉迴旋式的特質，我重複引用〈正文〉、〈教師指南〉或其他書籍時，未必點明這段話先前已經引用過了。最後一冊裡的索引會讓讀者一目了然我從《課程》、〈補編〉或《天恩詩集》引用的出處與次數。前文提過，我常引用海倫的詩來印證某一課的論點，不只因為兩者相得益彰，我也想藉機將這些美妙的詩篇介紹給從不知道海倫有詩作的讀者。比如〈上主的贈禮〉這篇散文詩（目前已收錄在《天恩詩集》的最後），它為《奇蹟課程》的思想體系作了精簡又動人的概說，可說是海倫另一小小傑作。我相信，熟悉海倫詩集的讀者會驚喜發現兩者之間竟然如此聲息相通；至於首次接觸海倫詩作的讀者，應該也會樂見多了一處學習奇蹟理念的源頭資料。讀者若有興趣，不妨參考前註所提及的《暫別永福》一書。

我還要補充一點，〈練習手冊〉所引用的《聖經》章句並未一一註明出處，有興趣的讀者請參考我的《奇蹟課程特殊用語索引／暫譯》，裡面完整臚列了直接和間接引用的《聖經》章句。

接下來，可以談談《奇蹟課程》的用語了。我在《奇蹟課程的訊息／暫譯》第二冊〈聆聽者稀〉〔原註〕對此有深入的討論，它指出《課程》是用二元論（或隱喻性）的手法寫出的。耶穌在〈詞彙解析〉的「導言」也說得很清楚：

> 本課程完全是針對小我的思想架構而寫成的，因為只有小我需要這一課程。它所致力的目標並非超越一切錯誤之上的境界，整部《課程》的設計僅僅是為那境界鋪路而已。因此，它使用文字，而文字只有象徵的功能，無法傳達超越象徵之上的境界。……**本課程十分簡單**。它只有一個任務及一個目標。為此，它才能徹底保持一貫性，因為只有如此它才能一以貫之。（C-in.3:1~3,8~10）

耶穌在此強調了文字的象徵性，並重申它的虛幻本質。他在〈教師指南〉也提過類似的觀點：

> 反正上主聽不懂人的語言，因為語言乃是分裂的心靈為了繼續活在分裂的幻境中而造出來的。然而，語言對初學者特別有用，它能幫人專注，幫他排除或至少控制住有如脫韁之馬的雜念。然而，不要忘了，語言只是象徵的象徵。因此，它離真相有雙重之隔。（M-21.1:7~10）

〔原註〕請參閱第二及第三章。

由於我們習慣用大腦思考，不善於心靈的體會和了解；基於這一限度，耶穌必須使用我們所能接受的形式來傳達他抽象而無具形的愛。為此，他在〈正文〉告訴我們，如何透過聖靈所教的寬恕重新體驗一體生命的真相：

> 在學習過程中，你難免會把時間與空間當成兩回事；因為只要你還認為自己有一部分能夠獨立自主，合一與一體的觀念便失去了意義。四分五裂的心靈顯然無法充當傳授萬物一體之理的老師。只有心靈內維繫萬物一體的「那一部分」，才堪當心靈的聖師。**祂會使用心靈所能了解的語言，利用它自以為面臨的事件。** 祂必須借用你所有的學習經驗，才能把種種幻相帶到真相之前，領你越過所有錯誤的自我觀念，邁向那超越一切錯誤的真理之境。（T-25.I.7:1~5）〔編按：上述引文的粗體是肯恩所標註的〕

也因此，《課程》才會把上主、聖靈和耶穌都說成真人似的，彷彿是人類的一份子，不僅有性別，還會說話、行動、思考、計畫、反應、具有手腳之類的生理器官，甚至還會流淚。試想，一體不二的上主怎麼可能如此？事實上，〈練習手冊〉第一百六十九課說，上主僅僅「永恆如是」，此外任何說法都不具太大的意義。對此，奇蹟學員務必謹慎，切莫把描述上主、基督、聖靈、耶穌等這類的稱謂過於當真。精確地說，它們全屬於象徵或隱喻層次，純粹是為了遷就**我們認為自己是誰**

這一限度而不得不爾的一種表達。綜結而言，〈練習手冊〉大都是針對這一層次而寫的，因此我會不時點出「形式和內涵」以及「字面及字義」之間**好似**前後不一致的現象（有時還包括我引用的那些章句段落）。為此，耶穌在〈正文〉裡對我們耳提面命，切勿把象徵及其源頭混為一談（T-19.IV.三.11:2）。話說回來，如果能夠對象徵手法有一番正確認識，那麼，前後是否一貫的問題便會迎刃而解了。

此外，在用字遣詞方面，整部課程顯然也有不一致的現象，例如我先前提過的**上主**一詞，有時明明是在指**聖靈**。最明顯的一例即是第一百九十三課「一切事情都是上主要我學習的課程」，但在同一課卻又直言：「上主對於學習層面的事情一無所知。」（W-193.1:1）；然而，《課程》三部書中一向尊聖靈為我們的「導師」。又如第二十九課「上主在我所看到的萬物之內」，同一課裡以及下一課又澄清了那指的是上主的**目的**，但熟悉《奇蹟課程》的讀者都知道，在我們心靈內護守著寬恕目的的，乃是聖靈的任務。類似的例子不勝枚舉，日後遇到時，我會盡量為大家點出來。

還有一點必須澄清一下，即是書中沿用了不少基督教傳統術語，例如**救贖**、**二次來臨**、**末日審判**，更別提「我是世界之光」這類標題了。其中的道理，我已經解釋過了，那是耶穌採用了西方二元性的**形式**來傳達他別賦新意的**內涵**。我們必須謹記於心，《課程》所用的大都是我們從小耳濡目染的象徵式

語言。比方說，猶太教與基督教中的神有祂一貫的計畫，藉之
向人類施惠，例如改變自然現象、派遣天使、派遣聖子，甚至
讓祂的兒子為我們而死。在祂偉大的計畫裡，當然少不了一群
特殊人物，負起特殊的任務。舉凡這些，顯然都是一種擬人化
的寫法。我們若把這些象徵過於當真，就得小心了，這其實已
為我們亮起一盞紅燈，警告我們已經聆聽了特殊性的聲音而非
真理之天音。耶穌在〈練習手冊〉雖未直接提到「特殊性」一
詞，卻不時揭發它的運作伎倆。〈正文〉曾明確指出：倘若沒
有形體或我們所熟悉的形式，我們連想都想不出上主是怎麼一
回事（T-18.VIII.1:7）。耶穌顯然是在解釋，只因我們活在一具
一具的身體內，他不能不把上主也描寫得活像一個人似的。但
那並非上主的真相，而只是祂為我們**呈現的模樣**而已。千萬不
可因之而認為上主真的把聖靈或解藥放到我們的心靈內，或祂
為我們擬定了什麼計畫。其實毋寧說，當我們陷入昏睡，開始
作出瘋狂之夢那一刻，我們對生命真相的記憶也一起進入了夢
境，那記憶即是聖靈，也是我們的源頭；而這一切完全出於**我
們自己**的決定，與上主毫無瓜葛。聖靈代表了聖愛在人心中永
恆的臨在及記憶，祂不斷喚醒我們原是聖愛之子這一記憶。這
一點，後文還有機會繼續深入探討。

　　在踏上〈練習手冊〉的旅程之前，容我再補充幾句，希望
對大家有所幫助。如果學員在操練過程不曾感受到自己對某課
練習的強烈抗拒，那麼，此人若非陷於嚴重的否認或壓抑，就

是已經超凡入聖，才認不出那一課的挑戰。〈練習手冊〉的目的乃是延續〈正文〉的宗旨，化解小我整套以罪咎為核心的思想體系，而那正是個體生命的命根子，沒有人會自甘放棄這個命根子的；一旦失去了它，我們所熟悉的個體生命便結束了。為此，我們在小我的掌控之下，必會設法抵制任何入侵它的防禦工事之「外敵」。正因如此，我們把學習奇蹟的過程視為一段「旅程」，在旅程中，我們尊聖靈為師，請祂帶領我們跨越「抗拒」的荒原，以寬恕的光明為嚮導，以天堂的光明為目標，一路化解內心的恐懼、罪咎及投射。也正因如此，我們常將《奇蹟課程》的結構比擬為一首交響樂，主旋律反覆重現，其間增添一些變奏，片刻之後，主旋律再重新出現，直到救贖的高峯，最後將我們推向旅途的終點。

　　操練過程最常見的抵制形式，就是想不起當天的主題，甚至完全忘了操練這回事。除此以外，還有一種比較曖昧的抵制手法，就是把當天的主題或練習句當做「肯定語」來使用。然而，這絕非施設練習的初衷。這類誤解或誤用充分洩露出小我想把光明帶入黑暗的企圖──它不僅想要遮掩黑暗，還想**連光明都一起覆蓋起來**。其實，書上所有可能引發內心抗拒的說法，原是為我們指向光明的一個契機，讓我們一步步將小我陰暗的罪咎及判斷帶到光明前，驅散我們內在所有的黑暗。

致　謝

　　在此，我要感謝促成本書出版的所有朋友。首先是當初在基金會舊址聽我講課的學生，包括了中心的職員以及資深或偶然來訪的學員，因著他們對《奇蹟課程》理念與實修的熱忱，促成了這一連串的因緣。其次，也要感謝幫忙聽打錄音的無數義工，他們同時為我們擔起了初步的編輯工作，刪除演講時無法避免的拉雜冗長的口語瑕疵。接下來的責任，全都落在基金會出版部主任蘿絲瑪琍‧羅薩索女士的肩上。她不只負責錄音，後續將錄音稿轉為出版品，把聽打稿轉為可讀性大幅提升的書籍。這一龐大的責任，若無驚人的毅力及奉獻的熱忱，是不可能完成的。經過她苦心孤詣的編輯功夫，我才可能進行全面的審稿及修訂，達到眼前的完稿水準。可以說，對她的付出與貢獻，是筆墨無可道盡的。我還要感謝基金會的許多同仁：Jennye Cooke, Jackie Futterman, Emmy Massengill, Loral Reeves, Elizabeth Schmit, 以及 Virginia Tucker，因著他們不計辛勞的投入，所有的文稿才可能呈現為目前的書籍形式。

　　最後，我要由衷感激我的愛妻葛洛莉，在我整個教學生涯中，她一路伴隨，支持鼓勵，成為我著作靈感的泉源，「奇蹟課程基金會」也方得有今日的規模。

前　言

導　言

　　我們即將踏上「365步」（steps）的旅程了。在〈學員練習手冊〉的帶領下，我們將進入一個紛紜萬象的形色世界。前景究竟何等風光，我們根本一無所悉，只是一步一步隨著那位身兼導師、嚮導、兄長及摯友的耶穌前行，直到抵達天堂前的青青草原，等待「最後一步」的到來，從此消失於無色無相的永恆之境。「365步」當然就是指365天的365課，然而，從實相的角度觀之，這是一趟當下即至的「無程」之旅，因為我們的離鄉背井純粹只是一場夢。雖說我們沿用了人間一年的時間概念，但別忘了，永恆之境永遠臨在，線性時間只是夢中的一景。從實相而言，其實什麼也沒發生。但我們總得有個下手的起點，於是在現實世界中每天所經歷的渴望、夢想、愛恨及生死，都成了我們學習人生功課的課堂。然而，終有一天，它會教我們明白，連世界都不存在！

是的，這段旅程不是一趟時空之旅，而是循環式的歷程，旅程的終點即是回到起始點。借用詩人艾略特〈四個四重奏〉最後一部〈小吉丁〉的不朽詩句，我把原詩的**探險**（*exploration*）換成**行旅**（*journey*），改寫如下，竊盼艾略特不會介意：

> 切莫失去行旅的心情，
> 因一路滄桑結束後，
> 又將我們帶回起始點，
> 重遊舊地，卻似初次會晤。

我們這趟旅程是由一條主軸貫穿而成的，如同若隱若現的主旋律在整部樂章裡緩緩鋪陳，除了音樂行家這種識途老馬，普羅大眾未必聽得出來。然而，如果沒有聽出主旋律，整部樂章的主題結構就會顯得支離破碎。操練〈練習手冊〉也是類似的道理，這部交響樂是由兩大主題串連而成的。其一，心靈乃是活在幻境裡的我們的真實生命，它包括了妄心（小我）、正心（聖靈），以及從中選擇的抉擇者。其二，小我會在人間想盡辦法證明自己是對的，而耶穌的教誨是錯的。這兩個主題全是從《課程》的理念架構延伸而來，〈正文〉對此已作了精闢的解說。

如同序曲是為即將登場的主題樂章鋪路，這篇「前言」理當是為《奇蹟課程》的思想體系作一概述。誠如〈練習手冊〉的「導言」所說，每日的練習是從〈正文〉的理論架構所延

伸出來的,也因此,在我們踏上〈練習手冊〉旅程之前,必須先來概述一下這套思想體系,因為日後的解說仍將不斷引用到它。我們無法在此為讀者逐一細說《課程》所有的基本理念,但仍可提綱挈領地介紹一下,並特別點出〈正文〉與這段旅程緊密相關的重點教誨。接下來的概要解說,乃是圍繞著《課程》的兩個層次而整理出來的。「第一層次」區分了真相與幻相,一體與分裂,上主與小我兩種境界。「第二層次」只討論小我的分裂幻境,並且排比對照妄念體系及正念體系之差異,也就是對比「充滿罪咎、攻擊以及防衛的特殊關係」那個小我世界,和「以寬恕為主軸的神聖關係」那個聖靈世界。

第一層次:天堂的一體境界

《奇蹟課程》的立論基礎是「上主的一體生命」:

> 天堂不是一個地方,也不是某種境界。它只是對一體生命的圓滿覺悟,也就是悟出「此外無他」的那個真知:在這一體之外,別無他物,在這一體之內,也別無他物。(T-18.VI.1:5~6)

這完美的一體生命乃是《課程》實相觀之骨幹,使它名正言順地躋身於「非二元」思想體系之列。上主與聖子渾然一體,毫無分別。〈練習手冊〉是這麼形容的:

……祂從不在「祂自己的生命」以及「仍是祂自己的
生命」之間作任何區分。祂所創造的一切，從未離開
過祂，你絕對找不到天父的盡頭以及聖子獨立出去的
那一點。（W-132.12:3~4）

由於我們早已深信自己是二元對立的生命，活在時空領域
內，故很難想像那無分別、非時空的境界究竟是怎麼一回事。
當耶穌提及上主與我們的一體生命時，曾經如此說：

這一境界不是我們所能談論、描述，甚至推理
的。……我們不必在世人無法了解的事上多費唇舌
了。當你準備好接受一體真相的啟示時，你自會悟出
它的深意。（W-169.6:1,10:1~2）

在這一體生命內，愛永遠生生不已地自我延伸，上主從祂
的自性延伸出來的自性生命，稱之為基督，這就是《奇蹟課
程》的創造論。基督，既是上主的一部分，自然擁有造物主的
創造能力，而祂延伸出來的生命，即是我們所知的「造化」。
這創造與延伸全發生於非時空的實相中，故不論如何延伸創
造，依舊屬於生命本然的一體性。

因此，當我們論及《課程》的非二元形上基礎時，指的就
是真相與幻相的對立，也就是第一層次。上主與小我在此出現
了涇渭分明的分野，唯有完整一體的上主才是真實的存在，
其餘的全都屬於幻境。兩者之間既無妥協的可能，也無過渡

地帶可言：「……凡是虛妄的就是虛妄，凡是真實的則千古不易。」（W-PII.十.1:1）既然唯有永恆之境才是真實的存在，那麼我們所熟悉的過去、現在、未來，遂成了幻夢一場！

第一層次：小我的罪咎懼

底下這段《奇蹟課程》引言，還會不斷出現於後文中：

在「一切是一」的永恆境內，悄然潛入了一個小小的瘋狂念頭，而上主之子竟然忘了對它一笑置之。因著他的遺忘，這個念頭變為一個無比嚴重的觀念，成了一種能夠實現並產生真實後果的可能性。（T-27.VIII.6:2~3）

這小小的瘋狂念頭，指的就是上主之子以為自己可能與生命之源分開。縱然由實相的角度而言，這是絕不可能的事，但在聖子心靈作出的虛幻夢境裡，這事不僅**可能**發生，而且**已經**發生了。尤有甚者，這個不可能的事竟還衍生出一場宇宙大戲，神乎其技地打造出三個**角色**：小我、聖靈以及抉擇者。這三位好漢構成了分裂的心靈，在上主唯一真實聖子（基督天心）之外，好似真的另起了爐灶。

這場好戲是這麼開演的：瘋狂一念引發了兩種互不相容的

知見，心靈的抉擇者必須從中作一選擇。聖子心中相信自己與上主分裂的那一部分，稱之為小我，它為了說服聖子而大肆渲染分裂的輝煌戰果，例如：從此擁有與眾不同的個別身分、掙脫造物主暴虐統治之後就自由了……等等。至於聖子心中對自己原是基督這一真實身分的記憶，稱之為聖靈，祂的唯一回應，借用莎翁名劇〈李爾王〉的故事來作比喻，猶如李爾王的小女兒可蒂莉，她寧可默默地愛著父王，而不願對不利於她的處境去爭辯。爭辯，尤其與謊言爭辯，只會助長謊言的氣焰，故聖靈也只報之以一笑。可以說，整個「天人不曾分裂過」的救贖原則，盡付諸這一笑。這一笑，同時重申了天堂之律：**觀念離不開它的源頭**。也就是說，聖子所代表的聖念不曾離開過上主天心這一源頭。不消說，小我必會大聲辯駁：「觀念**的確**離開它的源頭了！」因為它本身便是最佳明證。

在這個節骨眼上，抉擇者比較像是裁判的角色，它不太滿意聖靈的回應，故選擇了小我眼中的真理。小我思想體系的最高原則「非此即彼」，就是由此萌芽的。就在聖子選擇了小我的分裂之際，等於否定了聖靈的救贖，故他必須想盡辦法用小我的謊言來覆蓋真理，讓聖靈消音。第一回合，小我勝利了，可是它也立即感到大難臨頭，擔心自己新建立的王國朝不保夕。小我心知肚明自己的存在全靠聖子的心靈選擇了它，萬一聖子改變主意，大勢就不妙了。只因一旦失去聖子的大力支持，小我便一無所能而消失於虛無中，因它的本質就是虛

無（nothing）。為了在聖子心內保全自己的虛幻生命，從虛無（nothing）變成某號人物（something），小我不能不精心策畫一番，它的求生大計是這樣的邏輯：

——小我的存在完全仰賴聖子對它的信任，自從聖子心靈作了「信靠小我」的決定後，小我已經達到目的了。

——然而，聖子一旦改變這一決定，就成了小我的末日。

——因此，一定要把聖子打入「失心」狀態，只要聖子徹底忘了自己擁有心靈這回事，就能讓他無從改變自己早已遺忘的決定。

所以，剩下的工作就是讓聖子相信「失心」對自己最為有利；唯有如此，聖子才會心甘情願且義無反顧地棄心靈而去。

至此，小我的「理論部分」已經架構完成，下一步就是如何將計畫付諸實行了。它讓聖子看到自己「拒絕聖靈」這一選擇的真正意涵——他不只拒絕了上主與聖愛，也徹底摧毀了天堂的一體境界；為了自己的生存，他不得不犧牲上主。小我把這個「與上主作對」的決定，稱之為「罪」。於是，與上主分裂再也不是一個無謂之夢（雖然在救贖原則眼下，的確只是一個夢），而成了一個鐵證如山的罪行，這跟聖子盜取上主的生命而自立為王的罪名，同樣的罪不可赦。如此一來，聖子好似謀殺了天父，釘死了基督，然後從血腥戰爭中浴火重生為一個獨一無二又十足特殊的個體生命，他就這樣由上主那裡篡奪了

祂的生命。但這是要付出代價的！從此，聖子這個與眾不同的個別自我永遠擺脫不了「罪」的陰影，他活出的個體生命，不僅僅是一個人而已，而且還是一個罪孽深重的人。

在繼續探討小我編織的神話之前，容我再提醒一下，自從聖子的抉擇者選擇小我而放棄聖靈那一刻起，他耳中只會聽到分裂之音，對救贖天音充耳不聞。只聽得見小我之音的人，由於缺乏其他聲音的抗衡，必會把小我之音當成天旨，以為它說的一切全都真實不虛。換言之，聖子完全封閉在小我那一套說法裡，除了小我之外，他一無所知。這也充分解釋了人類的集體意識為何對瘋狂的小我信念始終如此執迷不悟。

為此，當小我告訴聖子他犯了與上主分裂的滔天大罪時，這個罪便成了聖子的存在現實，也造成心理層次很深的罪惡感，罪咎就如此形成了。聖子意識到：「我不只**犯了**天大的錯，我的存在本身，**就是**天大的錯。分裂出來的個別之我，與生俱來就罪孽深重，因我變成了我犯的那個錯誤。我曾犯下滔天大罪，如今成了萬劫不復的大罪人。」請記住，這一切純粹是小我編出的神話，企圖慫恿聖子逃離自己的心靈。而且這不是比喻，他真的從心靈逃出去了。

這就是小我鴻圖大展的第一招，讓聖子相信自己是一個分裂出去而且罪孽深重的個體生命。他的存在即是他的罪證，因為小我告訴他，若要存在，他不能不犯下毀滅上主之罪。聖子的自我概念從此就與抉擇者脫鉤，轉而與那分裂之我、罪孽深

重之我認同——這對聖子反而成了福音，因為，再提醒一次，他在分裂夢境裡只聽得到小我之音。

　　小我繼續施展邪惡的魔法，恐嚇聖子：「縱然你謀害造物主，罪大惡極，但上主並沒有被你殲滅，反之，祂正摩拳擦掌準備找你算帳，打算把你從祂那兒偷走的生命奪回去呢！」換成《奇蹟課程》的說法便是：

> ……「你已篡奪了上主之位，切莫以為祂會就此罷休。」……如今，希望已經破滅。除了置祂於死地以外，你別無出路。這是你唯一的「得救」之道。憤怒的父親開始向他罪孽深重的兒子討債了。你若不痛下殺手就得坐以待斃，這是你當前的唯一選擇。此外別無出路，因為你所做的一切已經覆水難收了。斑斑血跡是永遠清洗不掉的，手沾血腥的你，不能不以死亡來償命。（M-17.7:3~4,7~13）

　　小我的神話瞬間轉為一場噩夢；夢境雖屬虛幻，但在我們意識中卻真實無比。我們在此看到了「罪與咎必定要求懲罰」這一原則是如何開始運作的：聖子犯了悖逆上主的罪，他心裡的咎不只證明了自己有罪，還時時警告他必會受到應得的報應。由於聖子得罪的是上主，上主自然成為懲罰他的索債者，他擔心若不先下手為強，自己絕逃不過上主毒手。「死亡成了有罪生命難逃的宿命」這個信念就是由此滋生的。我從上主那兒盜取了祂的生命，祂必會從我身上奪回這個生命，這豈非天

經地義之事！

　　上主一旦由我這兒奪回生命，就變成祂有生命而我失落了。這即是**非此即彼**的原則，一方若要獲得，必得犧牲另一方。因此，我們必須作一選擇，究竟想活成分裂之子？還是回到上主的一體生命？若把生命歸還上主，小我便消失了；小我若獲得生命，上主便隱退了。為此，小我必須精心策畫，挑撥離間，讓聖子身不由己地與上主作對，他的心靈變成了天人交鋒的戰場。在小我所編造的故事裡，聖子當然不是那存心報復的瘋狂之神的對手，他一旦聽信了小我的謊言，自知下場堪憐。如今，他這個罪孽深重的個體，心靈已成了窩藏分裂之罪的大本營，他怎麼可能不驚恐萬分？繼續逗留於此心之內，必然死路一條，只要看看對手是何許人物，他就知道自己一定會落得死無葬身之地，那絕非只是消失於上主天心內，而是徹徹底底的屍骨無存。就這樣，上主之子一步一步掉入了小我設計的圈套裡。別忘了，小我的陰謀伎倆，就是慫恿聖子自動自發而且義無反顧地與心靈一刀兩斷，自願活在失心狀態。他若膽敢回歸心靈，就得為自己與上主分裂之罪付出死亡的代價。

　　為此，分裂的心靈一步一步發展出三大特質：罪、咎，以及對死亡的恐懼。到了這步田地，聖子已無路可退，只好對他唯一的「朋友」說：「我完全相信你說的一切。我若在這心靈內多待一分鐘，必會灰飛煙滅。快來幫我吧！」小我便趕緊假惺惺地安撫聖子：「我有個妙計，保證能幫你脫身。你只需繼

續相信我就對了！」由於上主天音早被聖子消音了，聖子已別無選擇，只能任憑小我猶如天羅地網的彌天大謊，不斷緊緊纏身：「若想安全脫身，離開你的心靈就成了。」套用心理學的名詞，就是「投射」──明知這是自己心裡的想法，卻投到外面去，將它與自己的心靈一刀兩斷，然後異想天開地認為，把它們拋到外面，自己便可高枕無憂了。我們就是如此這般把分裂之念（包含了個體性、罪、咎，以及對死亡的恐懼）投射出去的，於是，一個充滿芸芸眾生，以及罪、咎、懼的物質世界，就這樣產生了。科學界將「大霹靂」（Big Bang）視為宇宙之始，而這種線性時間的世界觀，可說是《奇蹟課程》版的「大霹靂」。

投射的結果，造出的不僅是一個對立的世界，而且是個分崩離析的世界。當分裂出去的聖子把心中的小我思想體系往外投射後，它分裂成無以計數的碎片，就如同一大片玻璃碎成一地那般。每一碎片的形狀都不一樣，卻都保存了玻璃原有的成分。聖子奧體分裂後，也碎成了數量近乎無限的聖子，每位聖子都具有不同的外形，在分裂心靈的同一分裂妄念下，各自演繹出自己的分裂方式。雖說整個紛紜萬象的物質宇宙包含了有機和無機的生命，但我們的討論僅限於人類，也就是聖子把自己鎖在肉體裡的這一形式。至此，我們可以進入「第二層次」了，這裡包含了兩套截然相反的身體與世界觀。

第二層次：以罪咎與攻擊為主軸的小我妄念體系

　　曾幾何時，原始的分裂之念（亦即小我思想體系）的陰森碎片，透過身體形式，具體而個別地表達自己，形成了這個大千世界。每一具身體均以它特有的方式傳遞出小我對每個碎片最深的冀望：保住它由上主那兒盜取來的個體生命，而且把責任投射到外面的某人或某事上頭。換句話說，只要能找到一位最合適的代罪羔羊為自己的分裂心態負責，讓他付出代價，自己就能魚與熊掌兼得了。可以這麼說，凡是降生於世的人，心中都懷著甘受不公待遇的願望，如此，才好在別人身上看到我們不敢在自己內心面對的罪。也唯有如此，我們才能保全自己的個體身分，不僅和小我賦予它的罪名撇清關係，還能繼續用純潔的面容遮掩自己其實是兇手那個真面目。最常見的現象就是，小我為了離苦得樂，造出一堆問題，每個問題都可能打亂甚至毀掉內心的平安。世界跟它的心靈源頭就這樣淪為殺戮戰場，看不到出路。表面上，心靈好似困在肉體內，其實它是困在罪與咎的牢籠裡，插翅難飛。

　　活在世上的我們，都在「無情地四處搜尋罪的蹤跡」（T-19.IV.一.12:7），這是我們真正的煩惱之因，而且遲早會在別人身上找到證據，這樣就更能理直氣壯地定他們的罪了。如此一來，我們不僅與這具肉體的失心狀態更加認同，最妙的是，再也無需對自己的遭遇負責了。這就是小我「因內疚而攻擊，

因攻擊而防衛」的雙重循環，也構成了第一百三十六課所說的
「雙重遺忘」。

　　我們都是帶著已經發展成熟的小我體系進入人間的（當
然，與生俱來的聖靈體系也一樣發展成熟了，下文馬上就會談
到）。人類之所以會誕生於一具身體，就是企圖隱藏心內的罪
咎，讓它永無化解的機會。我們先前說過，小我的陰謀就是利
用「咎」來防止聖子的抉擇者重新選擇那始終藏在心內的愛與
救贖之念，因此，「咎」可說是小我存心讓我們遺忘的第一道
屏障。它接著推出的第二道屏障，開始慫恿聖子放棄心靈，變
成失心狀態，也就是投胎到一具肉體。身體成了遮蔽心靈的最
佳煙幕彈，把真正的問題藏到人間無盡的問題與掛慮的背後。
有了這具身體，聖子簡直如魚得水，他更有大好機會將潛意
識裡的咎投射到他人身上了，從生到死，樂此不疲。「咎」一
落到別人頭上，等於為對方定了罪，聖子就有理由發動攻擊。
上述「因內疚而攻擊」的循環便是如此開始的。這些攻擊會透
過特殊之愛或特殊之恨的關係而發動，這兩類關係可說構成了
小我分裂體系的核心，雖然〈練習手冊〉不曾直接使用這兩個
術語，但整本書其實處處指向這個陰魂。對此，我再多作些解
說。

　　自從小我展開了它的分裂大計，聖子瞬間淪為不時感到匱
乏的受造物，只因他真的感受到失落了某個寶貝；特殊關係便
於焉萌生了。可想而知，小我絕不會向聖子透露，他失落的

只是他對上主聖愛的記憶，因這記憶已由他的意識中抹去。小
我反而跟聖子說，他失落自己的純潔本性是因為有人把它偷走
了。匱乏感便這樣轉成了受剝削感。有人剝奪了原本屬於我的
寶貝，我理所當然該把那失竊的寶貝搶回來，這就是小我的第
四條與第五條無明法則（T-23.II.9~12）。

　　索回自己失竊的純潔本性，有兩種途徑。一是**特殊的恨**，
這屬於直接的攻擊手法，我們把內心暗地裡控訴自己的偷竊與
謀殺之罪轉嫁於他人身上。如果有人真的攻擊了我或傷害我
所關心的人（兩者其實是同一回事），就會讓我的投射顯得更
加理所當然。不論你真的攻擊了我，或只是我的想像，我都可
以理直氣壯地歸咎於你。第二種方式則是**特殊的愛**，那可微妙
多了。雖然我們更愛以牙還牙的回擊方式，但社會通常不允許
公然的攻擊行為。因此，為了證明自己的無辜，彌補內心的匱
乏，我們開始建立某種依存關係，尋找一位擁有某些特殊價值
的特殊人物來滿足自己的特殊需要。如果想要獲得自己渴望的
關注、尊敬、肯定與愛，我們不能不發揮交易的手腕，我得先
滿足對方的需求才可能換得自己的滿足。毋庸多說，小我必會
使出渾身解數，企圖以最少的付出來換取最大的利益，這可說
是追逐自我利益的最高境界了。

　　不論我們選擇透過特殊之愛或特殊之恨，結果都殊途同
歸，一樣脫離不了罪咎。我們攻擊了他人之後，在內心某個角
落會自知理虧，因為不論對方表面上做了什麼，我的快樂並不

是他該負責的。平安與否只是**果**，內在的咎才是真正的**因**。為此，我們冥冥中相信被自己攻擊或投射的那個對象遲早會反擊的：

> 這正是投射者必會嚴加戒備自身安全的理由。他們深恐自己投射出去之物會轉身反擊。他們若相信自己有辦法把投射之物由心中抹除，便不能不相信那個東西也可能設法溜回來。正因那些投射之物不曾離開過他們的心靈，他們不得不枕戈待旦設法遮掩這一事實。（T-7.VIII.3:9~12）

「枕戈待旦」指的就是防衛機制。我們把罪咎投射到他人身上以後，自然感到草木皆兵，隨時要防備對方回擊。為此，身在江湖的我們，不能不把自己鎖在冑甲內。第一百五十三課正是「因攻擊而防衛」這一循環現象的最佳寫照：

> 攻擊復防衛，防衛復攻擊，每天、每時、每刻就這樣惡性循環下去，周而復始地將心靈囚禁於銅牆鐵壁內。心靈的枷鎖愈扣愈緊，幾乎看不見任何可供逃生的缺口或盡頭。（W-153.3:2~3）

這一致命的循環好似鑲嵌在心靈上的緊箍咒，掙脫無望。小我這套自保措施，可說是天衣無縫，固若金湯。幸好，耶穌不斷跟我們保證，小我的詭計在上主面前根本站不住腳（T-5.VI.10:6），因為正念之心內始終有一個清明的天音，不斷呼喚我們重新選擇。

第二層次：以寬恕為主軸的聖靈正念體系

　　就在小我的陰謀如火如荼地展開之際，我們原是基督的這一永恆記憶化為聖靈的愛，分毫未損地臨在我們心內。這個神聖記憶成了我們的真正導師。終有一天，我們被罪咎折磨到難以承受而吶喊「必有另一條路才對」，那時，那位神聖導師便會取代小我，挺身而出，向我們伸出援手（T-2.III.3:5~6）。聖靈一直在等候這一刻，祂的答覆便是轉變我們的知見。只要真心求助，祂便會教導我們以另一種心態來看待特殊關係，幫助我們看出世界只是「描述你內心狀態的外在表相」（T-21.in.1:5）。小我當初如何一步一步帶著我們沉淪於瘋狂的分裂階梯（T-28.III.1:2），聖靈就會引導我們循著來時的軌跡一步一步地反轉回溯，祂會幫助我們扭轉知見，溫柔地解除小我「罪咎─投射」的兩手策略。如此，我們才可能看清，一切原來真是自己的罪咎投射出來的。在此，我要特別提醒一下，《奇蹟課程》所說的知見，不是指感官回報的客觀訊息，而是指我們對這個訊息的詮釋。換句話說，如何詮釋感官回饋的訊息，才是正見的焦點所在。比如說，當你對我發動了人身或語言攻擊時，是否要賦予這個行為奪走我心內平安的能力，完全操之於我。不管我有沒有能力反制你的行為，我對自己的心境永遠都有完全的自主權，而且這個事實是世上沒有任何東西能改變得了的。

　　寬恕或奇蹟的目的所在，即是幫助我們看清這一事實，將

我們的覺知由形體世界轉回自己的「內心狀態」。由於我們對心靈的覺知早已被身體擋住，除非我們重新調整眼光，直視一切現象的源頭，否則我們還有什麼方法回歸心靈？唯有回到心內，一切才有轉機。換句話說，必須把問題的焦點轉到心內，回歸那個曾經選擇罪咎而放棄救贖的抉擇主體，我們才可能重新選擇。如此一來，療癒的心靈方能將反映出天堂一體生命的聖靈慧見（亦即共同福祉）推恩出去，然後我們會看出世上每一位聖子毫無不同，同樣都擁有充滿罪咎仇恨的妄念體系，也擁有充滿寬恕之愛的正念體系，還有從中選擇的抉擇能力。不論聖子奧體每一份子在形式上有多大的差別，聖靈的真實知見會幫助我們穿透小我的分歧表相而看到背後的一體本質，讓我們在世間紛紜表相下仍能看到其間的同一性。唯有懷此基督慧見，我們才能隨緣分享自己之所學，成為弟兄的表率，鼓舞他們作出相同的選擇，也就是選擇聖靈的寬恕。

　　《奇蹟課程》的寬恕乃是透過因果原理而發揮療癒之效的。這原理基於兩個前提：其一，每個果必有其因，無果則無因：

> 沒有因，便不會有果；若無果，就表示無因。因之所以為因，是它的果所促成的；……果創造不出它的因，卻能確立因的緣起作用。（T-28.II.1:1~3）

　　其二，真實存在之物，本身必然是因（T-9.IV.5:5~6）。比方說，你攻擊我，但我並沒有把它當做一個罪行而反擊回去，

那麼，我的不防衛——指的是心態，未必是行為——顯示出你的行為沒有引發任何後果，表示它就不是因；你的攻擊罪行既然不是因，便不能視為真實的存在。所有的罪就這樣寬恕了。

那麼，正念之心是如何看待攻擊呢？簡而言之，攻擊不過是小我害怕心內的罪咎而使出的抵制手法，不幸的，這一抵制也阻絕了心靈選擇愛的可能。由此可知，攻擊只是恐懼的流露，只是想索回自己被剝奪的愛，故那是一種求助的信號（T-12.I.8:12~13; T-14.X.7:1~2）。為此，我若生氣了，不是因為你的形體做了什麼或沒做什麼（**形式層次**），而是我的心靈選擇了生氣（**內涵層次**）。一旦看清了這一點，我自然不會費心去改變你的作為，而只需改變我的心靈對你作為的詮釋就夠了。唯有如此，我才算是把小我賦予這個關係的目的轉為聖靈所用。這一轉折恰恰彰顯了怪力亂神（magic）與奇蹟（miracle）的基本分野。怪力亂神只知著眼於形體的問題，且設法在那一層次尋求解決；奇蹟則會把我們的注意力調回心靈，那才是問題和答案的**同一**源頭。

所以，毫不設防地回應虛有其表的攻擊，可說是具體重演上主對我們瘋狂一念的答覆，這就是寬恕的原型：那企圖分裂的攻擊之念，絲毫影響不到上主的一體大愛；上主甚至連看都看不到此舉，因為分裂根本不曾發生。在人間，我們的肉眼也許會看到攻擊，但療癒的心靈只會看成是愛的求助，因此不會把弟兄的錯誤當真，而會向對方顯示他的罪過其實並沒有造成

任何後果。

　　這才是向聖靈或耶穌求助的真諦。順便在此一提，所謂內在聖師或是代救贖發言的天音，耶穌和聖靈所扮的角色與作用完全相同，因此在本書內，甚至在整部課程裡，兩位的名字是可以互換的。我們呼求祂們伸出援手，幫我們轉換此生的目的，不再利用他人作為代罪羔羊為自己脫罪，而把人生煉獄轉為學習的課堂。我們追隨新的導師，透過特殊關係帶來的功課，學習轉回心內去化解，因為心靈才是特殊關係的起源，我們當初就是在心靈內與小我聯手打造出分裂幻境的。

　　一旦完成寬恕的功課，表示我們已經親自接受了救贖，這是我們在世的唯一任務（T-2.V.5:1），於是，我們進入了**真實世界**。真實世界是《課程》的專有術語，它代表心靈療癒後，已經跳脫了小我分裂夢境的那種境界。只需在此等候片刻，上主便會踏出祂的最後一步，親自將我們提升到祂那兒去。聖子當初與小我認同的那個原始選擇，至此終於化解了。

　　在結束前言之前，容我再重申一次，〈練習手冊行旅〉的目的就是教我們看清：我們共具同一分裂心靈，以及在真相與幻相之間作選擇的能力。每日的練習不過教我們看清，拜小我為師根本是引狼入室，得不償失，我們才會欣喜又感恩地承認自己的錯誤，慶幸自己得以轉拜聖靈為師，修正過去的錯誤。我們已經準備好踏上這長達三百六十五課的學習旅程，在耶穌這位愛的嚮導引領之下，我們可以安心上路了。

練習手冊導言

　　《奇蹟課程》再三提醒我們，必須把學到的理念普遍運用於日常生活中。對此，可以說整部課程裡頭沒有比這篇導言說得更清楚的了。我們的寬恕如果只限於一兩個人而無法普及所有人，從長遠來講，必會妨害我們的救贖過程。其中的關鍵就在於：唯有在具體事物上操練，才可能學到「非具體性」（non-specificity）的意義。這種弔詭貫穿了整部課程，〈練習手冊〉頭幾課尤其顯著，也就是說，我們之所以必須從現實生活的具體事物下手，其目的所在，即是要幫助我們明白每一件事的最終意義乃是非具體性的。這就是普遍運用的原則。借用「前言」所舉的例子，我們好似一群初學基本算術的學童，需要藉由種種例題來練習數字的運算，練習純熟之後，只要是世間想得出來的數字，我們都知道如何加減乘除。所以說，我們必須從具體的例題開始操練，才能把握普遍運用的技巧。

　　經過每日一課的潛移默化，總有一天，我們會心悅誠服地接納這個事實：不論生活當中發生任何事情，聖靈或耶穌

都能助我們一臂之力。當然，這**絕對不是**指具體或形式層次的協助，祂們只會幫助我們解除自己心目中對問題起因的看法。正如耶穌向筆錄《奇蹟課程》的海倫所說，那個起因必與「分裂之念」脫離不了關係（T-2.VI.4:4）。只要請求耶穌幫我們用不同的眼光重新去看，光是這樣做的本身，便足以療癒一切問題，因為在這一刻，我們便加入了（更好說是「重新加入」了）愛的陣容。可還記得先前說的，我們曾想與愛一刀兩斷，這個分裂之念其實是原初天人分裂的餘響而已。而這一念在心內激起了極深的罪咎感，最後不得不投射出去；瞬間，眼前果然出現了一個跟我們心靈好似完全扯不上關係的問題。也因此，唯有把自己**具體**的掛慮帶到祂們**抽象**（或說非具體）的臨在中，才解決得了真正的問題。如果我們感覺不到祂們的協助，表示**我們**已經隱藏若干具體的束西，不想讓祂們知道。事實上，每個人心裡都有某個底線或禁區，我們會打出「止步」的警示牌：「請勿再靠近了！這一項是絕對碰不得的。」後文很快就會讓大家看出，〈練習手冊〉頭幾課的設計恰恰是想幫我們跨越這種障礙，這是我們遲早要面對的挑戰。畢竟，每個人都一樣，對某些人比較容易包容或寬恕，對另一些人則恨不得把他們宰了；有些事件樂意向耶穌求助，另一些狀況，則希望他別多管閒事。

　　耶穌在〈正文〉的結尾如此描述旅程的盡頭：「從此，再也沒有一個幻相值得信任，再也沒有一點黑暗遮蔽得了基督的

聖容。」（T-31.VIII.12:5）容我重述一遍，〈練習手冊〉（尤其是前面幾課）就是要幫我們了解，在耶穌面前切莫隱藏小我思想體系任何一個幽微的角落，否則，我們無異於掩護了整個小我。

好，讓我們進入導言吧。閱讀時請勿忘記，這些解說只是引導你進入每日練習的「指月之指」，幫助你研讀或運用之時，知道該往哪兒去看。如此而已。

〈練習手冊〉開門見山便為我們點出它與〈正文〉的關係，我在序中已經引用過下面這一段話：.

(1)〈正文〉中所提供的理論基礎，是〈練習手冊〉中不可或缺的架構，它賦予了每個練習的意義。然而，你必須親自操練這些練習，才可能達到本課程的目標。沒有經過鍛鍊的心靈是無法成就任何事情的。這本〈練習手冊〉的目的，即是遵循〈正文〉的要旨來訓練你的心靈如何思考。

奇蹟學員常犯的一個嚴重錯誤，即是忽略了〈正文〉與〈練習手冊〉的關係，不少人以為操練〈練習手冊〉就等於在修《奇蹟課程》。最近還有一位新讀者（印象中好像是一位心理學家）來信興奮地想要修「一年的培訓課程」，他甚至還沒開始操練課文呢，就不知從哪兒聽到〈練習手冊〉給了一年份的培訓內容，以致認定這是一年的《奇蹟課程》。

我們大概都還記得〈練習手冊〉跋中這一句話：「這個課

程只是一個起步，而非結束。」（W-跋.1:1）的確如此，〈練習手冊〉的宗旨只是訓練我們的起心動念，帶領我們踏上歸鄉旅程的一個起步。此後就有賴於耶穌或聖靈指引我們，透過現實生活的具體挑戰來學習此生的功課，如此方能在歸鄉路上百尺竿頭更進一步。然而，若無〈正文〉的基礎，練習本身難以彰顯出它的深遠意涵，〈練習手冊〉的每日一課是藉由〈正文〉的理論基礎而賦予內涵的。為此之故，切莫拿〈練習手冊〉的說法來取代〈正文〉的教誨。

反之，若無〈練習手冊〉的實踐，我們讀〈正文〉就只是頭腦在讀而已。前文已說了，〈練習手冊〉的目的是在訓練心靈如何思考，這段心靈培訓課程包括兩部分：其一，我們心內有兩位導師（**而非一位**），等著我們選擇；其二，了解「向正確的老師（聖靈）求助而抵制錯誤的老師（小我）」的真正含意，由此而領悟出第一百九十三課所說的：「一切事情都是上主〔聖靈〕要我學習的課程〔寬恕〕。」《奇蹟課程》就是訓練我們認清，世間所發生的一切都是促進我們學習的大好機會。這就是所謂**普遍運用**的道理。

(2) 這些練習十分簡單。既不會耗費你太多時間，也不限定你練習的場所。你無需作任何準備。這是一年的培訓課程。每天的練習從一至三百六十五逐一編號。一天不要超過一組練習。

一開始我們便看到了耶穌對人間的儀式或規矩毫無興趣，他更不樂見學生被**形式**所奴役。在上述短短幾句話即可看出，

這個培訓課程有它的特殊架構，而且也不難聽出耶穌要我們**切勿**在這類形式上大作文章。在此，唯一稱得上規定的，只有「一天不要超過一課」。葛洛莉和我至今依然記得，許久以前，在某個我們造訪的奇蹟讀書會中，一位年輕女士很得意地宣佈，她把整部〈練習手冊〉濃縮為一套二十四小時的課程，更糟糕的是，她真的這樣去修了。這類過度虔誠而近乎狂熱的學員，如此迫不及待地想要完成救恩，竟然沒念到「*一天不要超過一組練習*」這一句話。此外，耶穌又進一步把這一年的培訓課程界定為陪伴我們研讀〈正文〉的初級夥伴。還記得海倫對我說過，耶穌一開始就跟她（也是跟我們所有人）說明他計畫怎麼進行這部練習，後來也真的如實做到了，讓她佩服不已。

(3)〈練習手冊〉分為兩大部分，上篇致力於化解你目前看待事物的心態，下篇則以活出正知正見為目標。除了複習階段以外，每天的練習都設有一個中心主題，開宗明義地寫在文前。隨後描述具體的步驟，幫你實踐當天的中心思想。

〈練習手冊〉上篇，著重於化解小我體系（縱然每一課未必直接點出這一主旨）。到了下篇，教誨性質則大為降低，代之以美妙的禱詞，為我們加深先前所學的觀念：耶穌或聖靈才是我們的心靈導師，而慈愛的造物主與生命的源頭，乃是我們此生的目標所在。這些禱詞不斷重申我們在上篇已經學會的道理（但願如此），明白自己不可能獨自踏上這旅程，必須邀請

所有的人同行才行。總之，重要的教誨大致都存於上篇，但這並不是說下篇就無足輕重了。我們應明白的是，上篇化解小我體系的過程，等於在為下篇鋪路，由是，我們才可能接受下篇所呈現的正念思維。

最前面這幾課的設計，可謂用心良苦。它讓我們明白自己多麼無知，簡直什麼也不懂；而且我們白以為是的那些知見，根本就錯得離譜。耶穌就這樣開始了他最關鍵的化解程序，先解除我們視為天經地義的那些信念。

(4:1) 本〈練習手冊〉的目的是按部就班地訓練你的起心動念，給你另一種知見去看待世上的一切人與事。

《奇蹟課程》的宗旨是教導我們用截然不同的目光，去看待世上的一切人與事。在這裡，可算是首次點出「普遍運用」的原則。事實上，導言與頭幾課的類似提醒，正是在具體操練第一條奇蹟原則「奇蹟沒有難易之分」（T-1.I.1:1）。奇蹟不過顯示出我們心中選擇了修正，既然每一個問題都是同一回事，自然便沒有難易之分了。這是「普遍運用」的形上前提。只要我們還認定某些問題較難解決，或某些人比較邪惡、罪孽較重，我們是不可能真正學會這一課程的，因為我們已經把某部分的錯誤弄假成真了。換句話說，只要我們看事情仍有輕重大小之分，便已落入了小我的運作體系。

我們在課堂裡一再強調，實相屬於完美一體的境界，天堂

內絕無分別對立。就算《奇蹟課程》用「上主」及「基督」這類術語來象徵天堂境界，也只是一種比擬的手法，因為在真理之境是沒有這些稱謂或具象人物的。所謂「實相屬於完美一體之境」，意思是說，那兒沒有個體性或差異性，天堂內的一切全都一樣，因為只有**一個**實相，即上主聖愛，也稱之為靈性。

反向推之，我們所犯的錯誤也只有**一個**。在「取代真相」（T-18.I）那一節的第三、四段，耶穌解釋得很清楚，縱然表面看來，錯誤好似不只一個，但這也絲毫改變不了事實真相。自從心靈分化之後，**彷彿**幻化出紛紜萬象，繼而衍生出種種有待解決的問題，也因此，我們才意識不到它們全都源自同一個錯誤。

正因如此（容我跳到第七十九課及八十課），耶穌告訴我們「只有一個問題，也只有一種解決辦法」。那一個問題就是我們相信自己可能與上主分開，而唯一的解決辦法便是救贖，也就是「分裂不曾發生過」。這個觀念可說是〈練習手冊〉所有練習的形上前提，也是耶穌在〈正文〉一開頭提到的「奇蹟沒有難易之分」立論所在。凡是讀過《暫別永福》的讀者，都知道《奇蹟課程》的筆錄原稿並不是目前出版的形式。原稿一開始其實是耶穌向海倫說：「這是闡釋奇蹟的課程，請記錄下來。」然後即刻跳到奇蹟原則：「關於奇蹟，首先應該知道，奇蹟之間是沒有難易之分的。」這是《奇蹟課程》的首要原則，因為書中所有的教誨，不論在談聖靈或小我，全都發軔於

這一前提。

　　為此，〈練習手冊〉的目的，就是要我們具體看清自己是怎麼看待每個人及每件事的。最前面幾課，甚至連人都不看，只要我們去看桌子、衣架、窗子這些東西。其實，看人也好，看東西也好，並無差別。為什麼房間裡的一切東西不具任何意義？為什麼我們不了解自己所看到的一切？只因我們不只認為它們是不同的東西，而且還認定這些差異分分明明、舉足輕重，是不容我們忽視的現實。

　　所謂「普遍運用」，就是要我們透過自己的種種關係以及對事情的具體看法，慢慢領悟出每個人其實完全一樣，因為每個人的存在目的都是同一個。日後我們還會提到「目的」的重要意義，它不只是〈練習手冊〉的核心主題，〈正文〉裡也一直標舉它的重要性。簡單地說，目的代表一切！物質宇宙的萬事萬物只有一個目的，就是證明我是對的，上主是錯的；也就是想證明小我對那「小小瘋狂一念」的詮釋是正確的，聖靈的詮釋才是錯誤的。重複一下：

(4) 本〈練習手冊〉的目的是按部就班地〔也就是三百六十五課練習〕訓練你的起心動念，給你另一種知見去看待世上的一切人與事。這些練習有意幫你將課程生活化，使你明瞭原來每一課都能夠同等地運用在你所見的一切人與事上。

　　我已說過，這個觀點不僅是本篇導言，也是〈練習手冊〉

頭幾課的核心主題。只要將這個觀點牢記於心，你就不難由每一課課文把握到耶穌的要旨。他除了在導言如此強調，其實，所有的練習也都離不開「普遍運用」這一原則。我們確實需要一套有系統的課程來訓練自己的起心動念以及如何重新思考，因為它跟我們目前的思維方式完全南轅北轍。只要我們還相信自己是一具身體，表示我們必然矚目於分別差異。為此，我們必須認真操練，才可能意識到自己一切的所知所見竟然全出於一套錯誤的思維方式。說它錯誤，只因它出自小我；而小我存在的唯一目的，就是保全我們的個體價值。總之，只要我們還認為世間萬物各有存在的意義與目的，我們實際上就是在標榜自己的個體價值，鼓吹小我的思想體系，遠離了耶穌傳授的聖靈體系卻渾然不自知。

(5) **這一正知見的培訓課程，其延伸效果與世俗的培訓課程大相逕庭。只要你能把這正見具體運用到任何一人、一事或一境中，其效果便能延伸到每個人及每件事上。反之，你在運用正見時，即使僅僅保留一個例外，那麼，它在任何事上都會效果不彰。**

耶穌在此告訴我們，世間所教導的「套用功夫」往往局限於某一領域，而非放諸四海皆準的法則。回到先前所舉的算數例子，顯然，那些運算原則只能套用在數字上。又比如學會了開車以後，便幾乎能駕駛所有的車子，但駕駛技術無法幫你消除罪咎，也無法提升你的烹飪技術或書寫能力，它只表示你學

會了駕駛汽車而已。

　　然而，《奇蹟課程》要我們學習的套用功夫，則不受形式所限，它所套用的範圍是全面的，而且**毫無例外**，只因世間萬物全是同一回事。這段引文最後一句話「即使僅僅保留一個例外，那麼，它在任何事上都會效果不彰」，與我先前引用的〈正文〉結尾：「從此，再也沒有一個幻相值得信任，再也沒有一點黑暗遮蔽得了基督的聖容。」（T-31.VIII.12:5）可說相互呼應。這種「絕對性」，成了修持《奇蹟課程》最大的挑戰。總之，只要我們還認為這事比那事重要，這人比那人重要，或者這人比那人更值得我們疼愛或更該受到責難，我們便已偏離了《奇蹟課程》的終極目標，也與正知見、真實世界、基督慧見背道而馳了。我們若還理直氣壯地排除任何一個例外，《奇蹟課程》的目標便會顯得更加遙不可及了。

(6:1) **因此，你唯一需要貫徹的普遍原則就是：首先，按部就班地依照指示去練習。**

　　我在前文已經提過聖靈思想體系的一個弔詭：我們必須從最具體的事物下手，才能領悟出它們背後非具體的抽象原則。比方說，我們得先學習如何活在時空世界，才可能領悟出這個時空世界原來是不存在的。這是奇蹟靈修最殊勝的地方，它從不要求我們否認世上的經驗，故意視而不見自己的身體、感受、想法或周遭的經歷，它只是教導我們如何為每一事件賦予新的意義。

這個說法再度重申了「目的代表一切」的意涵。世上的一切只有一個存在的目的，即是提供我們一個道場，向耶穌學習「世界根本就不存在」的真相。如果一開始就把世界否定掉，我們還有機會徹底領悟世界真的不存在嗎？為此，我們必須在具體事件上學習如何不受世間萬象的蒙蔽，而〈練習手冊〉可說為我們提供了一個完美的範本。

(6:2) 這是幫你把當天的概念普遍運用於你所在的任何場景，以及所涉及的每個人或每件事上。

我一旦明白了這個桌椅的所有意義全是我自己賦予的，便不難明白我在其他林林總總的事物也一樣賦予了各式各樣的意義。耶穌後來又以茶杯為例。當我早上喝一杯茶或咖啡時，我會意識到自己對這個杯子的看法其實是基於過去的經驗；因為如果我是這輩子第一次看到杯子，一定不知道如何使用它。耶穌當然不會要求我們真的把每樣東西都當作初次看到，否則，我們大概踏不出家門了；如果我們不知道周遭事物是作何用途的，大概連下個床都成問題。無論如何，他只是借用這個例子教我們明白，自己所見到的一切全都受制於過去的經驗，如此而已。

我在前言已經解釋過了，小我的時間觀（也就是我們過去、現在與未來的日常經驗），不過是小我「罪咎懼」思想體系投射出來的幻影而已。一切始於心內的罪咎懼，投射出去後才形成這個大千世界的。罪，變成了過去（我過去的罪過）；

咎，形成小我眼中的現在（現在覺得難過）；恐懼，構成了未來（我害怕自己罪有應得的懲罰）。

為此，當我們說「在這杯子上，我所看到的只是過去的經驗」，我們其實是在說「我相信了罪的存在，因為罪與過去是同一回事，代表著分裂的淵藪」。不過，耶穌這種說法，可不是要我們一端起茶杯就想到自己把罪當真而內疚不已；他只是要幫助我們明白，這是我們在人間一舉一動的**終極**企圖。我們必然聽信了小我整套的思想體系，才可能反射動作一般，想都不想就知道這杯子的用途何在。

(6:3) 其次，千萬不可擅自評判這些觀念在某些人事環境中行不通。

普遍運用的最大障礙即是，我們私下難免會認定這個觀念不適用於某些特定場合、關係或事物。舉一個最鮮明的例子，我認識的一位奇蹟學員是隱修會的修女，修女們常在聖堂裡祈禱冥想。天主教徒都知道聖堂裡供奉著聖體櫃，信徒相信聖體櫃中的聖餅是耶穌肉體的真實化身。對天主教徒而言，那是世上最神聖之物，因為它**就等同於**耶穌本人的臨在。這位修女早晨獨自在聖堂冥想時，開始練習第一課。她環顧四周，一一練習「我在這世界上／這房間內所看到的，不具任何意義」，卻故意跳過聖體櫃。何以如此？因為如果連聖體櫃都不具任何意義，她還算是天主教修女嗎？這正是耶穌叮嚀我們**千萬不要做**的事情。這是一個特別發人深省的例子，不論是存心如此，或

是下意識使然，操練這類原則時，我們每個人都有些「特別」的東西、人物或場合，想要自行排除在外。總之，耶穌在此叮嚀我們**切勿**犯下這種錯誤。日後論及「形式與內涵」時，我們還會深入探討這個關鍵的主題。

(6:4~6) 這會妨礙此培訓課程的延伸效果。正見的基本特性即在於它的無限延伸性。這與你目前看待事物的心態恰恰相反。

　　即使這只是〈練習手冊〉的開頭，我們便已看到耶穌不厭其煩地重複同一觀點。〈正文〉也一樣，類似的主題不斷出現於同一章、同一節，甚至同一段內。只因我們跟小我認同得太深了，動輒便會「視而不見，聽若罔聞」，耶穌才不得不再三重申，確保我們真的了解「套用」或「普遍運用」的道理。

(7:1) 總而言之，這些練習的目標是為了增強你的延伸或推恩能力，把行將操練的觀念運用到一切事物上。

　　耶穌在此又強調了一次。如果不能把每日的練習套用於每個人、每件事上，必然無法達成練習的目標，因為這等於是在陽奉陰違。我們也知道，他並沒有要求我們**必須**這麼做，而是說，我們終有一天會**心甘情願**如此做。如果我們這群學生能夠立刻做到的話，他就不用為我們編寫整套的〈練習手冊〉了，連〈正文〉的寫法大概也與目前的形式大相逕庭。說穿了，耶穌的目的只要我們意識到自己是如何對他隱瞞某一部分生活，只許他幫忙一些事情，而不讓他插手其他的事。耶穌在此要求

我們對自己誠實一點，才能看清自己是如何將某些事剔除於寬恕的對象之外的，如此，我們才有機會進一步追究自己那樣做背後真正的**動機**所在。

(7:2~3) 這不待你的努力。這些練習本身即具有放諸四海皆準的必備條件。

　　這一段話有兩種解釋。首先，耶穌說的是：這部課程不需要投入太多時間與精力；如果你過於投入，表示心態可能發生了若干偏差。不論你是在學習新的觀點，或想要解除過去學來的某個習性，如果過於勉強或奮力，你顯然已經把此事過於當真，那你就更難化解它了。這也是〈正文〉第三十章談到「作決定的準則」第一條：「**不要與自己交戰。**」（T-30.I.1:7）寬恕的過程不該如此嘔心瀝血。我們只需充分意識到自己內心是多麼抵制耶穌的教誨就夠了，然後接受這個事實，不再勉強為之即可。這段話充分顯示，他並不要求我們務必把當天的功課修到如何完美的程度。

　　其次，從另一層次來講，這些練習之所以無需投入太多的精力，原因就在於化解或寬恕不是靠**我們**的力量。那是耶穌的事，我們的任務只是發出小小的願心，請他幫助我們從不同的角度去看世界。套用〈正文〉的話，我們的任務只是「否定對真理的否定」（T-12.II.1:5）。若要做到這一點，只能與耶穌一起「面對問題的真相〔問題出在心靈〕，不再去看你希望它成為的樣子〔我們所投射的世界〕」（T-27.VII.2:2）。為此，它才

說這一過程不需要過於努力，我們的任務只是去「看」，而非「做」什麼。到了第二十三課，我們還會一而再、再而三回到這一主旨。

(8~9)〈練習手冊〉中有些觀念恐怕會令你感到難以置信，有些則有聳人聽聞之嫌。這些都無妨。你只要按照指示去運用這些觀念即可。請勿妄自評判。只要你發揮其用。就在運用之際，你會看出它的意義，明白它真實不虛。

你只需記住這一點：你不用相信或接受這些觀念，甚至無需心懷好感。某些觀念還可能會激起你的抗拒心理。這一切都無妨，亦無損其有效性。在運用〈練習手冊〉的觀念時，絕不允許自己擅自設定一些例外；不論你對這些觀念有何反彈，利用這些反彈來練習吧！它所要求的，僅僅如此而已。

請特別留意，耶穌僅僅在〈練習手冊〉做此聲明，整本的〈正文〉裡則未曾有過類似的說法。他要表達的是：我們可以不了解〈練習手冊〉的理念，只要信任他，按照他說的去做就成了。然而，〈正文〉則非如此，他**強調**我們要深入了解〈正文〉，而且務必仔細推敲他的教誨內容。由於〈正文〉是為《奇蹟課程》打下理論基礎，而〈練習手冊〉旨在訓練起心動念，故他並不要求我們非得如何鑽研其中深意不可。他告訴我們：「不要讓自己陷入爭辯，你不用相信或接受我所說的，也無需心懷好感，只要按照我說的試著去做，如此就成了。」無論如何，這個講法並不是一項規定，反倒是勸慰的成分居多。

　　這樣一來，耶穌就可以從後門溜進了我們的心裡。他知道只要我們肯依照他說的去做，遲早會明白他說的一點也沒錯，到時自然不會跟他鬥嘴爭辯下去了。可以說，他真正想說的其實是：「既然你是我這門課程的學生，我便假定你真心想學習奇蹟的真理，如果你不喜歡我教導的，大可轉修其他的課程。但只要做我的學生一天，請你別把某些事件視為例外，唯有如此，我才可能教你看清這些原則確實是放諸四海皆準的，絕無例外可言。」

　　此刻，我們總算準備好進入練習本身了。操練之際，不妨多留意一下，耶穌如何反覆說明相同的觀念，處處呼應「普遍運用」的原則。尤其前面的幾課，以最具體又現實的方式，巧妙地點破我們如此堅信不疑自己是與眾不同的個體生命。這些練習會讓我們意識到，上述想法可說滲透了我們所有人生經歷的每一面向，即使是最平凡的生活層面也不例外。因此，當我們閱讀及操練這幾課時，不妨好好深思它所暗示的，我們是「如何」以及「為何」活成目前這副模樣的。只要留意一下我們是如何看待事情的，便不難體會自己的所知所見暗藏著多麼深的「分裂思想體系」了。

第一課

我在這房間（街上、窗口、此地）所看到的一切，不具任何意義

　　這一整課，重點在於「環顧周遭」，不帶判斷地看著世上這些平凡無奇的東西，桌椅、手腳、筆、門、身體、桌燈、標誌或影子。注意到了嗎？耶穌偷偷把身體穿插其中，目的是要我們意識到我們平素早已認定自己的手比筆重要，身體比桌燈重要。毫無疑問的，世界上沒有一個人不是抱持這種信念的。耶穌有意點醒我們，在接受《奇蹟課程》之際，我們內心對世界早就有一套先入為主的價值座標，只是渾然不覺而已。所以耶穌在〈正文〉如此勸導我們：

> 要學習本課程，你必須自願反問內心所珍惜的每一個價值觀。任何掩飾或隱瞞都可能阻撓你的學習。沒有一個信念是中性的。每一個信念都會左右你所作的每一項決定。因為每一項決定都是基於你的信念而作出

的結論。決定是信念的後果，由信念而生，就如痛苦必然尾隨罪咎而來，自由也會尾隨無罪而至，道理都相同。（T-24.in.2:1~6）

　　開篇第一課，看似簡單無比，其實它蘊含了整套《奇蹟課程》的思想體系，只讀文字的表面，是不可能真正了解此課深意的。世間萬物毫無不同，全然相等，因為它們都是幻相的一部分，反映著同一分裂的思想體系，徹底虛幻不實。我們在〈正文〉已讀到無明亂世的第一條法則「幻相有層次之分」（T-23.II.2:3），小我與世界的整套思想體系全都建立在這一基礎上。如果我們相信自己的身體或手腳比一盞桌燈重要，等於在說幻相確實有層次之分。話說回來，世上可能找不到一個人不相信這種層次的分別，絕大部分的人都認為那是天經地義、無庸置疑的事。為此，我們只要深刻反省一下，便不難看清，自己的一生原來都奠基於「第一條無明法則」的謊言上，深信「幻相有層次之分」。以下，我們直接從第三段開始討論：

(3:1~2) 請注意，上述的句子並無先後次序之別，不要對取材對象賦予差別待遇。練習的目的即在於此。

　　這並不是說，我們從此就不該關注自己的身體或手腳。以上的反思，只是幫助我們意識到，即使在最基本的生活經驗中，自己的心態早已處處反映出小我的思想體系。凡是讀懂此段深意的人，不得不虛心承認，自己在舉手投足之間是多麼頻繁地違反了《課程》的教誨。這也透露出我們心內有一部分並

不真想學習這部課程，因為那一部分的我們還不想放棄自己的世間經驗。只要我們還認為自己真的活在世界上，而且這一具身體真實無比，誰會甘心相信自己的手和那支筆一樣無意義？凡是相信自己是這一具身體的人（我們全都如此），是不可能相信上主的實相的。由此可見，〈練習手冊〉上篇的宗旨所在，即是要破除我們心內的看法與想法。把握住這一前提，我們就可以繼續讀下去了：

(3:2~4) 練習的目的即在於此〔讓我們了解，一切毫無不同〕。你只需把上述句子套用於目光所及之物。當你運用今天的觀念時，應該徹底地一視同仁。

　　這就是「普遍運用」的意思。耶穌當然不會期待我們徹底做到毫無分別取捨的地步；果真如此的話，我們根本不需要這些練習了。他只是幫助我們意識到，不論自己多麼有心或多麼精進，其實我們並沒有在日常生活中如實操練。為此，當我們開始練習這一課時，不妨誠實反問一下，自己真的準備好接受「我這隻手和那支筆一樣沒有意義」嗎？自認為相信兩者毫無不同的人，不妨拿支筆來，折斷它，然後折折自己的手，你會發現自己其實深信兩者是大不相同的。這個實驗並非要勾起我們的內疚，而只是幫我們看清自己與分裂思想體系認同得有多深而已。

(3:5~7) 但不必做到鉅細靡遺的地步，以免練習淪於儀式化。只要確定你沒有故意排除眼前任何一物即可。從觀念的運用這

一角度來講，這一物與那一物並無任何差別。

環顧屋裡一圈，對著周遭的每一樣物品或對自己身體的各個部分說一聲「這不具任何意義」，何難之有？但這樣奉行如儀，只是徒具形式而已。「儀式」，最容易引人進入一種「失心狀態」，這正是儀式吸引人的地方。有個朋友曾跟我說，她喜歡唸〈玫瑰經〉，因唸經時無需花腦筋，只要唸唸就好了。耶穌在此特別提醒：**不要**這樣操練〈練習手冊〉，切莫讓練課流於儀式化。儀式的目的是要讓我們**失心**（mindless），而這部課程的宗旨卻在於恢復心靈的**清明**（mindful）。日後我們還會不斷回到「儀式的陷阱」這一議題。

我們在此可能意識不到耶穌的「滑頭」，他好似說，這個觀點僅限用於這一課上；其實，整部《課程》都建立在這一原則上。不過，他對此暫且**秘而不宣**。

(4) 最前面三課的練習，一天不要超過兩次，早晚各一次最好。每次盡量不要超過一分鐘，除非這讓你覺得過於倉促。輕鬆自在的感覺十分重要。

練習時，請隨時記住耶穌的叮嚀：「輕鬆溫和地進行吧！不必嘔心瀝血，刻意力求完美。即使你**認定**自己做得精透了，也無需為此內疚，更不必一絲不苟地把這個練習變成一種儀式。練習時應盡量保持輕鬆自在的心情。」耶穌說的這種輕鬆柔軟心態，成了操練這部〈練習手冊〉一項重要的原則，而把

這種溫柔慈悲融入日常生活，也成了我們此生最迫切的功課。
耶穌可說為我們提供了一個最佳的典範。

第二課

我在這房間（街上、窗口、此地）所看到的一切，對我所具的意義，完全是我自己賦予的

本課只是前一課「萬物不具任何意義」的延伸。萬物之所以沒有意義，只因所有意義都是我們賦予的，因而模糊了萬物**真實**的意義——寬恕（馬上就會談到這一點）。只要我們還認為自己的手比一支筆重要，就該知道自己已經落入了這一陷阱，因為聖靈絕不可能做此想的，那純粹是出於我們**個人的**想法。簡而言之，周遭萬事萬物的意義，既不來自上主，也不來自耶穌，全是**我們自己**賦予的。

有人會說，他們對事物的喜怒愛惡是沿自父母的教養，或基於某種文化背景、宗教信仰，乃至於某種社會經濟體制，諸如此類。這種說法其實並不坦誠，只要反思一下，就會發現自己並沒有**全盤接受**父母的價值觀，也不曾全面認同自己所處社會的各種體制，而其實只是接納了與自己**想要**的價值相符合的

那些價值觀而已。

耶穌要我們對他徹底坦誠（即使他在此沒有明說），承認這一事實：屋內或世上沒有一物具有意義，只因世界所有的意義全是我們自己賦予的，為此之故，我們的小我再也無法明白萬物背後的**真正**意義（即寬恕）了。

(1) 這個練習與第一個觀念的練習一樣。由你身邊的事物開始，把這觀念套用到你目光所及之物。然後把視野向外推廣。轉一下頭，如此才能把你兩側的東西包括進去。如果可能，不妨轉過身去，把這觀念也套用到你背後的事物上。選擇對象時，盡量保持一視同仁的態度，不要特別專注在某一物上，也不必太刻意地包羅眼前的一切，否則你會製造不必要的緊張。

耶穌勸我們放下分別取捨，別認為這事較重要、那事不重要，或這事不具意義、那事則充滿意義。他希望我們好好練習「一視同仁」的態度。他也告誡我們，把萬事萬物收攝於自己的生命內，如果操持得過於刻意，很容易引發緊張或焦慮，動輒就會演變成一種儀式。儀式常帶有**必須**做的強制意味，因此不可能不令人緊張。比如說，我**必須**以某種方式祈禱，**必須**每天定時操練這個課程，**必須**定期到教堂（或猶太會堂）報到，諸如此類。一旦儀式化以後，一切全都變成例行公事了。這種情形最常見於宗教場合。宗教儀式不論在何時或何地，都必須一絲不苟，一成不變，因為那是神明要求的，或《聖經》說的，或是我的靈修導師規定的。

　　為此，耶穌提醒我們千萬別這般行禮如儀地作練習，更別作得緊張兮兮的。你心裡一緊繃，他就會勸你暫停片刻，因為那表示你已經偏離了焦點，陪你作練習的，很可能是小我而非耶穌。

(2:1) 只需相當快速且輕鬆地瀏覽一圈，盡量不要因著事物的大小、明暗、顏色、材料，或是對你重要的程度而作分別取捨。

　　「盡量不要」這幾個字，其實意味著耶穌知道我們會按照事物對自己的重要程度而分別取捨。他也明白，即使我們並非存心如此，但活在價值有輕重之分的世界上，我們常會情不自禁如此看待事物。

　(2:2~5) 目光落在何物，便就地取材。不論是身體或是鈕釦，蒼蠅或是地板，手臂或是蘋果，都以同樣輕鬆的心態去練習。運用這觀念時只有一個原則，就是你目光落在何物，那便是練習的對象。無需刻意加入某件東西，但切勿將某些事物故意排除於外。

　　當我們閱讀這些練習時，得用心一點，盡量超越字義的**表面**，而讀進它所寓意的**內涵**或深意。也就是說，我們要認出耶穌這段話是再次提醒「普遍運用」的原則：世間萬物同樣的無意義，因它們全都致力於小我的分裂目標。到了後文，耶穌會教我們看到萬物也都可以變成有意義之物，因我們在世

間的一切所知所見都可以轉而為聖靈的目標效力。不管面對的
是什麼，都毫無差別，它可能是我們認為很有意義的（例如身
體），也可能是我們認為無足輕重的（例如一個蘋果或一顆鈕
釦）。只要我們認為自己看到、聽到、嚐到或感覺到什麼，等
於聲明物質世界確實存在，二元性的知見世界也真的存在；而
在這一聲明的背後，其實是重申「我」的存在。總之，操練
〈練習手冊〉開篇這精彩的幾課時，千萬別忽略了底下暗藏的
形上深意。

第三課

我並不了解我在這房間（街上、窗口、此地）所看到的一切

　　我在這房間內所見的一切毫無意義，因為它的意義全是我自己賦予的。它的意義既然是我賦予的，那麼，與此意義**互不相干**的我，怎麼可能真正了解它？說穿了，我所有的觀點只可能出自小我，而小我只有一個企圖，就是把世界（或我心目中的世界）弄假成真而已。為此，我是不可能真正了解任何束西的，正如「前言」所說，世界存在的目的就是防止我們了解真相。所謂**真正的**了解，不過是徹底明白了自己在萬事萬物上究竟賦予了什麼目的。我也說過，最前面這幾課的重要功能就是幫助我們謙虛一點，看出自己其實什麼也不懂。這些說法不過反映出〈正文〉一句很重要也令人難以消受的話：「你寧可相信自己的了解具有左右真理的力量，真理全靠你的了解才可能成真。」（T-18.IV.7:5）

本課一開始再度強調了先前提到的「一視同仁」：

(1:1) 繼續先前的方式來運用這個觀念，完全一視同仁。

　　本課再次點出，我們其實什麼也不懂。我自以為了解這支筆或那個杯子的目的，絲毫意想不到它的**終極**目的是要把我釘牢在幻相裡，使天堂之境更加遙不可及。小我一定會告訴我，筆是拿來寫字的，杯子可用來喝水，衣服有蔽體之用；然而，我卻渾然不覺小我暗藏於這些東西以及世間萬物下面那不可告人的目的。

(1:2~5) 不論你看到什麼，都成了運用這觀念的合適對象。切莫懷疑這觀念可能不適用於某些事物。這練習不是訓練你的評判能力。不論你看到什麼，都是你取材的合適對象。

　　我們難免會下意識地懷疑這觀念不宜套用於某些事物上。再說一次，沒有人會相信那個蘋果或鈕釦比自己的手還重要。我們根本深信不疑兩者之間有著天壤之別。

　　「不論你看到什麼，都是你取材的合適對象」，只因不論你看到什麼，絕不可能真實，那只是肉眼之「見」，而眼睛和所有感官一樣，都是為「看不見（真相）」而造的。也就是說，小我造出肉眼的目的，就是讓它往心靈**之外**去看；然而，真實之見只可能發生於心靈**之內**。這一基本的虛幻本質構成了世間萬物的共有特質。

(1:6~7) 你所看到的某些東西，也許會勾起你某種情緒。試著把這些感受擱置一旁，只需把它與其他事物一視同仁地練習即可。

　　只要我們多花一點心思，便不難看出這幾課的大用。正如心理醫師為了解病患症狀而作的「投射測驗」，這幾課同樣會幫助我們勾出所有深埋於潛意識的價值觀。下面幾課還會不斷重申這一主旨。

(2) 這些練習的目的乃是為了幫你清理往事對你心理的牽絆，學習去看它此刻呈現在你眼前的原貌，你才會明白自己對它的認識實在微乎其微。因此，在選擇對象來套用當天的觀念時，關鍵在於你能保持一顆完全開放的心，不受主觀判斷之累。針對這個目的，每樣東西的作用相同，都同樣合適，也因此同樣有用。

　　目前為止，沒有一段話說得比這段更深刻更明確的了。耶穌有意幫我們釋放過去‑ ─如果我們根本意識不到隱藏於過去的陰魂，豈有釋放它的機會？如果任它深埋心底，它那因內疚而亟需判斷的衝動，必會不斷作祟而滋生事端。要之，化解過去陰魂的金鑰就藏在這幾課所寓含的原則：所有的幻相，本質上全是同一回事。

第四課

這些念頭就像我在這房間（街上、窗口、此地）所看到的事物一樣，不具任何意義

　　耶穌進一步幫助我們了解，不只是眼之所見不具任何意義，連我們對所見之物的**想法**也一樣沒有意義。他在後文還會教導我們看清，我們的想法和看法毫無不同；心內的想法與心外的現象其實是同一回事。

(1) 今天的練習與前面幾課不太一樣，不從當天的觀念著手。在這練習裡，你先用大約一分鐘的時間留意一下心中所浮現的念頭。然後把今天的觀念套用在那些念頭上。你一覺察到某個不悅的念頭，便可就地取材，加以運用。但也不要只選擇你認為「壞」的念頭。你若訓練自己正視自己的念頭，便不難發現它們全都善惡夾雜，很難斷定孰「好」孰「壞」。也正因如此，它們才不具任何意義。

我們的所知所見所感所想，一向變幻不定。凡是會變化的，顧名思義，絕非永恆不易；而絕非永恆不易的，必然不出於上主。這一論點充分反映出《奇蹟課程》的核心前提及理論基礎。凡是出於上主的，**必然**享有祂的神性特質；缺少這一特質的生命，便不可能出自於祂，那麼，它的存在必然虛妄不實。這就是《奇蹟課程》的邏輯：變幻莫測之物不可能來自永恆不易的生命本體，故它不可能真的存在；它既然不屬於那唯一有意義的生命本體，故在本質上，它的存在必然毫無意義。我們只需留意一下自己的念頭，便不難看出它們變化不定的性質，這成了它們之所以無意義的有力證明。以此類推，這個變化無常的生命只可能來自小我，它始終變幻莫測，因它的起源正是那永恆不易之本體的一個變種。

表面上看來，開頭這幾課的練習非常簡單，其實它連哄帶勸地將我們慢慢導向真理之路，只要我們真正將它們運用於日常生活，總有一天會領悟這一真相的。

(2) 在取材運用今天的觀念時，應照常力求具體。不要害怕選取「好」的念頭，也不避諱「壞」的念頭。它們之中沒有一個能代表你真正的念頭，你的真念頭都被它們掩蓋住了。「好」念頭至多只能算是那更殊勝之境的一道陰影而已，而陰影會模糊人的視線。「壞」念頭則會擋住視線，讓人根本視而不見。兩者均非你之所願。

唯有愛或一體之念，才算是真正的念頭，而且它必然是

「非具體的」（non-specific），《奇蹟課程》用**抽象**這個術語來形容，而這些抽象之念早已被小我的具體世界所覆蓋。我們真正追求的是真理，而不是它的陰影或覆蓋物。套用柏拉圖的說法，我們渴望的至善本體（the Good）乃是超越善之**觀念**（the **concept** of good）的，**善**與**惡**只是一種觀念而已。〈正文〉尾聲這樣提醒我們：「*救恩可說是超越這類自我概念的解脫境界。救恩關切的不是心靈的內涵，而是心靈自認為它能思想的那種心理。*」（T-31.V.14:3~4）

我們的正念（也就是「善」），充其量只能修正妄念（也就是「惡」）。到了最後，它們的具體特質必會消失於那抽象（非具體）的聖愛源頭中。

(3) 這練習十分重要，以後還會以不同的形式反覆出現。此課的目標乃是訓練你區分無意義與有意義的第一步。它只是遠程目標的一個起步，教你看出無意義者俱在身外，有意義者俱在心內。它也是教你的心去辨認何者相同、何者相異的入門訓練。

「無意義者俱在身外」，這一觀念寓意極深，只因外頭的一切盡皆虛幻不實。「有意義者俱在心內」，指的是聖靈之念存於心內。凡是我們向外看到而且信以為真的，都會被小我所利用，而把這些本無意義之物弄假成真，最終的目的不過是要遮蓋萬物本有的意義。反之，聖靈的任務則是教導我們將外在一切轉為學習的工具，讓我們認出世界原來不存在。世界的存

在意義僅限於此。萬物本身不具意義，是聖靈賦予的目的帶給它們意義。總而言之，凡是在祂之外所見的一切，基本上都是無意義的。

小我慫恿我們重視世間萬物，目的是要我們相信世界所反映的分裂思想體系真實無比。聖靈則是教我們去看世間萬象的最終目的，幫助我們領悟「世界並不存在」這一真相。為此，「何者相同」即是指小我思想體系中的一切全是同一回事，聖靈思想體系內的一切也全是同一回事。不論以何種形式呈現，骨子裡是罪咎的仍是罪咎，是愛的也依然永遠是愛。但這兩套體系卻有天壤之別，因為小我的體系只會讓我們在地獄苦海愈陷愈深，而聖靈那套思維卻能引領我們回家。由此，我們便能明白，這兩套體系各成一家之言；同一體系內的思維全然**相同**，但兩套體系在本質上截然**不同**。

(4) 你利用自己的念頭來練習今天的觀念時，請具體指出念頭中的主人翁或相關事件，例如：

有關 _____ 的念頭不具任何意義。
它就像我在這房間（或街上等等地方）所看到的事物一樣。

請特別留意此處所強調的，練習當天的觀點時，需要具體指出主人翁或事件（後文還會反覆提醒）。若不具體套用，這些練習根本就形同虛設。

(5)你也能夠把這觀念套用在你視為有害的念頭上。這種練習非常有用，但不可取代「隨地取材」的練習原則。無論如何，省察你的心念時，不要超過一分鐘。因為你還算是新手上路，容易落入胡思亂想的陷阱。

　　耶穌在此想要挫挫我們的銳氣，我們才肯虛心受教，因我們真的連什麼對自己有害或無害都分不清。這與〈正文〉說我們不但苦樂不分（T-7.X），更分不清禁錮與自由之別（T-8.II），可說異曲同工。正因如此，我們才會胡思亂想，終日追逐對自己有害的事物，而不願學習這門只會帶給我們平安喜樂的功課。

(6)此外，由於這些練習仍屬於一個起步，你會發現，特別難讓自己放下那些尾隨念頭而來的判斷。今天，複習的次數不要超過三或四回。我們以後還會回到類似的練習。

　　耶穌固然不希望我們為了達不到練習的要求而內疚或自責，但他仍要我們意識到，這些練習真的不容易。這幾句引文其實在說：「我在練習時必會遇到障礙，因為我還不想放棄自己的信念。我不只相信生活裡的種種具有意義，我的想法也很有意義。更重要的是，**我**這個人存在得很有意義，我這個特殊的個體生命充滿了意義。」這正是頭幾課「特別難修」的原因。

第五課

我絕不是為了我所認定的理由而煩惱

　　這是我最愛引用的觀念之一，因它一刀切入了修持的核心。我們一向認為自己的煩惱全因外境衝突之故，其實，煩惱**真正**的起因乃在於自己拒絕了耶穌的教誨，轉而選擇以小我為師。只不過，這一課尚未直接點出這一隱含的深意。

(1) 這觀念可如前面幾課那般地運用在你認為害你受苦的所有人物、環境或事件上。不妨具體地把它套用在你所認定的任何煩惱之源上，不論你如何指稱它，只要能表達出你的感受即可。煩惱能夠顯現為恐懼、憂慮、哀傷、焦慮、憤怒、仇恨、嫉妒等種種形式，人們慣於將這些情緒視為不同的心理現象。其實不然。然而，在你懂得外在形式根本無足輕重之前，每一種情緒都是你當天練習的最佳素材。把同一觀念分別套用在不同事件上，這是讓你終將認出它們其實是同一回事的第一步。

　　這一段再次點出了《奇蹟課程》的弔詭：由個別而具體的事件下手，從中領悟出原來每件事都是同一回事，而且這個相同性屬於「非具體」層次（non-specific）。這正是《奇蹟課程》的招牌修法，唯有穿越這一歷程，我們才可能從夢中覺醒。也就是說，在每次一感到不安或生起煩惱之念（這些皆是煩惱的**表相**）時，立即義無反顧地操練寬恕，我們才會真正領悟，不安的真正原因其實**就是**我們心內潛藏的罪咎這一**內涵**。唯有如此，我們最後才可能徹悟一切幻相的**同一**本質。所有的幻相就在這一領悟下銷聲匿跡，僅餘愛的**內涵**，這才是平安的唯一真實源頭。這個功課是如此的重要，只因我們無時無刻不活在煩惱中，更糟的是，我們還那麼肯定是誰害的。本課痛下針砭，幫助我們明白，自己的氣惱不是因為外面那件事或那個人，而完全在於我們是以什麼**眼光**去看的。

　　下一段接著給了一個**具體**功課，要我們明白舉出煩惱的**具體**形式，以及自己認定的理由。

(2)**當你把今天的觀念運用在你心目中認定的某種煩惱之源時，不妨同時指出你看到的煩惱形式，以及你所認定的起因。例如：**

　　　　我不是為了我所認定的理由而氣＿＿＿＿。
　　　　我不是為了我所認定的理由而怕＿＿＿＿。

　　在此，耶穌一下子就把我們由形體世界的感受層次，提升

到心靈領域的心念層次。他接著說：

(3) **然而，這不能取代你的正式練習，你該先找出心目中認定的煩惱之「源」，以及你認為它帶給你的各種煩惱。**

　　耶穌把我們帶回**省察心念**的功夫，要我們慢慢養成「往內看」的習慣，學習把焦點放回自己壓抑下去的罪咎，它才是構成我們煩惱不安的最終原因。

(4) **與先前的練習相較之下，你也許會發覺，你在這練習中更難做到一視同仁的地步，你會情不自禁地把某些問題看得更嚴重一些。因此，最好在練習前加上下面的句子：**

　　沒有小煩惱這一回事。它對我心靈的平安所構成的騷擾都是一樣的。

　　人人都有分別取捨的習性。當一件小事讓自己不舒服時，我們會認為自己只是「微微不快」。遇到比較嚴重的狀況而忍不住大發雷霆時，我們會認為這是兩碼子事，不可相提並論。這種情形前面已經探討過，小我老想灌輸我們「幻相有層次之分」的原則，而這正是小我企圖否定上主一體生命的殺手鐧。套用〈正文〉的說法，小我想用二元世界的具體性來推翻一體生命「神聖而抽象」（Divine Abstraction）的真相（T-4. VII.5:4）。小我最怕的，莫過於我們在人間憶起或活出這一真相，因為那等於宣告了小我的終結。

耶穌繼續指點我們如何套用本課的觀點：

(5~6) 然後，省察內心令你煩心或苦惱的任何事情，不論它在你心中多大或多小。你也許會發現自己比較不情願把今天的觀念套用在你認定的某些煩惱之源上。如果有此現象，不妨先這樣想：

我不可能只保留這一個煩惱，而拋得開其他的煩惱。

為了達到這些練習的目的，我要將它們一視同仁。

每當我們又想把自己煩惱的原因區分出大小輕重時，耶穌要我們運用上述這些話來自我提醒。他接著又叮嚀了一次：

(7:1) 然後省察你的心念大約一分鐘左右，試著指認出幾種讓你不安的煩惱，不論它們影響你多深。

回想一下，耶穌在前面這幾課提醒我們多少次，別再把自己的經歷分為大小輕重，認定某些事情比較重要、某些事情不值一提。他要訓練我們「一視同仁」的眼光，因為幻相縱然有「七十二變」的本事，幻相終究還是幻相。

等到我們深入奇蹟教誨後，會很震驚於這一真相：當我們生氣時，是自己**存心**生氣的；只因唯有如此，才能證明自己是無辜的受害者，對方是加害我們的兇手。我們日後還會深入這一核心觀念，大家不妨先閱讀一下〈正文〉與此相關的兩節：「十字架的畫像」（T-27.I），以及「自我概念與自性之別」（T-31.V）。

　　本課的結尾又重複了一次先前的練習。它再次提醒我們，練習時既要具體，也要對自己寬容一點。

第六課

我煩惱，是因為我看到了根本不存在的事物

　　這一課簡直是當頭棒喝。最微妙的是，開頭這幾課耶穌絕口不提深奧的形上理論，然而，「我煩惱，是因為我看到了根本不存在的事物」，這句話的深意全都蘊含於它的形上基礎。一言以蔽之，令我煩惱的因素絕不在外面，而是在我的**心內**，只因「心外無物」。我自以為看見的現象，其實全是心念的投射，連這個代表天人分裂之念也不是真的。我的所知所見純屬幻相，因投射出它們的那些念頭本身即是幻相。幻相除了滋生幻相以外，還會有什麼能耐？

　　本課第一段所呈現的具體性，我們大概都不陌生了，接下來的第二段，應該更為熟悉才對。

(2)今天的觀念很有用，可隨時套用在好似令你煩惱的任何事件上，讓你今天獲益匪淺。如先前那般地練習三、四回，不

過，開始時應該先花一分鐘的光景省察心念，再把這觀念套用到你察覺到的每個煩心之念上。

這段訊息的要旨在於「省察心念」；唯有如實省察心念，我們才能將耶穌的教誨落實於日常生活。接著，耶穌又將我們拉回第五課的兩個重要觀點：

(3) 如果你只願把這觀念套用到某類煩惱，卻不肯用在其他念頭的話，不妨用前面幾課的話來提醒自己：

沒有小煩惱這一回事。它對我心靈的平安所構成的騷擾都是一樣的。

以及：

我不可能只保留這一個煩惱，而拋得開其他的煩惱。為了達到這些練習的目的，我要將它們一視同仁。

這個重點，不論我重複多少遍都不為過：不論大煩惱小煩惱，或大樂事小樂趣，萬事萬物在本質上**全然相同**。這可說是《奇蹟課程》的核心要旨，也成了學習區分幻相與真相的必備功夫。套用柏拉圖學派的術語，即是區分至善本體與善行善事的智慧。

第七課

我所看到的只是過去的經驗

　　第七課基本上是前六課的一個總結，它開門見山便在第一段逐字逐句地複述前面幾課的主旨。

　　到了第二段，耶穌再次簡述第三課第二段的要旨，重申「清除先入為主的過去之念」是何等重要。他也進一步為我們解說何以「一切不具任何意義」，而且「一切意義均是我們賦予的」……等等，只因我們所看到的一切純屬過去的經驗。可還記得罪咎懼與過去現在未來的等同關係？這是我們只會看到過去的原因所在。罪與分裂又是同一回事，因它證明了我是活在上主之外的獨立個體；一旦相信了這一謊言，必然身不由己地將它投射出去，過去就是這麼形成的。從此我只會在萬事萬物上頭看到過去的影子，只因我一心一意想要維繫自己的個體身分。耶穌繼續向我們解釋：

(2) 舊有的時間觀念是很難改變的，因為你所相信的一切全都緊根於時間之中，而且它是靠你不去學這些新觀念才得以立足的。正因如此，你很需要一個新的時間觀。此處所介紹的第一個時間觀，其實並不像你乍聽之際那般怪異。

我們之所以會心生不悅，只因我們已經把當前發生的事與過去的經驗連在一起，而且還混為一談。例如我一看到某一類人就會有某種反應：1.這人若代表某種權威，我會一看就不順眼，而且覺得自己的反應合情合理；2.那人若老跟我作對，我理所當然會厭惡他；3.又如我不能不仇視某種膚色的人。其實，這種種的厭惡全都基於過去的經驗。當然，大多數時候，我們不會表現得如此露骨，這就是為什麼我們需要不斷練習才可能學會所謂的「第一個時間觀」。

總之，我想要在萬事萬物上頭看到過去，只因過去的經驗能讓我理直氣壯地說：「我存在！」為此，把過去當真的同時，也必然會把罪或分裂弄假成真，如此，方能確保我的存在。附帶一提，你可以看到耶穌在本段的後半段在玩**時間**的文字遊戲。〔譯註〕

接下來的一段話又開始舉一些看起來十足具體的世間瑣物作為範例：

〔譯註〕文字遊戲係指：所介紹的第一個（first）時間觀，其實並不像你乍聽（at first）之際那般怪異。

(3)例如,你看到了一個杯子。你是看見一個杯子,還是僅僅重溫你過去吃早飯時口渴了,拿起杯子飲水,感到杯子邊緣觸到唇邊種種經驗?你對杯子的欣賞是否也基於過去的經驗?否則,你怎麼知道,你一鬆手,這杯子就會摔破?若非你過去學過這杯子的性能,否則你怎會知道?除了你過去學來的觀點以外,你對這杯子其實一無所知。那麼,你還敢說你真的看到它了嗎?

是的,世間**每一事每一物**都是這麼一回事,我們其實什麼也**沒看到**,因為我們看到的全是已經不存在的過去。

(4)環顧一下四周。不論你看到什麼,真的都是這樣。只要你肯把今天的觀念一視同仁地套用在目光所及的事物上,你終會認清這一事實的。例如:

> 在這鉛筆上,我所看到的只是過去的經驗。
> 在這鞋子上,我所看到的只是過去的經驗。
> 在這隻手上,我所看到的只是過去的經驗。
> 在那身體上,我所看到的只是過去的經驗。
> 在那張臉上,我所看到的只是過去的經驗。

請留意,耶穌要我們著眼的對象包括了有機與無機之物,箇中玄機頗有意思。我們日後還會回到這一點,現在,請容我再強調一次他教誨中這個至為重要的觀點——世界是「描述你內心狀態的外在表相」(T-21.in.1:5)。既然內在心境屬於幻

覺，那麼外在現象也只可能是幻相；更何況「幻相沒有層次之分」，這表示我們在世上所能感知的一切，不論是有機或無機，在本質上毫無差異可言。它們既然同等虛幻，表示它們**全是**同一回事。毋庸贅言，這一說法與我們的經驗全然相悖，可以說，這段存心點醒我們，自己經驗到的世界何其虛妄。由這幾課，我們能看到耶穌如何不動聲色地潛移默化，透過這些弦外之音，為真理實相鋪路，直到我們能夠接納他的教誨，再引領我們超越過去，直抵上主（即真理實相）之境。

最後，他再次提醒我們「切莫自訂例外」，自以為是地將某些不重要的東西排除在外，這極可能是在遮掩自己暗地裡十分重視的東西，〈正文〉稱之為「隱秘的罪咎、深埋的怨恨」（T-31.VIII.9:2）。

(5) 你的目光不用刻意地逗留在任何一物上，但切記，也不要故意略過某些東西。目光迅速地掃過一物，便可移到下一物。一天練習三、四回，每一回大約一分鐘左右就夠了。

綜結而言，〈練習手冊〉最前面這幾課的中心要旨，就是教導我們不再對虛幻不實的知見世界抱持分別取捨的心態。這可說是化解小我分裂體系的基本功夫，再次反映出「奇蹟沒有難易之分」這一根本特質（T-1.I.1:1）。

第八課

我的心裡塞滿了過去的念頭

　　我們一邊閱讀一邊操練每日練習時，不難看出這幾課之間的連貫性。開始時，耶穌只是單純地點出我們該怎麼看待世界。很快地，就推演到我們該如何看待自己的念頭，而且從本課開始，他進一步點明我們的念頭與世界之間具體的因果關係。本課也是耶穌在〈練習手冊〉首次論及世界的虛妄本質，他同時提出了「投射」的觀念。這個觀念在前七課只有一些暗示，到了本課及隨後幾課才明確點出投射的原理。總之，耶穌一路提醒，我們的所知所見之所以毫無意義，只因所見乃是出自所想，而我們（小我妄心）之所想其實毫無意義，只因它已經否定了萬物的終極意義。這個觀點雖然在前文已經提及，但並沒有明說，要到隨後這幾課，才直接切入核心。

(1:1)這觀念清楚地指出了「你所看到的只是過去的經驗」的原因。

　　第七課「我所看到的只是過去的經驗」一文已經澄清了「我所看到的一切不具任何意義」，只因它奠基於過去的念頭。到了本課，耶穌繼續引申過去與時間的觀念，而成為「我的心裡塞滿了過去的念頭」；他越過前一課的「我所看到的只是過去的經驗」，進一步指出，我們之所以只看得到過去，是因為我們**所想的**全都受到過去的限制。至此，耶穌才鄭重推出「我們**在外**看到的一切均出於自己**內心**的想法」這個觀念，與〈正文〉「投射形成知見」的主題相互呼應（T-13.V.3:5;T-21.in.1:1）。不論是小我之子或上主之子，但凡內心相信什麼或當真什麼，就會直接反映於眼前的外境，因為內心與外境根本是同一回事。這可說是《奇蹟課程》的基本原則「觀念離不開它的源頭」之變奏曲，日後我們還會回到這個至關重要的主題。「我的心裡塞滿了過去的念頭」顯然就是「我所看到的只是過去的經驗」的原因（1:1）。雖然此處沒有明白指出，卻已充分暗示了「我們之所見源於我們之所想」這一原則，為此，耶穌才說：

(1:2) 沒有人真正看得見任何東西。

　　當我們開始讀〈正文〉或作練習時，一碰到這類說法就會情不自禁地想要軟化它的語氣，因為很少人忍受得了耶穌這種鐵口直斷：「沒有人真正看得見任何東西。」

(1:3) 他所看見的只是他投射此物之上的想法而已。

　　這類說法在〈正文〉中屢見不鮮，〈練習手冊〉也出現了好幾次。耶穌是如此解釋的：「肉眼看不見任何東西，就像肉體無法聽，無法想，無法感覺，它做不出任何事情。」（T-28. V.5:3~8; VI.2:1~9; M-8.3:3~4:3）身體最多僅可視為傀儡或機器人，只會執行主人的命令，這正是我們看不見任何東西的原因。我們「看到」的一切（這種**看**必須加個引號），不過是自己一貫的想法所投射出來的影像罷了。為此，我們一切所見，全然跳脫不出小我的思維，故不可能不虛幻。

(1:4) 人心塞滿了過去的經驗，才會形成虛妄的時間觀念，損傷了你看的能力。

　　我在「前言」與「導言」曾經提過，我們在習以為常的線性時間觀（過去、現在、未來）所看到的一切，不過是小我「罪咎懼」思想體系投射出來的陰影。就在我們決心放棄聖靈的一體生命，選擇了自己的個體性，甚至不計任何代價地保有這一個體身分之際，奠基於罪咎懼的小我思想體系就如此架構出來了。這套體系的運作內幕，我再重述一遍：**罪**，就是指我們過去犯了忤逆上主之罪，如今應該感到**罪咎**（小我稱之為現在）；罪咎必會招致懲罰，甚至自認為罪有應得，於是我們開始**害怕**上主的懲罰，這種擔心害怕自然指向一個未來。唯有在這個罪咎懼（過去，現在，未來）的思想座標下閱讀第一段，方能讀出它的深意。只要我們的眼光轉向外界，必會看到一個受時間控制的世界，也必會看到一個空間的世界。根據〈正

文〉的解釋，時間與空間各自代表了同一個錯誤的兩面（T-26. VIII.1:3~5）。

總之，不論我們向外看到什麼，都是透過過去的眼光，因為我們是透過個體之我的濾鏡去看的。這一個別身分必然深植於罪中，也表示我們深信自己已與上主分裂，如今才可能活成另一個生命。我們一旦認為自己正與上主交戰（這一主題留待後文細述），也必然會感到自己和世上每一個人都在交戰狀態。如此一來，我們在世上的每一種觀點或經驗，全都跟特殊性緊緊綁在一起：誰特殊，誰就勝了，而特殊之人絕無好下場，因此，敢於直接彰顯特殊性的，就成了特殊之恨；比較善於掩飾的，就成了特殊之愛。不僅如此，特殊性脫離不了小我的時間觀念，而小我的時間觀必然離不開罪咎懼之信念。為此，特殊性永遠不可能與過去**撇清**關係。

所謂「虛妄的時間觀念」，不外乎相信過去、現在和未來**真的存在**，而且認定過去會直接影響現在與未來。換句話說，我的過去造就了今日之我，我的未來也只可能是目前這個小我的延續。

(1:5) 你的心靈無法了解現在，而那才是唯一存在的時間。

這兒的「現在」，可不是小我的「現在」，而是《奇蹟課程》所謂的「神聖一刻」。這一刻的經驗既然並非來自於時間領域，罪咎懼便無法從中作祟。它深深紮根於聖靈的正念心

境，它的慧見既不憑據過去的經驗，更不借重於特殊性，因而成了愛的最佳工具，成了我們內在的嚮導。

(1:6) 因此，你〔的心靈〕根本不了解時間，事實上，你什麼都不了解。

這個說法，箇中的原因是，我們自認為了解的一切，其實是深陷於時間與空間所打造出來的虛擬之境。只要我們仍視自己為一個與眾不同、獨立自主的個體，表示我們已經相信了整套小我的思想體系了，那麼我們的所知所見，最多只能算是那虛幻分裂之念的幢幢鬼影罷了。因此才會說，我們「什麼都不了解」。

(2:1) 一個人對過去所能持有的最真實的想法，即是：它已不存在了。

倘若認真推敲這句話的深意，簡直又讓人想要撞牆。想一想，你若是過去的產物，而過去根本就不存在，表示**你**也一樣不存在。〈正文〉第二十八章第一節「當下的記憶」一開始就冒出這麼一句：「這個世界早已過去了。」（T-28.I.1:6）此說若真，**你**不也過去了？這逼得我們不得不反問自己：「那個自認為在讀這句話的**我**究竟是誰？」正如耶穌也曾問過我們：「活在世界上的那個『**你**』究竟是誰？」（T-4.II.11:8）換言之，我們的存在不折不扣是虛構的，一旦深入玩味這種說法，不可能不驚惶失措的。倘若你不為所動，表示你只是嘴巴念

念而已，根本**沒**把它真正當一回事。這個說法加深了本課的意涵，說得不能更直接了：「你根本就不存在！」

先前說過，凡是認真用心操練〈練習手冊〉的人，不會不如坐針氈的（即使我們未必明白自己在焦慮什麼），原因即在於此。縱然〈練習手冊〉用詞平淺，不像〈正文〉充滿形上意味，但你心裡某一部分其實懂得它的深意。這也是我們老忘記當天的練習之主要原因；我們根本不想練習，而且想盡辦法粉飾那驚世駭俗的說法，至多只擷取它表面的含意。

(2:2) 因此，想起過去與想起種種幻相，兩者毫無差別。

想起過去和想到某種幻相，其實是同一回事！當你作這些練習時，不妨暫停片刻，反思一下，你這一整天所生起的每個念頭，哪一個跟過去無關？即使平淡無奇地拿起一只咖啡杯，或其他看來比較重要的事情，比如想起某個場景、某段關係、你的身體或其他事物，全都受制於過去的經驗。這是必然的，因為過去代表著罪的陰影，而罪直指分裂之境。只要你還相信自己是個獨立的個體生命，你就不可能不相信罪真的存在，時間也就變得真實無比了。

(2:3~4) 很少人真正明白，當你回想過去或預測未來時，它真正代表的意義是什麼。當心靈在回想或預測時，實際上等於一片空白，因為它並非真的在想任何事情。

我在研習或課堂上常說「凡是我們以為是自己想出的念

頭，並不是我們真正的想法」，就是根據上面這段話引申出來的。如果它們並不是我們自己真正的想法，表示它們根本就不存在。依此類推，與自己想法認同的那個**我們**，必然也不存在。「當心靈在回想或預測時，實際上等於一片空白，因為它並非真的在想任何事情」。要知道，不只我們的存在是幻相，實際上，**所有的**存在（existence）都屬於幻相，因它與**真實存有**（being）有著天壤之別。（存在與實存的對比，請參閱 T-4. VII.4~5）

(3:1) **今天練習的目的，即是開始訓練你的心靈認清：自己在那一刻根本不是真的在思考。**

　　這句話，加上其他類似的說法，一再顯示出，耶穌有意藉著這些練習來訓練我們的起心動念。他在此只是聚焦於「想法」這個點，讓我們明白，我們自己根本無法思考。這話並不難懂，只需稍為反思一下自己的想法多麼受制於過去，又多麼受制於自己對未來的恐懼（這一點留待以後再講解）。不論我們在談五分鐘或五年之後的事，難免生出吉凶未卜的隱憂，因為對未來的憂思乃是源自過去的罣礙。

(3:2) **當非念之念盤據了你的心，真理就被擋在門外了。**

　　這些非念之念以及對過去的不捨，其目的就是要阻擋真理的來臨。這一觀念也留待後文細述。如前面所說，「目的」乃是《奇蹟課程》的一個核心主題，耶穌再三提點「目的」二

字，幫助我們認清小我思想體系的玄虛，「無明亂世的法則」即是一例（T-23.II.1:1~5）。這兒說得更是露骨，但我們的心靈很可能聽若罔聞，只因它揭露了非念之念的企圖。也就是說，這些念頭揭露了我們對過去的焦慮，對未來的恐懼，以及此時此刻的罪咎之感。它們背後只有一個目的，就是企圖掩蓋我們的真實身分——基督自性這一千古不易的生命真相。

(3:3) 只要你明白自己的心始終是一片空白，不再相信它充滿了真實的觀念，你就已經向慧見邁出了第一步。

　　耶穌的教學核心始終在於清除「使你感受不到愛的那些障礙」（T-in.1:7），《奇蹟課程》三部書處處不離這一主旨。那些障礙才是一切問題之所在。我們不必操心耶穌或真理在做什麼，隨時察覺自己的**小我**在幹什麼，才是重點。掉在非念之念之中，我們的心靈是一片空白的，因為那些觀念早就過去了。若能透徹領會這個道理，必會對我們的修持有極大的助益，這一領悟會為我們開啟正知見的大門，迎接真寬恕的慧見，而終將引領我們臻於真理之境。

(4:1~3) 今日的練習應該閉起眼睛來作。反正你實際上無法看到任何東西，這樣練習能幫你認清，不論你腦海裡的念頭多麼清晰，其實你什麼也沒有看見。你還是輕鬆自在地省察心念約莫一分鐘左右，只需留意一下自己所察覺的念頭即可。

　　前面幾課練習，要我們張開眼睛，學習如何去看。這兒卻

提醒我們（後文還會強調這一點），看到什麼或想到什麼，其實並無差別，它們全是同一回事。耶穌在此強調的是我們腦子裡在想什麼，而非外面看到什麼。我們不難在這段話中聽出耶穌的叮嚀：切莫為自己的任何念頭賦予特殊的價值，或是認為這個想法比其他想法更為重要。

　　至此，本課的練習開始轉向我們的具體念頭了：

(4:4~5:3) 一一指稱出念頭中的主人翁或相關主題，然後就移向下一個念頭。每回練習前，不妨先念一遍下面的句子：

　　　　　我好像在想 ＿＿＿＿ 。

然後具體說出你念頭的內容，例如：

　　我好像在想 ＿＿＿＿（人名），關於 ＿＿＿＿（某物名稱），關於 ＿＿＿＿（某種情緒）。

然後用下一句為你省察出的念頭作一結論：

　　　　但是我的心所塞滿的卻是過去的念頭。

　　這一操練，正是寬恕的要訣：將自己幻覺中的「具體」想法帶到聖靈「非具體」的真理前。這是「我的心所塞滿的卻是過去的念頭」這句話的真正意涵。

(6)除非這個練習勾起你強烈的反感，否則一天可作四、五回。它若使你焦躁不安，練習三、四回也就夠了。然而，你會發覺，在省察心念時，如果能把今天的練習所激起的反感或任何情緒當作練習的素材，效果會更佳。

這又是一個最好的範例，顯示耶穌如何利用我們的抗拒轉為療癒的經驗，同時又如此溫柔耐心地鼓舞我們。他在〈正文〉論及特殊性時，也曾說過：

> 這是聖靈的慈悲知見下的特殊性，祂會用你所造的一切來發揮療癒的功能，不再傷人。（T-25.VI.4:1）

只要我們願意接受聖靈的幫助，連我們的抗拒和反感都能被聖靈所用，為寬恕的目標效力。

第九課

我看不出任何事物的當下真相

　　本課順著第七和第八課的邏輯繼續發揮下去。既然我的思維受制於業已不存在的過去，因而不具任何意義；既然過去的一切均源自根本不曾發生的罪與分裂，因而也非真的存在。那麼，接下來，「我看不出任何事物的當下真相」，豈非理所當然的結論！

(1:1~2) 這一觀點顯然延伸了前兩課的觀念。但是，你若只是理性上接受，它很難對你產生任何作用。

　　這句話說得太客氣了，我們對這觀念其實已經到了麻木不仁的程度，因為我們怕死了它背後的真正含意。在神聖一刻的那個「當下」，你不會看到什麼，因為那兒什麼也沒有。〈正文〉第十八章說：「身體連一刻都不曾存在過。」（T-18. VII.3:1）也就是說，在神聖一刻，身體根本就不存在。何以如

此？因為分裂之念消失了，罪咎懼已無立足之地，故也不再需要藉著身體來抵制這些念頭。這些念頭就是耶穌在前幾課所說的真理的障礙。為此，可以這樣說：我所「見」的一切，反倒成了抵制神聖一刻的防衛機制。

(1:3~7) 然而，在目前的階段，你還不需要真正了解。事實上，認清自己並不了解，是解除你的錯誤觀念的先決條件。這一培訓課程注重的是操練，而非了解。你若已經了解，就不需要練習了。你若一邊想要了解，一邊又假定自己已經了解了，結果只是原地打轉而已。

我在前一課已經強調過「認清自己在動念時，心靈其實是一片空白」，這一段又重申了同一重點。我們總以為自己很清楚自己的想法，其實我們什麼也不明白，因為一般所謂的思考恰恰障礙了真正的領悟（也就是《奇蹟課程》所說的真理或慧見）。

我先前引用過〈正文〉第十八章「小小的願心」那節裡的一段話：「你寧可相信自己的了解具有左右真理的力量，真理全靠你的了解才可能成真。」（T-18.IV.7:5）這無異於說，我們的了解其實是多餘的，真正重要的是欣然承認自己什麼也不知道。唯有接納這個事實，才可能虛心領受那位神聖導師的指引。如果我們堅持自己知道，而且還認為自己是對的，耶穌便愛莫能助了。我們裡面都有一種瘋狂的傲慢，相信自己已經不待學習。後文有一課就是這麼說的：「你通常不會反問自己已

經界定明確的東西。而這些練習的目的乃是提出問題，且接受答案。」（W-28.4:1~2）

因此，唯有心甘情願的**操練**，而且心悅誠服地把當天的練習隨時**套用**於現實生活中，終有一天，我們會真正了解的。

(2:1) 未經鍛鍊的心靈，很難相信那看起來有形有相的東西其實是不存在的。

要相信肉眼所見之物根本就不存在，何其困難！我們明明看到一屋子的人、椅子、壁鐘，還有那冰封的湖（上此課時正值紐約Catskill山脈的嚴冬）。然而，從「實相」來講，我們所見的一切全是分裂之念的倒影，紛紜萬象全是虛幻的思想體系投射出來的。

(2:2~3) 這個觀念很可能令人坐立不安，也可能會激起種種強烈的抗拒。然而，這都無礙於它的運用。

耶穌又提醒一次，我們既不需要了解也無需同意〈練習手冊〉所說的觀念，只要跟著指示去做就夠了。然而，今天的觀念必會讓人坐立難安，倘若沒有這種感覺，表示你根本沒讀懂。前面已經解說過，如果你眼見的一切都不存在，那麼，你所經驗到的自己，包括肉體的存在，以及擁有自己的想法的那個**你**也不存在了。世上還有比這更嚴重的事嗎？幸好，耶穌並不強迫我們接受這個真理，只是開始訓練我們的心靈按照他的思維方式去想去看，如此而已。

(2:4~5) 這些練習與其他的練習一樣，只要求你做到這一點。每一小步都會清除一點黑暗，當心靈清除了覆蓋它的渣滓，「了解」終將來臨，照亮心靈的每一角落。

「清除那令我們無法憶起真愛的種種干擾」這一主題太重要了，日後還會反覆重申。一旦清除了心靈的陰暗渣滓（也就是小我思想體系裡根深柢固的那些妄念），剩下的只有基督慧見，也就是終將來臨的「了解」。這和世界發生了什麼事一點關係也沒有，而是我們心裡更加篤定，世上真的沒有什麼值得我們去追究。這讓我想起米開朗基羅的創作過程，他先在原石裡看到整個已完成的雕塑形象，然後動手把多餘的部分一一鑿除，渾然天成的曠世之作就「出現」了。同樣的，光輝的基督形象藉著聖靈存於我們心內，成為我們的真實身分，因此，我們只需把幻覺中的陰暗渣滓帶到光明真相內，便會經驗到上主的愛以及聖子奧體的一體生命。

後半段的內容是在敘述今天的練習方式。請注意，耶穌再次提醒我們，套用之時不可自訂「例外」。他幫助我們盡量具體，但不要過於拘泥而淪為儀式，一視同仁地套用於知見世界中**所有的**形相，不論大小、遠近或輕重。在結束前，耶穌又提醒了一次：

(5) 不妨再強調一次，切勿排除任何東西，也不必鉅細靡遺地包羅一切。在作這種分辨時，一定要對自己非常誠實。因為你可能會存心混淆兩者。

　　操練一段時日之後，我們不難看出，除了「不設例外」以外，誠實地面對化解小我的過程所產生的抗拒心理，更是不可輕忽的。

第十課

我的想法不具任何意義

　　第四課曾說「這些念頭不具任何意義」，到了本課，耶穌把「這些」改口為「我的」，使得這類教誨顯得更為切身了。

(1) 這個觀念適用於你平素意識到或練習時意識到的一切念頭。這觀念之所以適用於所有的念頭，是因為那些念頭並非你真正的想法。我們在前面已經解說過其中的分別，以後還會繼續澄清。你此刻尚未具備分辨它們的條件。你一旦獲此能力，便不會懷疑你一度視為自己的念頭，實際上不具任何意義。

　　我們的「真正想法」只可能出於正念之心，也就是來自聖靈。打個比方，「某人攻擊我」，屬於**不真實**的念頭，而**真實**的想法只可能是「這是愛的求助」，而且「也是我自己的求助」。耶穌在此透露了，由於我們過度陷於**自己的**念頭，才會看不清這些念頭下面企圖掩飾的念頭，也感受不到他語重心長

的苦衷。但別擔心，我們才進入第十課呢！

(2) 這是我們第二次發揮這類觀念。只是形式稍有不同。這回所介紹的觀念是以「我的想法」開始，而非「這些想法」，它和你周遭的事物顯然毫無瓜葛。此刻所強調的是，你視為自己想法的念頭，是如此的虛幻不實。

耶穌不再借用我們眼前的外境，開始轉而著力於我們的**想法**。我們不難由前面幾課看出耶穌苦口婆心地提醒，我們真的不是自己所想的那個人。他就這樣一步一步帶領我們穿越小我思想體系的迷陣，他在〈正文〉形容過這種嚇人的恐怖幻境（T-18.IX.3:7~4:1）；在這迷陣幻境之後，上主之愛正展開雙手歡迎我們的到來。

接下來的第三段，雖然沒提到「投射」的字眼，卻可說是投射觀念的最好註腳。

(3) 這一類的修正過程，先是始於這一觀念：你所意識到的念頭是無意義的，它是外在的，而非內在的；然後，強調它們的過去性，而非當下的狀態。此刻，我們所強調的則是：這些念頭一出現，表示你已不在思考了。這只是從另一角度重申先前的觀念：你的心裡其實是一片空白。認清這一點，就等於認清了你自以為是的看見其實一無所見。為此，這一認知成了慧見的先決條件。

耶穌想讓我們明白自己的念頭是多麼虛無，然而，我們卻

如此認真地把這虛無念頭東投西射，只因我們認為它們真實無比。正因如此，我們才會對它們投射於外的影像同樣地當真。耶穌不斷耳提面命：我們眼前的景象全都不是真的，而是內心念頭投射出來的幻影。容我再重複一次這個重要概念，我們心裡充斥著種種「非念之念」，只因那些觀念全是建立在小我虛幻的分裂思想體系上。

(4) 練習時，請閉起你的眼睛，先把今天的觀念慢慢向自己複誦一遍。然後加入這一句話：

> 這觀念能幫我解除我目前的一切信念。

這練習一如先前，搜出你內心可能找到的一切念頭，不加揀擇，不作評判。也不要妄自分門別類。你若覺得有用，不妨想像自己正在觀看一群烏合之眾簇擁而過，它們對你本人幾乎不具任何意義。當每一個念頭掠過心頭時，不妨這樣說：

> 我對於 _____ 的想法，不具任何意義。
> 我對於 _____ 的想法，不具任何意義。

　　「與耶穌一起正視小我」，可說是貫穿全書的主旨，上面這個練習，成了最好的示範。要知道，正視小我的那個**我**，不受小我妄念的牽絆，乃是心靈內作抉擇的主體；而《奇蹟課程》之所以定名為奇蹟，它的目標與意義便是把我們帶回「抉擇者」那裡。這一回歸過程不外乎學習退一步與耶穌一起正視自己的小我——看它如何振振有詞地對自己或他人發動攻擊，

如何把一堆支離破碎的證據東拉西扯地串連成一個看似完整的圖片，目的是為自己眼中那個「受害/加害」的世界觀撐腰，證明自己是對的，別人都錯了，連聖靈也錯了。我們只需看著小我如何像「一群烏合之眾簇擁而過」，又如何蒙蔽了我們的真實身分，令我們相信自己真的是一具**身體**，而非**心靈**。在此，耶穌尚無意全盤托出一切原委，他只能為我們點出幾個關鍵要點。

最後他說：

(5) 今天的觀念顯然可以隨時套用到任何讓你煩惱的念頭上。此外，建議你練習五次，每次省察心念都不要超過一分鐘左右。練習時間最好不要延長；如果覺得有些不自在，反而該縮短為半分鐘，或者更短。無論如何，別忘了在具體運用這觀念之前，先慢慢複誦一遍，並且加上下面這一句話：

這觀念能幫我解除我目前的一切信念。

我們再次看到了耶穌如此重視「普遍運用」的原則。他繼續耐心仁慈地教導我們，如何從自己某個具體妄見下手，慢慢學會把這些原則一視同仁地套用在**所有的**經歷上。到現在，我們已經看到這一主題不斷重複出現於〈練習手冊〉的頭幾課中。

第十一課

我那無意義的念頭，顯示給我一個無意義的世界

　　請注意，在本課裡，耶穌把我們的想法和所知所見具體地串連了起來。我們周遭所見的一切之所以不具意義（第一課），只因約定俗成的知見全都出自一個毫無意義的念頭，本課點出了其間的因果關係。

(1:1~2) 這是領我們進入「修正過程」的第一個關鍵性的觀念，它徹底推翻且逆轉了世俗的想法。表面上看起來，好似世界左右著你的所知所見。

　　除了你的所知所見以外，我們還可以加上「你的感覺、想法、情緒，或你的問題……」等等。例如當我看到兩個人吵架，他們確實是在吵架；或我感到很冷，是因為氣溫確實降到冰點。這些都屬於世界的思維，也是我們每個人在世的體驗。然而，如果前文說的是真的，這些感受全來自我們自己的念

頭，屬於小我分裂夢境，表示這些念頭先夢到冰點的溫度，身
體只是隨之反應而已。如此一來，感官的資訊便能證明我們身
外確實另有一個世界，而我們只是一個無辜的受害者，對世上
發生的種種事件毫無作主的能力。這番解說當然不是要我們為
自己的受凍而內疚，它只是要我們明白，感到寒冷表示我們已
經認同身體，那麼也勢必認同了小我的分裂思想體系，而那套
體系本身其實毫無意義。課文接著說：

**(1:3~5) 今天介紹給你的觀念則是：你的想法左右了你所看到
的世界〔同時左右了你經驗到的世界〕。歡欣地練習這一入門
的觀念吧！因它是你解脫的保證。也是引你進入寬恕的門檻。**

　　千萬不要對這幾句話掉以輕心。耶穌要我們信任他，按照
他的解說開始練習這一入門觀念。他言下之意是說，後面的練
習還會逐步深入這一觀念；此外，按部就班研讀〈正文〉，便
可以得其全貌。如此，才能真正學會寬恕之道。我們不妨反
問自己，如果這個世界是真的，我怎麼可能寬恕？如果那些人
真的幹了那檔子事（不論對我造成什麼影響），我怎麼可能寬
恕？除非我真正領悟出「那是**我**作的夢，是我把你拉入自己的
夢裡來」，我才可能寬恕你。這是寬恕的關鍵，也是《奇蹟課
程》對寬恕所下最重要的定義──寬恕弟兄並**沒有**對你做出的
事情（W-PII.一.1:1）。縱然那人很可能在肉體或心理層面對你
造成很大的傷害，但在心靈層次，他什麼也沒做，因為他只是
你心內的一個念頭而已；而被他傷害的你，也只是你心內的一

個念頭。受害者與加害者根本就是同一個。不要忘了，在時空世界形成之前，心靈早已存在了，它是超乎時空的。前文也已解釋過，時間和空間全是分裂心靈生出的罪咎懼所投射出來的形色世界。

因此，這一課其實隱含了非常深奧的形上理論，只是耶穌沒有明白點出而已。〈正文〉早已清楚交代，〈練習手冊〉的目的僅是帶領我們**開始**套用這些觀念，**開始**意識到我們自以為的看見其實並非真正看見，我們看到的只是自己心內某個念頭的投影，如此而已。我先前說過，那念頭可說居心叵測，它要確保我們的思想體系能戰勝耶穌的思想體系，證明我們的看法才是正確的，耶穌全錯了；而分裂世界的種種苦難，處處證明我們那一套思維真的沒錯。這才是我們打造出這種世界的真正原因。

接下來，耶穌委婉地解說今天的練習方式：

(2) 今天練習的方式與先前幾課稍有不同。開始時，閉起你的眼睛，先對自己緩緩複誦一遍今天的觀念。然後張開眼睛環顧四周，或遠或近，或上或下，不拘任何地方。在你練習運用的那一分鐘內，只需不斷地向自己複誦今天的觀念，不慌不忙，從容而不勉強地進行。

練習的一開始是先閉起眼睛，然後再張開眼睛，環顧一下四周。這種練習方式，再次重申了所想和所見毫無不同的道

理，內心與外界全是同一回事。請注意，耶穌再度提醒我們要放鬆地練習，因為一有壓力，不僅化解不了小我，還會助長小我的氣焰。

下面一段，可說是耶穌訓練我們起心動念的**程序**：

(3) 若要讓這練習發揮最大的效用，目光必須相當迅速地由一物移向另一物，不要在任何一物上逗留。然而，這句話卻該說得不慌不忙、從從容容。尤其是你才剛開始學習這觀念，練習時不妨隨意一點。這是我們想要達到的平安輕鬆、自由自在的先決條件。練習結束時，閉起你的眼睛，再次向自己慢慢複誦一遍今天的觀念。

我們都聽過龜兔賽跑的寓言，最後獲勝的往往是懂得輕輕鬆鬆放慢腳步的一方。為此，耶穌有意調整我們的學習心態，解除小我喜歡掙扎奮鬥、克服萬難，尤其是「戰勝自己」這類的習性。他在練習提示裡用的盡是「不慌不忙、從從容容、隨意、輕鬆、平安、自在、慢慢來」這類的字眼，可見他的訓練方式是盡可能幫我們擺脫內心的壓力與衝突。

最後一段重述了我們早已耳熟能詳的程序，而且繼續溫柔地鼓勵我們：

(4) 今天的觀念只需練習三次就足夠了。你若感到些許不安，或毫無此感，想要多練習一下，可以增至五次。最好不要超過五次。

　　練得越勤，未必是好事，至少在耶穌的思想體系裡，大可無需如此。如果能練習五次，固然很好，否則三次也綽綽有餘了。耶穌告誡我們，操練之時，不要過分精進，我們並非在為天堂累積點數。他要說的其實是，重質不重量，重要的是**內涵**，而非**形式**。

第十二課

我煩惱，是因為我看到了一個無意義的世界

　　第五課說「我絕不是為了我所認定的理由而煩惱」，以及第六課「我煩惱，是因為我看到了根本不存在的事物」，到了這一課，耶穌繼續發揮「我煩惱，是因為我看到了一個無意義的世界」，耶穌為我們解釋箇中緣由：

(1) 這個觀念十分重要，因為它糾正了知見上最大的偏執。你心中早已認定，是那個可怕的世界，那哀傷、殘暴或瘋狂的世界，讓你感到焦慮不安。其實，它那些特質都是拜你所賜。世界本身是不具任何意義的。

　　我們總會在世上看到殘暴、仇恨、瘋狂以及種種慘不忍睹的景象，耶穌並未否認我們所見的一切，而只是告訴我們這些景象全都虛幻不實。他並不要我們否認自己的經驗（T-2. IV.3:8~11），但他會幫助我們了解這些經驗究竟是如何形成

的。我煩惱，並非世間某人或某事害我的，第三十一課「我不是眼前世界的受害者」也是類似意思。這是《奇蹟課程》一貫的主張——世界本身毫無意義，因為它源自毫無意義的一念。這無意義的一念即是：「我可能與上主分裂，不僅是**可能**，而是我**已經**與上主分裂了。」這種念頭之所以毫無意義，因為它純粹是為了抵制唯一有意義的「上主與祂的創造一體不分」這一真相。如果相信自己可能與那唯一的「意義」決裂，由此而生的想法怎麼可能有意義！

(2:1~2) 這個練習要張開眼睛來作。環顧一下四周，這回要慢慢地看。

前一課耶穌已告訴我們，眼之所見和腦之所想其實是同一回事；到了這兒，他再度把焦點放回我們所見之物上。

請特別留意下文的要旨：所有幻相不僅是同等的，而且是同樣的虛幻：

(2:3~7) 在你的目光由一物緩緩地移向另一物之際，間隔等長的時間。不要讓視線移動的間隔長短不一，盡量維持固定的速度。你所見到的東西本身並不重要。目光所及之處，你應給予同等的注意力及同等的時間，同時這樣提醒自己：這是學習平等看待萬事萬物的入門訓練。

我在第一課開場之前，已經概要解釋過小我的第一條無明法則「幻相有層次之分」，它的意思就是說，世間某些人或某

些事好似比其他人或事更為重要。當我們操練「我煩惱，是因為我看到了一個無意義的世界」時，最難破除的正是分別取捨這一根深柢固的習性。耶穌在此告訴我們，萬事萬物之所以同樣的無意義，只因它們全都出於同一個無意義之念。

我們在時空宇宙內看到的一切，包括自己在內，不過是「我們可能與上主分裂，而且已經獨立自主了」這一原始妄念的一塊碎片而已。每個碎片都帶有原始妄念的特質，也就是上主之子忘了一笑置之的那個「小小瘋狂一念」（T-27. VIII.6:2）。我們只需記得一笑置之就好了，不是因為它在世俗眼光中顯得多麼可笑，而是因為它的荒謬。我們的微微一笑，表示它毫無意義，因那根本是不可能的事。我用大家熟悉的意象打個比方，好比一大片玻璃掉落地面，碎裂成上億個碎片，每塊碎片仍具有原玻璃的特質（都含有玻璃的化學成份）。我們每一個人以及萬事萬物，都只是其中一塊碎片，同樣不具任何意義，因我們全都來自同一個無意義之念。

為此，真正令我煩惱的原因是，世界好似再度證明了我對世界的看法是正確的。只要我還相信自己活在外面那個世界裡，它的存在不時提醒我當初打造出這一世界的原始妄念；更可怕的是，我的個體生命證明我確實毀了天堂，謀殺了上主，我怎麼可能不寢食難安？因為我相信上主必會回頭跟我算帳。這種思維，後面兩課還會繼續延伸下去。

無論如何，耶穌並不期望我們操練了〈練習手冊〉就能夠

領悟上述深意，那還得藉由研讀〈正文〉才可能參透。不過，他的確期待我們開始用心操練，放下自己對所知所見的執著。

在下一段練習裡，耶穌要我們同時套用正面（積極）以及負面（消極）的形容詞。

(3:1~6) 當你環顧四周之際，不妨這樣對自己說：

我認為我看到了一個可怕的世界，危險的世界，仇恨的世界，悲哀的世界，邪惡的世界，瘋狂的世界。

諸如此類；不論腦海裡浮現什麼形容詞，你都可以使用。如果出現的詞句好似積極的，而非消極的，也可加進來。例如，你也許會想到「美好的世界」或是「滿意的世界」。這類詞句浮現腦海時，與其餘的一併列入。也許你目前還無法了解，為什麼要把這些「好的」形容詞併入練習內；只須記住，「好的世界」影射出「壞的世界」，「滿意的世界」影射出「差強人意的世界」。

這兒雖沒有明講，但顯然是在影射讓人類陷於二元思維世界的對立現象。〈正文〉曾把天堂定義為「對一體生命的圓滿覺悟」（T-18.VI.1:6），在這一體之境，沒有對立。換言之，天堂沒有善惡之分，唯上主而已。這一認知乃是我們修行非常重要的一環。

(3:7~8) 只要是掠過心頭的詞句，都是今日練習的合適題材。它們的外在性質無關緊要。

　　換句話說，不論你腦海出現的詞句重要與否或神聖與否，它們全都源自同一個虛妄之念。幻相縱然似有變化萬端的本事，最終仍是幻相。

(4) 當你把今天的觀念套用在你心目中認定的好事或壞事上時，記住，不要改變間隔的時間。因這些練習的目的就是要教你看出它們之間毫無不同。練習結束時，記得再加上一句：

　　　但我煩惱，是因為我看到了一個無意義的世界。

　　不論那個東西讓你心生好感或惡感，都毫無差別。這一觀念非常重要，與耶穌在〈正文〉第十九章「平安的障礙」的教誨如出一轍。他在那一章兩度提及快感與痛苦其實是同一回事（T-19.IV. 一 .17:10~12;IV. 二 .12）；唯獨在「幻相有層次之分」的前提下，兩者才有區別。然而，只要慢慢練習下去，我們遲早會明白，什麼差別都**沒有**。

(5:1) 既是無意義之物，便無好壞的問題。

　　當我們區分某物的好壞時，顯然已經賦予它某種意義了。〈正文〉第二十四章開門見山這樣說：「要學習本課程，你必須自願反問內心所珍惜的每一個價值觀。」（T-24.in.2:1）此處重申同一觀念，只是說得更簡單明確而已。我們一旦賦予某物價值，當然會說那個東西很有意義；既然有意義，必會相信它出於一個有意義的念頭，因為不論我在外面看到什麼，只可能出於自己心裡的念頭。

　　那「有意義」的念頭究竟是什麼？不外乎：分別取捨是當然的，二元對立是真實的；為此，某些東西自然比其他東西更值得我重視。然而，它真正要說的其實是：「我的個別身分遠比一體自性重要，我的人生或我的世界遠比天堂重要，難怪分別取捨對我這麼重要，因為活在二元世界的二元對立之我需要它來撐腰。為此，我不僅會如此地去看世界，而且還死心塌地相信它真實無比。」

(5:2) 那麼，一個不具意義的世界為什麼會使你煩惱？

　　如果世上還有任何東西左右得了你的情緒，你必然會相信世界不是一個沒有意義的地方；你之所以如此相信，只因你認為**自己的生命**很有意義。對小我而言，只有會強化它的特殊性的，才有意義；與它的特殊性扯不上關係的，則無意義可言。難怪它會不斷慫恿我們把注意力聚焦在那些能滿足我們特殊需求的事物上。下一課還會繼續解釋，為什麼無意義的世界會令我們坐立不安。

(5:3) 你若能接受世界本無意義，並讓這一真理銘刻其上，那麼這世界就會帶給你無比的快樂。

　　當我們承認世界毫無意義時，等於承認「我的心靈一片空白」；唯有如此，聖靈的救贖原則方能透過我們而大放光明，耶穌的愛也成了我們唯一的存在現實。這一真理會為我們帶來「無比的快樂」，因為這個自我已不再認同分裂與罪咎的思想

體系了。我們終於恍然大悟，原來自己錯了，耶穌那一套是對的，這才是令我們無比快樂的原因。話說回來，如果我們跟分裂和特殊的我認同了，不可能不害怕「這一切只是一場夢」。於是，我們便會冥頑不靈地**拒絕**那「無比的快樂」，原因就是那句我們耳熟能詳的話「我們寧願自己是對的而不要幸福」（T-29.VII.1:9），因為至少我很肯定，「我不存在」這個念頭絕對不會令我幸福快樂。為此，耶穌才會循循善誘，鼓勵我們「小步小步地」前進（W-193.13:7），否則我們必會害怕「瞬間被連根拔起而捲入真相裡」（T-16.VI.8:1），那種福氣實在令人消受不了。我們需要的是寬恕的溫柔美夢，將我們由小我的噩夢世界慢慢地過渡到覺醒於上主的境界（T-27.VII.13:4~5）。

(5:4~6) 然而，正因它〔世界〕無意義，你會忍不住按照你想要它成為的樣子而寫出它的意義。這便是你看到的世界。這也是它在真理層面毫無意義的原因。

　　正因世界本身沒有意義，才需要我來賦予意義。同樣的，世界若是虛無（nothing），**我**也會是虛無，因此我必須假裝自己是某號人物（something）才行。說真的，我們不都想成為某號人物？不管是令人刮目相看還是無藥可救，都沒有關係，小我根本不在乎玩哪一種特殊性把戲。不論是上帝的寶貝或撒旦的寶貝，只要是個特殊的寶貝就行了，我們唯一不能忍受的，就是虛無。在〈正文〉第二十九章「反基督」那一節的結尾，耶穌提到小我永遠都在追求「更多」——更多的樂還是更

多的苦都無妨，只要是**更多**就好了（T-29.VIII.8:6~12）。

　　說穿了，我們最害怕的，莫過於「自己不存在」這回事了。這個觀念不只在這幾課呼之欲出，更是〈正文〉的核心觀念。這一念，也正是我們不自覺地抵制奇蹟理念或害怕每日練習的真正原因。我必須假裝自己是存在的，而且不得不編出一套思想體系，然後投射出去，打造一個世界；不論是從宇宙的宏觀角度（因我們全是唯一聖子的一部分），或個體的微觀角度，皆是如此。為此，我們不能不賦予世界意義，否則便得回頭面對自己那套思維的毫無意義，更別提面對自己這一個體生命的無意義了。這一切全是在心靈的形上層次默默進行的，正如前文已經解釋過，**存在**或**存有**的問題只可能發生於心靈層次。若回到個人的經驗層次，活在形體世界的我們，最怕的就是失去自己的問題或煩惱，因為我們心目中的自己都是靠它們架構起來的。〈正文〉最後一章為我們點明，那就是我們所要維護的「純潔無罪的面容」（T-31.V.1~3）。

　　下一課還會說到我們真正恐懼的緣由：如果不趕緊把**自己想要**的意義套在世界上，耶穌就會把**他的**意義加諸世界了，我們得先下手為強才行。這一點，適足以說明為什麼我們那麼抗拒冥想或祈禱，為什麼一靜下來就會坐立不安。我們擔心心靈一靜下來，耶穌就會乘虛而入，捷足先登，因為「唯有寧靜的心才可能憶起上主。」（T-23.I.1:1）一旦真的如此，小我就沒戲可唱，鼓吹分裂與特殊性的那套思想體系也就英雄無用武

之地了。難怪我們不自覺地認定自己正在與上主爭天下,也不由自主地和耶穌及他的課程暗中較勁(這一點留待下一課細述)。在這些觀點滲入心靈之前,我們會迫不及待地用自己的想法取而代之,絕不給自己任何機會去選擇它們,最後落得幾乎每個奇蹟學員多多少少都曾經想要改寫《課程》,比如說,把它改寫得更好一點或更簡明一點。追根究柢,只因我們怕死了這部課程真正要傳遞的訊息,擔心自己被奇蹟理念改變,故搶先一步,按照自己的特殊需求將它改頭換面。

(5:7) **在你的自家之言底下,銘刻著上主的聖言。**

在《奇蹟課程》裡,「上主的聖言」和救贖原則或聖靈可說是同義詞。也可以將它解釋成寬恕,或是說「修正」了小我分裂之言,使上主的聖言不再被小我遮掩。

(5:8~9) **這一真理此刻雖讓你不安,但你一旦抹去自家之言,就會看到埋藏於下的上主之言了。這些練習的最終目的即在於此。**

至此,我們終於明白為什麼自己並不真想操練每天的練習了,因為它會抹去我們的自家之言,連隱藏在自家之言背後那套思想體系也無法倖免。第十四課還會引申這一觀念。

耶穌非常諒解我們對他的教誨可能產生的抗拒,本課的結尾充滿了我們早已熟悉的溫婉語氣:

(6) 今天的觀念練習三、四次就夠了。每次也不要超過一分鐘。你也許連一分鐘都感到太長了一點。只要你一感到壓力，就中止你的練習。

不施壓，不恐嚇，也沒有令人內疚自責的戒條規定，更不會用靈修標準來要求我們。誰不想此生擁有這樣的老師一路陪伴？

第十三課

無意義的世界令人恐懼

(1) 今天的觀念實際上不過是前一觀念的另一種說法，只是比較具體地點出它所勾起的情緒罷了〔它不僅令你不安，還會讓你心生恐懼〕。一個無意義的世界事實上是不可能存在的。凡是無意義的東西就不能算是存在。然而，這並不表示，你不會認為自己看到了某個無意義之物。反之，你極可能認為自己確實看到了這樣的世界。

追究這個「令人恐懼」的原因，不過是：我並不想要真正明白「自己所見的一切不具任何意義」。容我再重複一次，如果我在世上看到的一切毫無意義，表示我內在投射出那一切的心念也了無意義；而既然我**就是**我的念頭，再推論下去，表示**我**也沒有意義，那豈不是連**我**的存在都抹殺殆盡了？為了避免認出內心與外境全都毫無意義的事實，我不得不把自己想要的意義加諸其上。顯然地，如果我認為外在某個東西影響得了

我，等於肯定它是真的，當然也會堅持它背後所代表的念頭一樣真實；唯有如此，**我**才可能繼續存在。

(2:1) 認出世界無意義的本質，會讓所有身處分裂之境的人坐立不安。

我之所以會坐立不安，是因為我內心某一部分開始意識到那個「無意義」已經延燒到**我**的存在了。我們很快還會回到這一觀念。

(2:2) 它凸顯了上主與小我相互「挑戰」的局面，雙方都想在那塊無意義所形成的空白上，寫下自己的意義。

唯獨小我才會挑戰，上主則否，所以這句課文的「挑戰」一詞加了引號。對小我而言，它與上主之間基本上就是競爭關係。此處所謂的「空白」，只因小我本身即是虛無的，故它堅信自己必須搶先上主一步進駐那一空白，才能把聖子的身分占為己有，成為造物主的對手。我的存在若是建立在小我「非此即彼」的信念上，表示我相信「必須毀滅上主，我才有存活的餘地」，那麼，我也會把這個信念投射回去，認定上主會以其人之道還治其人。這樣根深柢固的信念，使我認定外面那些人絕對不會放過我，他們一定會傷害或遺棄我，因為我已經先譴責自己對他們做了同樣的事，說到究竟，其實是我對上主做了那樣的事。耶穌在〈正文〉最後說了這一段話：「你對弟兄所懷的怨恨絕不是針對他的罪，而是你自己的罪。不論他的罪

以什麼形式呈現，只是為了掩飾一個事實，就是你心知肚明那其實都是你自己的罪過，因此『理當』迎頭痛擊。」（T-31. III.1:5~6）

(2:3~4) 小我迫不及待地想在那兒建立自己的理念，它深恐那空白會被對方用來證明自己的無能為力及虛妄不實。只有在這一點上，它倒是說對了。

　　一言以蔽之，小我什麼都不是，它也心知肚明自己的虛無。我先前說過，小我的能耐全都來自於抉擇者，憑它自己真的一無所能。它為了確保自己空虛與無意義的本質不會露出馬腳，不惜透過罪咎懼的手法，虛誇自己的能耐與重要性。試想，如果能夠忤逆上主，甚至毀滅祂，表示這個人必定有通天的本事，才能跟上主分庭抗禮。犯下這樣的罪固然讓我們活得戰戰兢兢，但至少我們可以感受到自己存在的份量，再也不容上主小覷了！

　　因此，對小我而言，最可怕的，莫過於上主根本不知道這個「我」，只因這樣一來，我們可就徹頭徹尾虛無了，不僅毫無能耐，甚至還是個冒牌貨。為此，我們才需想盡辦法博取上主的關注。要是當不成祂最虔誠的門徒，乾脆就做個無可救藥的罪人算了；兩者對小我毫無差別，只要能得到上主的注意，便已達成目標了。總之，我們最怕的莫過於祂根本不知道我們的存在。話說回來，我們對這一切早已了然於心，只是不甘接受這一事實，才會聽信小我的種種謊言——先用罪咎懼這類分

裂之念，繼而利用分裂之念所投射出來的世界——想盡辦法遮
掩真相，粉飾太平。

**(3:1) 因此，學習認清世界無意義的本質，並且大無畏地接受
這一事實，是極重要的一步。**

　　想要「接受這一事實」，有個先決條件，就是得深化我們
與耶穌或聖靈的連結，才可能一無所懼地正視自己的小我，承
認它的無意義。如果對小我仍心懷恐懼、內疚，甚至想要去接
納小我，顯然你還依舊把它當真。容我再說一次，不管是哪種
情形，只要後退一步，觀看這群「烏合之眾」簇擁而過，你自
會明白那根本算不了什麼，它只是為了防止你認出真正有意義
的真相，也就是我們是上主之子的這一身分。一旦能夠把「恢
復這一身分」當成此生的最高目標，我們終會認清其他的一切
實在荒謬無比，自然就甘願棄之如敝屣了。

**(3:2) 如果你內心充滿恐懼，表示你已賦予了世界它本來沒有
的性質，塞進一堆原本不存在的形象。**

　　正因如此，我們若非把世界看成虎視眈眈、弱肉強食的
恐怖世界，就是認為它美妙、平安、極樂，或神聖無比。它
在我們心目中顯示的這些特質，全部都是「一堆原本不存在的
形象」。不消說，它們全是那「原本不存在之念」所投射出來
的。

(3:3) 紛紜幻相乃是小我的安全保障；你一旦與小我認同，它

便成了你的保障。

「保障」即是指小我的種種防衛措施——罪咎懼以及它們投射出來的世界。這一切的幻相都只有一個目的，就是保全「我的獨特存在感」那個根本幻相。

接著，我們要進入橫掃千軍式的練習了：

(4) 今天的觀念需要練習三、四次，每次最多不超過一分鐘，練習的方式也與先前有所不同。先閉起眼睛，向自己複誦一遍今天的觀念。然後張開眼睛，緩緩地環顧四周，並說：

我正望著一個無意義的世界。

一邊環顧四周，一邊向自己複誦這一觀念。然後閉起眼睛，以下文作為結語：

無意義的世界令人恐懼，因為我認為自己正在與上主較勁。

我們應該如此這般的練習：由自己的心念轉向身體的感覺，最後再轉回心內。現在，我們已徹底明白了，正因為世界在本質上是毫無意義的，我們便想盡辦法賦予它意義，最終目的就是想賦予自己這個體生命一種存在感。回想當初，我們聽信了小我而打造出整個**罪咎懼**的思想體系：先是分裂之**罪**形成了**罪惡感**，隨之生出一個極其**恐怖**的信念——我們罪有應得，必受天譴。於是我們跟這憤怒之神展開一場你死我活的殊死

戰。〈教師指南〉形容得一針見血：「你若不痛下殺手就得坐以待斃。」（M-17.7:11）不論這一瘋狂的天人大戰顯得多麼荒謬，並不表示它不具有移山倒海的能力，因為我們已經把全部的信念投注在這一瘋狂之念了。「投注」之意，就是我們必會無所不用其極地賦予它意義的，否則如何與小我那套毫無意義的思想體系抗衡，因為我們的個體存在其實跟小我一樣毫無意義。

我再總結一次：世界只是我們抵制內心種種念頭的防禦措施，一旦意識到世界只是虛晃一招，我們就再也迴避不了自己心內那些可怕的念頭了。世界若無意義，我也會變得毫無意義，表示我根本不存在，這也意味著上主戰勝了。但我不甘認輸，才會想盡辦法賦予自己與周遭世界我所想要的意義。

總之，耶穌想讓我們明白，我們是如何把一切投射到世界的。只要仔細留意自己的所知、所想、所見和所重視的一切，我們不難看清，沒有一樣是純粹來自世界的，因為根本就沒有「世界」這種東西存在。一切不過是出於我們自己心裡的需求，只因我們需要證明並且鞏固「我存在」這個假相。

(5:1~2) 這段結尾難免會激起你種種反感。不論它呈現為哪一種形式，不妨提醒自己，你會害怕這類念頭，只因你在擔心「敵人」的「報復」。

我們真正害怕的是：這是一場根本打不贏的戰爭。在上

主面前必然潰不成軍的恐懼，已經把我們逼到了忍無可忍的地步。為了抵制這一恐懼，我們編出一套思想體系，打造了這個世界，然後把自己藏身於其中。與這個防衛機制認同最深的，莫過於身體了，難怪我們不惜任何代價也**堅持**要保全這具身體，絕不讓救贖的真相揭穿它的底細而瓦解了我們的防衛措施。如此一來，光是身體或防衛機制都讓我們窮於應付，哪有精力去操心上主是否發怒這一回事！害怕自己被上主打敗的這個瘋狂念頭雖然恐怖萬分，卻能保全我們的個體身分，同時也可以把接受救贖的機會完全阻擋在外。

(5:3~4) 目前你還不必相信這種說法，你很可能會感到荒謬而故意略過。但是，別輕忽了它所引起的任何恐懼跡象，不論是隱隱作祟或是公然反彈。

如果你是剛入門的奇蹟學員，上述的說法必然顯得不可思議。然而，耶穌在此只要求你稍微警覺自己心裡冒出來的焦慮或恐懼，如此就夠了。

(6) 這是我們初次嘗試提出一個顯而易見的因果關係，只因你是新手上路，還無法了解它的意義。所以，不必在那句結語上沉思太久，除了練習的時段以外，根本不必推敲它的意義。目前這樣就足夠了。

所謂因果關係，是指人心內那套「罪咎懼」的思想體系和眼前世界之間的關係。換句話說，我真正怕的**並非**外在的任何

東西，而是自己那套想法，因它不斷提醒我天人之間這場生死戰。大家可曾注意到，耶穌對我們的抗拒沒有一點挑釁或攻擊之意，他僅僅溫和地提醒我們事實，既未施加任何壓力，也不想讓我們內疚，直到**我們**準備好之時，自然會接受他的說法。耶穌真是所有奇蹟學員都該效法的楷模啊！

第十四課

上主從未創造過無意義的世界

(1) 今天這觀念一語道破了無意義的世界不可能存在的原因。凡不是上主創造的，便不存在。而且，任何真實存在之物，只能以上主創造的形式存在。你所看到的世界與實相毫不相干。它是你自己營造出來的，故不存在。

這類說法常被奇蹟學員用來淡化奇蹟形上理念，因而主張《奇蹟課程》說的**並非**上主從未創造這個世界，而只是上主從未創造**我們眼中**這種世界。耶穌確實說過這類的話，但他純粹是為了讓我們特別留意自己是怎麼看世界的，才會作此提醒。其實，不只在〈練習手冊〉，他更在整部課程許多地方都斬釘截鐵地說，上主不可能創造出這個和祂的生命本質截然相反的世界（T-4.I.11;T-29.VI.2:7~10;W-132.4~6;W-152.5~7; C-4.1）。在具體的形相世界裡，所有的東西都變化無常，最終難逃一死，這種世界不可能來自上主，因此根本不可能存在。

　　因此，你所「看到」的世界，這一說法本身就蘊含著世界的不真實，同時意味著我們的存在也不是真的，故說耶穌並不僅指「我們眼中」的世界而已。另有一些學員把這一說法理解成「上主從未創造我眼中的癌症」之類的觀點。事實上，如果我真能看到一個世界，表示上主之外還有其他的現實存在；如果我真能感知到一個世界，就表示必然存在一個感知者及另一個被感知者，主體和客體，觀者與被觀者，這麼一來，就把我們牢牢綁死在二元世界了。然而，上主只可能造出如祂自身一般的生命，也就是「存有」或「靈性」，亦即完美一體而且永恆不易的真愛。換句話說，凡是上主從未創造之物，根本不可能存在；凡是祂創造的，才是真正的存在；真正的生命，必然存於天堂境內。

(2) 今天的練習從頭到尾都請閉上眼睛。省察心念的時間要短，最多不超過一分鐘。練習也不要超過三次，除非你對今天的觀念感到自在。這表示你真正了解這一練習的深意了。

　　一如以往，耶穌沒有給我們任何壓力。不過，我們會發現最後一句話很有意思，它暗示了正因我們**不**了解課文的深意，才操練得下去，否則一定會害怕這些「省察心念」訓練的真正目的。因此，不要被「自在」二字的字面所誤導，耶穌其實別有所指。

(3:1) 今天的練習是進一步學習放掉你銘刻在世界上的自家之言，而在那兒目睹上主的聖言。

　　耶穌想讓我們看清，死抓住自己的想法不放，背後必然有它的具體動機。這些想法和念頭不會憑空冒出，也不是像變魔術一般來來去去（W-158.4:1）。舉例而言，當我想安靜幾分鐘冥想或祈禱時，突然冒出一個很強烈的念頭讓我分心，要知道，那個念頭絕不是空穴來風。它之所以出現於此時此刻，是因為我害怕自己一旦靜下來，愛和平安便會由心靈深處冉冉而起，所以才趕緊用**我的**念頭來取代耶穌的平安與愛，用我的特殊經驗來阻擋愛的經驗。

　　這句課文清楚表達了一個重要的觀念：我如何去看待世界，以及我投射出世界的種種念頭，背後都是有企圖的。唯有與耶穌一起正視這些動機，才能釋放它們，那些念頭也才可能銷聲匿跡。於是，歷歷在目的，只剩下上主聖言。正如前文解釋過的，上主聖言就是救贖原則，也就是「分裂從未真正發生過」之宣言。

(3:2~3) 這一轉換過程（也就是救恩之所在）的最初幾步相當困難，甚至相當痛苦。其中有幾步還會直接陷你於恐懼的深淵。

　　修持寬恕不是容易的事，必會激起很深的恐懼（T-27. VII.13:3~5; W-196.10; M-4. 一 . 甲 .3~5,7）。這類預警首度出現於〈練習手冊〉，除了後面提到的次數更為頻繁之外，〈正文〉與〈教師指南〉也常看到類似的提醒。如果奇蹟學員內心從未有過任何掙扎，沒有過抵制寬恕的衝動，或不曾感到恐懼或無

聊，乃至一點也不曾想要把書本扔到窗外，諸如此類的情緒，表示他的修法一定有問題。如果不曾經歷這類不安的反應，表示我們一定沒有仔細聆聽這幾課真正要傳達的訊息。

《課程》曾說：「受驚的人會變得非常凶惡。」（T-3. I.4:2）這幾課會激起內心的焦慮，是因為它們不僅推翻了我們對周遭事物的看法，還直接質疑我們的存在身分。為此，耶穌在第十三課說：「認出世界無意義的本質，會讓所有身處分裂之境的人坐立不安。」（W-13.2:1）凡是相信自己擁有自主獨立生命之人，不可能不被這些話激得寢食難安的。故耶穌在此安慰我們，如果感到難以接受、心生恐慌而開始抵制，也不必過於大驚小怪。

因此，這幾句課文的確很重要。修持《奇蹟課程》可能犯的最大錯誤，莫過於否認小我的存在，並且低估了「正視小我，而後放下小我」的困難度。每個人都在想辦法美化或輕輕鬆鬆地滑過這一過程，因為沒有人真心想深究上述觀念所蘊含的全部內涵——「我真的不存在」。可還記得我先前引用過的話：如果世界早就過去了（T-28.I.1:6），那麼，身為世界一部分的**你**，也早就過去了；既然如此，此刻正在想、在覺察、在操練的**你**，究竟又是誰？這個問題所指涉的答案，怎麼可能不把我們打入「恐懼的深淵」！

(3:4~6) 但你不會被遺棄在那兒。你會超越過去的。我們已經朝著完美的保障與完美的平安邁進了。

　　耶穌要我們明白，恐懼、焦慮、抗拒及挑戰只是這漫長過程的一部分，我們身邊隨時都有那位聖者的陪伴。我們知道耶穌說的是伴隨我們穿越恐怖幻境的聖靈，唯祂能將我們由恐懼的深淵帶到彼岸的上主聖愛那兒（T-18.IX.3）。由此可見，與內在的耶穌或聖靈建立關係是何等重要，因為祂們代表了「非」小我的思想體系，唯有祂們能帶領我們穿越這個過程。若無聖靈陪伴在旁，任何人想單獨正視小我，不是落得驚慌失措，就是陷入逃避或壓抑，而設法粉飾太平。因此，耶穌在此告訴我們：「是的，你會碰到種種困難、抗拒或恐懼，但別怕！我會帶領你安然通過的。」

　　第四和第五段，一邊提醒我們不要過度執著於練習的形式，一邊又叮嚀我們**切勿**排除知見世界中任何一物。可想而知，這實在很不容易做到。無怪乎耶穌這套「心念訓練」的上篇會把「不設例外」當成如此重要的一個主題。

(4,5) 閉起眼睛想一想掠過腦海的種種世間苦難。不論想到什麼，都一一指稱出來，然後否定它的真實性。上主從未創造過它，故不是真的。例如：

　　上主從未創造過那戰爭，故它不是真實的。
　　上主從未創造過那空難，故它不是真實的。
　　上主從未創造過那災難（具體指明），故它不是真實的。

凡是你害怕發生在你自己或是你所關心的人身上的事情，都是

套用今天這觀念的最佳素材。在每件事上，具體地指出「苦難」之名稱。不要用泛泛之詞。例如，不要說「上主從未創造過疾病」，而應說「上主從未創造過癌症」，或是心臟病，或任何令你害怕的疾病。

耶穌提醒我們，務必把個人和集體最害怕的事物全都涵括進來。這也再次顯示「幻相沒有層次之分」的認知是何等的重要！

現在進入第六段：

(6:1) 你此刻的所見所聞，不過是你個人搜集來的恐怖戲碼。

耶穌在此比較側重於負面事件，但採用正面事件其實也有同樣效果。因此，可以這麼練習：上主不曾創造癌症，但健康的身體也不是祂的傑作；上主不曾創造飛機失事，但安然降落月球的太空船也非祂的功勞。

(6:2~8) 這一切構成了你眼前的世界。有一部分幻相是眾人共有的，其餘的則屬於你私人地獄的一部分。這都無關緊要。上主從未創造之物，只可能存在於你自絕於天心之外的心靈內。因此它毫無意義。認清這一事實，再複誦一遍今天的觀念，作為練習的結束：

上主從未創造過無意義的世界。

任何牽涉二元、分裂、個體或特殊性的思維，都與上主天

心無關，因為祂是圓滿一體的純然真愛，任何分裂因素在天心
內均無立足之地。因此，凡是不存在天心之內的，不可能有
任何意義，必然也不可能存在。接下來，請留意「眾人共有的
幻相」這一說法，我們既然是同一聖子奧體（即同一心靈）的
一部分，自然會在物質世界建立一些約定俗成的事物，比如尺
寸、形狀、色彩等等。然而，就算確實是眾人的共識，也一樣
毫無弄假成真的能耐。〈正文〉說「沒有比只看外表的知見更
盲目的了」（T-22.III.6:7），指的就是「共有的幻相」。這個重
要的觀念，後文還會反覆出現。總之，唯有上主的真知才是真
實的存在，小我虛幻的知見世界完全虛幻不實。

**(7) 今天的觀念除了固定的練習時段以外，當然也可隨時套用
在令你心煩的任何事件上。運用時，愈具體愈好。然後這樣
說：**

上主從未創造過無意義的世界。
祂從未創造過 _____（具體指明令你煩心的事件），
因此它不是真實的。

大家可注意到，耶穌在這幾課中叮嚀多少次，要我們把他
的觀點**具具體體地**套用在日常生活上，否則保證學不會這一課
程，徒令小我竊喜不已。耶穌以他一貫的溫和口吻，指點我們
如何具體地把**形色**世界的種種幻相帶入「非具體」的寬恕真相
之**內涵**。

　　我們不難看出，耶穌如何把第八到十四課緊緊銜接最開頭的七課，一步一步推出他想要傳授的理念。他先讓我們了解，眼前世界之所以無意義，只因打造出它的心念本身毫無意義。他還要我們明白，那無意義的念頭所包藏的禍心是「上主與我勢不兩立，而我必敗無疑」。還有比這更可怕的念頭嗎？請注意！這念頭本身也是一種防衛機制，這一點非常重要，雖然此處並未明說。它好似一種聲明：「我不只存在而已，我可是非常重要的！我甚至還有能力激怒上主，把祂激出跟我一樣瘋狂的想法。」這一點在〈正文〉「無明亂世的法則」那一節描述得淋漓盡致：

　　　想一想，這對天父和聖子的關係，可能產生什麼表面上似乎真實的影響？祂們從此好似兩個不同的生命。一方必會遭另一方定罪。祂們不只分歧，還會反目成仇。祂們之間形成敵對的關係，就像聖子內每個部分那樣，一照面就起衝突，更遑論結合了。挫敗的一方勢力大減，另一方則趁機坐大。上主之子因著對自己和造物主的種種作為，使他對上主的恐懼以及對彼此的戒懼愈加顯得理所當然而且真實無比。……這種心態企圖界定創造真相的造物主，諸如：祂應作何想，祂必信何事，祂又會如何答覆等等；並且對此深信不疑。聖子甚至不必向上主查證自己加在上主頭上的信念究竟是真是假。他只會「提醒」上主祂該如何又如

何；上主別無選擇，若不接納聖子的看法，祂就必錯
無疑。……如果上主不可能犯錯，祂不能不同意聖子
心目中的自我形象，同時又恨聖子那副德性。（T-23.
II.5; 6:2~4,6）

於是，上主如我一般瘋狂地反擊了，我那罪孽深重而且兇
殘無比的報復心態全都反射在祂身上。

果真如此〔罪是真的〕，天堂就出現了一個對手，與
它自身一樣真實。上主的旨意從此一分為二，所有的
造化都得臣服於兩種相斥的法則及力量，直到上主忍
無可忍，把冒犯天條的世界放逐出去。上主就這樣發
瘋了，祂竟然宣稱罪已改造了祂的實相，從此聖愛不
得不屈服於因果報應的淫威。（T-26.VII.7:3~5）

想像一下，這種想法賦予了我多大的力量！如果我有這麼
大的能力激怒上主，令祂不能不採取行動，我怎麼可能不存
在？然而，也不難想像這個荒謬無比的念頭可能引發自己多大
的焦慮。

於是，擔心上主會報復的這個焦慮，搖身一變，成了一道
防衛措施來遮掩真正讓我焦慮的事：我根本就不存在！「上主
會置我於死地」這類念頭，只會讓我愈戰愈勇；那固然不是一
件賞心樂事，但我至少知道怎麼對付它——我可以建立一個宗
教，不但能跟上主討價還價，還可以搞一些儀式來平息祂的怒

火，最後甚至可以把責任投射到異教徒頭上，理直氣壯地指責他們的異端邪說。不這樣做，就得面對「我不存在」的念頭。除了壓抑、否認或想出一堆事情將它覆蓋下去以外，我簡直不知如何以對。

第十五課

我的想法乃是我自己營造出來的意象

(1:1) 那些意象，正因出自你認為是自己想出來的想法，所以你很難看清它的虛無本質。

「那些意象」，是指我們從外在世界所感知的一切。小我把分裂之念（罪咎懼）投射於外，於是我們會親眼在世上**看到**它們，而無需承認那原是自己內心的東西。念頭就這樣轉變成眼前的人物、房間、衣架、鐘錶等等意象。同理，上主的意象可以是兇狠的，也可能是慈悲的；世界可以是幸福的，也可能是悲慘的。這些意象不論看起來多麼具體，全是分裂之念投射的結果。只因我們認定自己所見之物確實在外面，而且堅信自己所見之物真實無比。

這一整個投射過程，構成了小我最高明的防衛機制。由於我們如此相信外在世界的真實性，根本無法想像外面所見到的

意象全部都是自己的心念幻化出來的。試想一下，如果我們壓根兒一點也沒想過它們可能出於自己的心念，還可能看出那些念頭根本就是無中生有嗎？不論是小我的整套思想體系，或是由它衍生出來的具體念頭，全是**無**中生有；它們不過是企圖抵制生命真相（基督自性）而形成的一套防衛措施罷了。

其次，「你認為是自己想出來的想法」，這一句非常重要。前面幾課已經陸續討論過「我們真的以為自己能夠思想」這個問題，事實上，我們可以這樣說，**認為**自己**能夠**思考，才是最大的問題所在；至於想出什麼名堂，倒是其次的問題（T-31.V.14:3~4）。我們竟然相信自己的想法**真的是**自己的想法，甚至以為這些想法全出自於**我**，絲毫意識不到真實的念頭其實只有一個，就是「我們是基督自性」，唯獨這一念，方屬上主的聖念。

顯然，我們認為自己能夠思想的這一事實，假定了我們有個獨立的自我或心靈，能在上主之外自立門戶。再說一次，〈練習手冊〉開頭這幾課，雖然看來極其簡單，其實暗藏玄機，《課程》整套形上基礎理念全都蘊含在內了。

(1:2~6) 你既認定是自己想出了它，必會認為自己看到了它〔你的念頭〕。你的「看」就是這樣形成的。這是你所賦予肉眼的功能。那不能叫做「看」。那是在營造意象。

耶穌把「看」加上了引號，因為那根本不算真正的看。

事實上，我們什麼也沒看到！我們怎麼可能看到任何東西？小我早已把我們偉大的「基督」身分偷天換日，變成了這卑微渺小的獨立個體，我們還把它當成至寶一般呵護著。為了保全自己的個體性，小我不斷慫恿我們承認自己犯了天人分裂之「罪」，理當為此內疚，從此認定自己必遭天譴，這就是第十三課所說的「天人之戰」。

分裂與罪一旦聯手，那種恐怖簡直令人無可忍受，我們不能不加以壓抑、否認，然後投射出去，設法遺忘這檔子事，但如此一來，反而強化了自己的個體感，最後，我們只得跟自己打造出來的意象一起沉淪，全然忘了它們是怎麼造出來的。到了這步田地，可說是回天乏術了。再提醒一次，耶穌在此說的「營造意象」，絕不是比喻，那些意象真的是我們自己的想法捏造出來的。我們的想法既然是無中生有，那麼它們捏造出來的意象怎麼可能是真實的？

(1:7) **它竄改了看的作用，以幻覺來取代慧見。**

為了防止我們接受基督或聖靈的慧見（也就是「分裂不曾發生過」的救贖之念），小我趕緊用自己的想法取代慧見。就這樣，我們先在心裡把小我之念當真，然後投射出去，不僅在外面「看到」它們，而且視為真實的存在。耶穌在此告訴我們，我們在身外所看到的紛紜萬象，其實都是自己當真的念頭投射出來的陰影罷了。

　　顯然，這番話指的可不光是鐘錶、垃圾桶或鉛筆等等。耶穌最終的目的是要我們意識到，投射最可怕的遺害是，我們這個分裂獨立的個體一手打造出來的形象竟然反過來控制我們自己的人生。別忘了，連自我形象本身也是源自那存心分裂的一念。為此，我才會說，真正讀懂這幾課的人，必會打從心底戰慄不已，只因它們鐵口直斷：「我真的不存在！」若想測出這些觀念究竟有多可怕，只需誠實反觀自己是怎麼抵制這幾課的就行了。這是操練〈練習手冊〉非常重要的一環——好好覺察自己在練習時會玩什麼花招而故意抵制它所要傳達的訊息。

(2:1) 你所謂的「看」，不過是一種營造意象的過程；這一入門觀念目前對你還不會有太大的意義。

　　耶穌再次輕描淡寫地說，這觀念對我們還不會有太大的意義，只因我們並不真想明白他所說的內涵。不讓我們了解耶穌的真義，可說是小我防禦機制裡最厲害的一招，因此，耶穌才說這觀念對我們可能不會有太大的意義。這句課文甚至沒有用「可能」一詞，而是直說「不會」有太大的意義，因為他知道我們為了保全自己的個體身分，必會設法抵制他要傳達的真正訊息。

(2:2~4) 當你有一天在眼前熟悉事物的周邊看到了些許微光，你就會開始明白了。那是真實慧見的先聲。我敢保證，只要這情形一發生，真實慧見即會尾隨而至。

在我的早期錄音〈奇蹟課程練習手冊——它在整部課程中的功能：理論和操練〉〔原註〕中，已針對這段課文作了詳盡的剖析，在此就不再贅述了。我只是簡要地提醒一下，不要被「事物周邊的微光」這類**表面**說法所惑。這一句話原本是為了答覆海倫與比爾的一個朋友所提的疑問。你應從**內涵**層次深入體會，耶穌所說的事物周邊的「微光」，真正指的是進入你心內靈光乍現的領悟或慧見，表示你終於明白了，這些事物全是你內心不敢正視的分裂之念所投射出來的意象而已。如果被文字表面所惑，萬一看不到「微光」，必會感到內疚，再不然，就很可能會去崇拜那些號稱有這類本事的人。

(3:1~4) 在我們前進的路上，你會經歷許多「光明的插曲」。它們會呈現出種種不同的形式，有些可能出你意料之外。不要怕。這只是顯示你已經張開眼睛了。

如果你真的能看到光明，固然很好，只不過，別忘了耶穌真正要說的是，當你明白自己所見之物根本就不存在時，這份領悟會激起恐懼，啃噬你的心靈。好比一道光明照入你的心靈，你突然茅塞頓開：「天啊，原來耶穌說的是這個意思！」它會引發你深思：「如果這個垃圾桶只是念頭的投射，根本就不存在，那麼自認為看到垃圾桶的那個人呢？」這一領悟才是令你害怕的原因。沒有人會真的在意垃圾桶存不存在，但我們

〔原註〕該次研習錄音的文字紀錄，請見本書第八冊附錄。

的確非常在意自己存在與否。

(3:5~7) 它們不會久留的，因為它們只是正見的象徵，與真知無關。這些練習無法啟示給你真知之境。它們只是為真知鋪路。

在整部課程，尤其在〈正文〉裡，耶穌再三重申，《奇蹟課程》的宗旨不在於天堂、真知或真愛這些超然境界（T-in.1:6~7; T-8.in.1:1~2），而是對小我錯誤知見的修正，也就是所謂正見或慧見，或是寬恕與奇蹟所帶來的那種平安。

〈正文〉第三章中說：「……神視慧見不論多麼神聖，都只是曇花一現。」（T-3.III.4:6）和本段第五句的說法如出一轍。因為所有形式，不論多麼神聖，仍屬於分裂幻境。它們至多只能算是真理的**倒影**，而非真理本身。

接下來是本課最後兩段，再度強調了「不加揀擇」的重要，提醒我們切勿過度執著每個細節，同時重申了**具體**套用的原則；一發現任何不安或煩惱時，均可套用。換句話說，練習的**內涵**遠比**形式**重要得多。

(4,5) 練習時，先向自己複誦一遍今天的觀念，然後再套用到周遭所見的事物上。當你複誦下面的句子時，需要具體指稱出來，且將目光停留其上：

這個 _____ 是我自己營造出來的意象。

　　　那個＿＿＿＿是我自己營造出來的意象。

操練今天的觀念時，不必做到鉅細靡遺的程度。重要的是，當你向自己複誦這一觀念時，視線不要離開你看到的每一樣東西。每次複誦這觀念時，請放慢速度。

在我們所建議的一分鐘練習時間內，你顯然無法把這觀念套用在過多的事物上，但在取材時，請盡量不加揀擇。你若開始感到不自在，把練習縮短到一分鐘以內也就夠了。今天的練習不要超過三次，除非這個觀念深獲你心，但也不要超過四次。這一天中，若有需要，你隨時都可套用這一觀念。

　　只要每天持之以恆操練「具體套用」的原則，我們便能在日常生活的每個經驗裡，普遍體驗出萬物的同一本質。這一「放諸四海皆準」的普遍原則可說是寬恕的核心，唯有它能幫助我們完成耶穌為我們所設下的平安願景。

第十六課

我的念頭沒有一個是中性的

這個觀念主要是修正「我們的想法一點力量也沒有」這一誤解。就某一層次來講，我們的想法的確沒有力量，因為它們既改造不了天堂，也毀滅不掉上主。然而，耶穌在此談的是夢境，我們的念頭在夢境裡大有呼風喚雨的威力。試看念頭造就出來的一切：它隻手打造出物質世界，以及一個具有生理與心理特質的自我；這個自我不只相信自己活在世上，還認為自己活在浩瀚的宇宙中。〈正文〉第三十一章第一節「救恩的單純性」也有類似的提醒，耶穌告訴我們切莫低估了自己的學習潛能。那段話雖是耶穌回應海倫叨叨不休的抱怨，但其實是對我們每個人說的：「別告訴我你學不來這部課程，別跟我說你的心靈和念頭沒有力量；好好正視一下你目前的本事，你就知道自己有多大的能耐。」以下就是**他**一針見血的原文：

而你竟也練出了那麼大的學習本事，簡直不可思議。

然而，你還是做到了，因為那是你想學的，自然全力以赴，不曾聽你駐足片刻，抱怨這類人生功課太難學或複雜得令你無從了解。

任何人若了解你所學到的人生經驗，絕不會懷疑你的學習能力；你學得如此用心，不斷重蹈覆轍，歷盡千辛萬苦也無怨無悔。世上沒有比學習更偉大的能力了。整個世界都是你「學」出來的成果，即便到現在，它也還得賴此才能存在。你教給自己的功課，早已學得滾瓜爛熟，而且積習難改，好似一簾沉重的帷幔，罩住了單純而明顯的真相。不要推說你學不來。因為你的學習本事強大得竟能讓你接受「你的意願不是自己的意願，你的念頭不是自己的念頭，連你都不是你自己」諸如此類的說法。

誰敢說這種課程很容易學？你學到的還不僅止於此。你鍥而不捨地學習，不論多難，從不抱怨，直到營造出符合你心意的世界才肯罷休。建構起這世界的每一個人生功課，追根究柢都源自你第一個學習成果，它聲勢浩大得連聖靈之音都甘拜下風。整個世界就是由這詭異的一課當中誕生的，它有本事讓聖子忘記上主的存在，把自己當成陌生人，甚至放棄上主為他打造的家園而自我放逐。一直在教自己「上主之子有罪」的你，不能再推說自己學不來救恩傳授的簡單課題

了。（T-31.I.2:7~4:6）

　　這番話說得毫不留情，然而，整部課程就是奠定在這一真理上的。不僅〈練習手冊〉前面的幾課，整部〈正文〉都在耳提面命，要我們特別留意心靈內那股抵制上主的選擇能力，因為我們得救的希望也繫於這一能力。換句話說，包庇分裂之念的心靈成了天地之間**唯一**能拯救自己的力量。小我千方百計想要壓制、不讓作聲的，正是這股力量。看來，小我的計謀好像得逞了，它打造出一個世界與身體，使上主之子從此陷於失心狀態。《奇蹟課程》的目標其實非常單純，就是幫我們重新意識到心念的力量，不只由此認出自己的錯誤，還能抓到犯錯的那個「點」，然後，在那一點上**重新選擇**。

　　今天這一課就是提醒我們，「心念具有無比的能力」。然而，問題也跟著來了，因夢境中的我們早已相信這些念頭已經毀了天堂、上主，連聖靈也無法倖免。這些信念經過罪咎的推波助瀾，更是勢不可擋，令我們不能不極力壓抑和否認，最後不得不將它投射出去，世界就這樣形成了。說穿了，整個世界幻相不過是一套防衛機制，試圖抵制小我的指控：「你那強大的心念已經把天堂給毀了。」由此，我們不難明白，何以罪咎在整部課程中占了如此核心的地位，只因小我不只恐嚇我們，還為我們定了毀滅上主和聖愛的滔天大罪。總而言之，在徹底了悟那些妄念不僅一無所能而且不曾留下任何遺害以前，我們必須先對這些念頭在夢境裡呼風喚雨的能耐有一番認識才行。

這是本課練習的宗旨所在。

(1:1~2) 今天的觀念只是初步撤銷你以為自己的念頭不會產生任何後果的信念。你所見到的每事每物，都是你的想法所形成的結果。

不妨在「你所見到的每事每物，都是你的想法所形成的結果」這句話下面用色筆畫線提醒自己。我們可由兩個層次來解讀這個關鍵句子，一是透過所見到的每個**形相**去解讀，二是透過自己的**詮釋**。兩者都屬於「你的想法所形成的結果」。首先，就形式層次而言，我們因著天人分裂的信念，看到形形色色的物體，例如人物、椅子、鉛筆、鐘錶、牆壁等等，這些各自獨立的物體全是分裂之念直接形成的結果或陰影。

其次，是更重要的詮釋層次，這才是《奇蹟課程》的宗旨所在。尤其是〈練習手冊〉，一開始就想盡辦法讓我們明白，問題不僅在於我們看到**什麼**，還包括我們**怎麼**看它的。耶穌在〈正文〉和〈教師指南〉說得不能再清楚了──知見本身就是一種詮釋（T-3.III.2:3; T-11.VI.2:5~6; T-21.in.1~2; M-8.1~4; M-17.4:1~2）。我們對「客觀事實」之見，必然與自己心中的詮釋脫離不了關係，因為它們根本是同一回事。總之，重點不只是我們看到**什麼**，而且包括我們**怎麼**看它的。

如前所說，罪咎，就是「自己破壞了上主的創造計畫，毀了天堂，因而必遭天譴」這一根深柢固的信念。耶穌在許多地

方（尤其是〈正文〉）都解釋過，如果我們的起心動念由罪咎
出發，我們便會懷著罪惡之心往外看，所見的一切必然透過
「咎」的有色鏡片，因此我們所看到的當然不只是一個分裂的
世界，而且是隨時在懲罰我、背叛我、處處與我對立的世界。
這種世界毫無希望可言，只會帶給人絕望與死亡。試看下面
〈正文〉的引文：

> 你所學的若是「上主之子有罪」的課題，結局就是
> 你眼前的世界，一個充滿恐怖與絕望的世界，毫無
> 幸福的希望可言。你所設計的安全大計，沒有一個
> 保證有效。你渴望的幸福，也無法在此找著。（T-31.
> I.7:4~8）

此外，只要仔細留意一下自己的心態，便會發現每當自己
感到快要生氣、焦慮或消沉之時，哪一次不是基於自己的詮
釋──全都是外面那些東西害的！這個詮釋乃是直接由我們心
內不可告人的秘密所流出來的。只要我們還會暗暗自責背叛了
上主（這是藏在**每個人**心中不可告人之罪），那麼，我們在周
遭只會看到各式各樣的背叛行為。

**(1:3~7) 這一事實絕無例外。念頭是沒有大小或強弱之別的。
它們只有真假之分。凡是真實的，創造出來之物也會如它自身
一般真實。凡是虛假的，營造出來之物，也同樣虛假。**

凡是真實的，「創造出來之物也會如它自身一般真實」，

這一真實之念是指上主的聖念，也就是構成天堂的真理、真愛、靈性等等特質。而小我的妄念則是分裂之念，充滿了罪咎、背叛、謀殺、死亡與痛苦；這些妄念所營造之物也會如它自身一般虛妄。我們心中一旦生起這些妄念，不僅會看到這樣的世界，這類事件還會具具體體地發生在**我們**身上。

從第一課操練到目前，我們看得愈來愈清晰，耶穌的動機是想幫助我們了解自己的想法與所見的外境之間的因果關係：我們的想法決定了自己眼前的世界。一言以蔽之，我們的心念是**因**，世界只是心念造成的**果**。

(2:1) *沒有比「無謂的雜念」更自相矛盾的觀念了。*

我們的念頭絕非一般認為的「無謂」想法，因為它們具有無比的能力，不是創造實相，就是營造幻相；前者屬於天堂之境，後者則發生於夢境。若要營造幻相，我們還得先具備遺忘與否認的能力，徹底忘掉這是自己打造出來的才行。唯有忘記那是自己的傑作，我們才會相信眼之所見乃是一個存於外界的事實。難怪被人質疑自己所見**非**真時，我們會擺出一副無法苟同的姿態。我們如此肯定自己所見的一切千真萬確，因為我們如此肯定活在世上的自己也是真實的。既然整個世界都來自分裂之念，我們自會同樣地堅信不疑：世界確實是我們造出的那個樣子，也是我們眼中所見的樣子。可嘆的是，我們壓根兒未曾質疑我們「對自己的看法」以及「心目中的世界」。

(2:2~4) 那衍生出整個世界的知見，豈能稱為「無謂」？你的每個念頭，不是助長真理，就是助長幻覺；它不是延伸真相，就是孳生幻相。你確實有無中生有的能力，然而，不論你怎麼孳生繁衍，都無法將它延伸到真理實相那裡。

「世界的**知見**」，耶穌這一說法饒富深意。他要我們釐清：念頭不會造出一個世界，只會造出世界的**知見**（也就是我們眼中的世界）。耶穌這樣的「釐清」，在全書中並不多見，基本上，他是要點醒我們：外面那個世界根本就不存在，而只存在我們的知見裡。

在夢境裡，我們想要看到什麼樣的世界，就會看到那種世界；想要看多少次，就會輪迴多少次。但不論怎麼看或看多少遍，也不可能把世界弄假成真。這段提到的「延伸」或「推恩」一詞（extention），在《奇蹟課程》裡，必然涉及聖靈，而聖靈是不可能延伸出虛無幻相的。但是，已經陷於神智失常的我們，卻堅信自己有此能耐，而且想要多少幻相，就能生出多少幻相。然而在真理實相裡，不論多少幻相，終歸虛無。不論是一乘零，或一千乘零，結果一樣都是零。

(3:1~2) 除了認清念頭絕不會是無謂的以外，你還應認清，你的念頭不是帶來和平，就是戰爭；不是愛，就是恐懼。這一認知是你得救的先決條件。沒有一個結果是中性的，因為沒有一個念頭是中性的。

　　下一課還會進一步指出：我們所看到的一切也不是中性的，只因自己心裡的想法並非中性的。為此，得救的關鍵就在於我們是否能夠認出自己念頭的力量（無庸置疑，他指的是夢境層次）。他再次提醒我們，分裂心靈中只有兩套想法，一是導向鬥爭或恐懼的小我思維，一是導向平安與愛的聖靈思維。

　　所以我們得先知道自己的念頭既非「無謂」的，也非「中性」的，才可能明白耶穌所說的「僅僅兩種思維」的深意。這一說法把問題單純化了，因為我們的知見、感受和詮釋一向趨向複雜化。例如我們很快就會讀到：連憤怒都有「一絲不悅」和「震怒」的不同（W-21.2:5）；事實上，它們根本是同一回事，只因它們源自同一個分裂之念。一旦認清了同一本質，所有問題都單純化了。

　　然而，單純卻未必容易。

(3:3~4) 人常有故意迴避可怕念頭的傾向，視它為無足輕重而不屑一顧；你必須認清它們具有同等的破壞力，但也同等的虛假不實，這一點非常重要。我們日後還會以種種不同的方式幫你練習這一觀念，直到你真正明白為止。

　　可以說，這段話乃是針對那些過度樂觀及過度光明的新思潮而說的。他們力倡上主與愛才是真相，其餘一切皆是枝節，毫不重要，而且它們全是幻相，不值得我們操心。倘若從天堂的角度來講，這個說法並沒錯；但在世界裡，**絕非**這麼一回

事。為此，耶穌才會點出我們「故意迴避可怕念頭，視之為無足輕重而不屑一顧」的傾向。我們都曾企圖說服自己，別把它們當一回事，只因《奇蹟課程》說這些念頭虛幻不實，因此不必當真。於是，我們設法展開天使般的笑容來遮掩那些妄念，努力把一切視為愛或是愛的求助，相信我們終會高唱喜悅之歌同歸天鄉。我們被這類光明意境哄得暈頭轉向，毫不覺察自己暗中一直想要逃避「我們已經毀了天堂」這一念。只要我們的心靈還陷於錯覺妄想，這絕不是一個無足輕重的一念；我們若真想化解此念，就必須好好正視它，絕不能再把它壓下去了。

為此，耶穌才說：「你必須認清它們具有同等的破壞力，但也同等的虛假不實，這一點非常重要。」請記住，在我們看出它們同等的虛假不實以前，總得先意識到它們的破壞性。耶穌曾在〈正文〉說過這句話：「不愛，就等於謀害。」（T-23.IV.1:10）他也說過：世間絕不可能有毫無衝突的愛（T-4.III.4:6）。由之，我們可以得出這樣的結論：世間沒有真愛；不愛就等於謀害；那麼世上所有的念頭都屬於殺人不見血的謀害之念，故具有同等的破壞力，不論那念頭只是一絲不悅，或者是在高聲怒吼「老子宰了你」，都毫無差別。無庸贅言，我們在此只是描繪妄念之心的運作而已；在妄心內，所有念頭都具有「同等的破壞力」，如同我們早已熟悉「幻相沒有層次之分」這個道理。

所以千萬不要對這段話掉以輕心。即使你認為自己並不屬

於追求光明的新時代之輩，仍應句句反思，看清自己多麼容易
掉入「存心迴避小我」的陷阱。話說回來，耶穌當然不是鼓
勵我們終日盯著小我不放，或是對那些妄念小題大作；畢竟，
它們在本質上**的確**虛幻無比。請原諒我不厭其煩地重複這一觀
念：在知曉它們的虛幻之前，總得先看清它們的底細才行。這
一觀點在〈正文〉中再三強調，在此僅引用一段：

> 不願正視幻相的人，必然受制於幻相；因為「不願面
> 對」本身即是對幻相的一種保護。你無需逃避幻相，
> 因它傷害不了你。我們一起深入探討小我思想體系的
> 時刻到了，只要我們同心協力，這盞明燈便足以驅散
> 小我的陰影；你既已明白，小我並非你之所願，表示
> 你已準備妥當了。……我們會在「小我的運作模式」
> 這一課深入一段時間，只因你已將它弄假成真了，若
> 想超越過去，不能不先正視它的存在。讓我們靜靜地
> 一起化解這一錯誤，方能越過錯誤而一睹真相。（T-
> 11.V.1:1~3,5~6）

　　下面這一段，再次把我們領回《奇蹟課程》的核心主
題──省察心念。這幾乎成了前面十幾課最常見的術語了。耶
穌不斷對我們耳提面命，往內省察自己的心念是多麼重要！如
果絲毫覺察不到那些妄念，怎麼可能將它們帶到耶穌跟前請求
修正？

(4) 在練習今天的觀念時，先閉起眼睛省察心念約莫一分鐘左

右，清清明明的，不忽略任何你可能有意迴避的「小」念頭。這在你練到得心應手之前，是相當不容易做到的。你會發覺你仍會情不自禁地作出這類後天的區分。只要是出現於你腦海的念頭，不論你把它歸到哪一類，都是套用今天觀念的最佳素材。

這可說是耶穌教導我們「奇蹟沒有難易之分」的另一範例。不論哪一種問題，奇蹟都能迎刃而解，因為所有的問題都是同一回事。因此，即使看來無傷大雅的小小雜念，也切莫掉以輕心，因為它們可能隱藏了整套的小我體系，更別提我們自認為至關緊要的那些想法了。至於「後天的區分」，指的是區分「這個比較重要而那個不重要」的決定，或者「輕微的不悅不算什麼，我對某人的怨尤才算嚴重」這類的判斷。

最後兩段就如同前面所有的練習一般，耶穌同樣溫柔地提醒我們，把今天的觀念套用在任何令自己不快或不安的事件上：

(5,6) 練習時，先向自己複誦一遍這個觀念，一有念頭掠過腦海，即刻覺察它的存在，同時告訴自己：

　　我對於 _____ 的這一想法，不是一個中性的念頭。

　　我對於 _____ 的那一想法，不是一個中性的念頭。

同樣的，每當你一覺察到令你不安的念頭時，不妨套用今天的觀念。下面建議的形式即是為此目的：

> 我對於 ＿＿＿＿ 的這一想法不是中性的，因為我沒有
> 任何中性的念頭。

如果你練得毫不費力，一天不妨練個四、五回。若感到有壓力，三次也就夠了。只要心中一不自在，就該縮短練習的時間。

我們再次體會到耶穌是如何循循善誘地引領我們步上療癒的旅程。他教導我們如何正視自己的念頭，尤其該試著警覺令自己不安的念頭，因為大多數人根本不允許自己感受到那種不安，更遑論去追溯心裡的罪咎究竟是從哪兒來的了。

第十七課

我所看到的一切，沒有一個是中性的

　　本課可說是前一課「我的念頭沒有一個是中性的」之延伸。我們再度看到〈練習手冊〉開篇的一貫風格：耶穌在我們的念頭及知見之間來回穿梭、反覆拉線，試圖讓我們明白兩者的同一性。他的目的是要提高我們的警覺，了知自己所想、所見、所感，乃至於一向認為天經地義的事，其實沒有一個是正確的。這真的需要相當的謙虛才做得到。小我明知我們不僅把世間一切看走了眼，對自己的看法更是錯得離譜；然而，它太傲慢了，不但無法認錯，還想盡辦法掩飾它的心虛。

　　請記住，當你「在外邊」看到一位死對頭，或是相信某人具有傷害你或背叛你的能力時，你其實是在宣告自己的看法才是對的，耶穌那一套說法是錯的。你看到或感受到的攻擊，充分證明了自己的判斷無誤；你絲毫意識不到那個證據是**你自己**栽的贓，難怪你會一眼就看到它。換言之，你所看到的一切是

你**存心想要**看到的,你把證據擺在那兒,然後理直氣壯地說:「瞧,我的想法**不是**問題,事實上,我的想法根本不算什麼;問題在外面,『那』才是問題所在!」無巧不成書,每次都會有那麼一位特殊人物成為你問題的焦點。

前面十幾課就是要訓練我們隨時隨地發揮這種思維,終有一天,我們會將所見的一切外境自動轉譯為內在的念頭。這套思維用在衣架或垃圾桶沒有太大意義,但用在跟我們有切身關係之人,卻有起死回生的成效。話雖如此,這並不表示其他關係就無關緊要,重點是,每個人生命中總有幾位特殊對象,他們才是關鍵。請記住,我們之所以會在外面看到自己投射出去的證據,是因為我們**存心**想在身體的層次看到它,這樣我們才能說「我的想法無關緊要,因為事實就擺在眼前」。因此,首要之務是認出那**事實**原本即是我們自己的想法。只要願意與耶穌一起正視那一想法,我們遲早會明瞭那根本不是什麼事實。要記得,一如〈正文〉所揭示的,唯有上主才稱得上終極的事實(T-3.I.8:2)。

(1:1) 這個觀念〔我所看到的一切,沒有一個是中性的〕進一步指出了人間因果律的真正運作方式。

跟上面所引的「人間因果律」正好相反的,藏在內心的想法才是**因**,我們的所知所見只是**果**。這可說是「投射形成知見」的另一種解說方式,我們在第八課第一段已經解釋過這一關鍵性原則了。簡單重述一下,第一步,先決定究竟選擇小我

還是聖靈為師；接下來，選擇哪位老師便決定了我會認同哪一套思維。不論分裂體系或寬恕體系，一旦認同了，我都會把它弄假成真的；我會先在自己心內看到它（**因**），投射於外之後，它便化身為某種形相而呈現於我眼前了（**果**）。

(1:2~3) 你所看到的一切，沒有一個是中性的，因為你沒有一個念頭是中性的。思想永遠在前面領航，儘管你寧可相信與這事實相反的說法。

耶穌說的一點也沒錯，雖然我們在〈正文〉讀過類似的說法，內心深處相信此言不虛，但我們的現實生活卻一再證明這個認知絲毫發生不了作用。我們照常對外境反彈，渾然不覺自己又與小我的罪咎體系認同，一次又一次把耶穌推到身外。我們這麼快就把這一「事實」拋到九霄雲外，繼續投射內心的咎，難怪我們老是把外在的人事物看成可能傷害我們或奪走我們平安的威脅。

這幾課練習的真正目的是教我們看清，白己根本**沒有**按照耶穌的指示而活，以及如何一再反覆對外反彈。請記住，所謂的**外面**，指的是**心靈**之外，而非形體之外，因此外面的一切，不僅是指他人的形體，也包括了我們自己的身體。它真正要表達的是，我們對外的種種反應其實並非針對世界，而是針對自己內心的決定。更重要的，任何針對小我的決定都是虛擬現實，因為我們反彈的其實是小我那套虛幻的思想體系，小我老是說我們毫無價值，罪孽深重，無可救藥，根本是「邪魔、黑

暗與罪惡的淵藪」（W-93.1:1）。我們把這瘋狂的心念變成事實以後，從來不敢質問它的真實性。然而，終有一天我們會明白，不只這個世界，連那分裂思想體系都不過是抵制真相的防衛機制而已。說穿了，世界與它背後那套思維所要隱藏的，就是「上主聖愛」這唯一真相。

(1:4) 這不是世界的思考方式，但你必須明白這確是你的思考方式。

耶穌講得不能再清楚了：心靈與身體之間的因果關係是我們必修的課程。他在其他練習裡多次直言不諱，這需要極大的覺察與修練，因為它與人生的預設模式完全背道而馳。確實如此，我們的思維早已被制約了，才會感到在這虎視眈眈的世界裡，壞人隨時都會發動攻擊。耶穌在此告訴我們：「你目前還無法真正了解我所說的道理，因它需要經年累月的練習。此處的解說，只是領你入門，以後，我還會反覆為你解釋的。」可以說，耶穌等於重申了他的老師角色，我們仍是他的學生。而如果我們讀不下〈正文〉、〈練習手冊〉或〈教師指南〉，原因只有一個：我們愈來愈害怕他所教的真正內涵。

(1:5) 否則，你的所知所見便失去了它的起因，它反倒成了眼前現實的起因了。

如果世界真的足以操控我們的思維，那麼，我們的所知所見不只是一個現實，還成了他事他物的**起因**；這等於說，

我們眼前的客觀事物構成了我們的某種想法和某種感受。事實不然，知見世界是「果」，我們的想法才是「因」。切莫忘了「投射形成知見」這一原則。如果我們的知見沒有起因，它的存在全憑自身而定，與我們的想法無關，那麼我們對它必然一籌莫展。可以說，這正是每個人在世上經歷的最佳寫照。由此可知，只要掉入小我的思想體系，便毫無希望可言，因為我們再也改變不了現實。此外，我們的知見世界若不是自己的想法所形成之「果」，表示它們可憑靠自己而存在，如此一來，死亡、邪惡、戰爭、痛苦全都變成真的，那麼，除了苟延殘喘之外，我們還能做什麼？為此，耶穌才反覆提醒：外面的世界、身體、痛苦及死亡，只是「果」；它的「因」存於我們心內。一旦釐清了起因所在，就找到了下手處。否則，我們的處境真的回天乏術。

本段最後一句，乃是耶穌對知見世界的結論：

(1:6) 然而，鑒於知見極其多變的本質，這是不可能的。

知見世界確實瞬息萬變，只需往自己心裡看看便知道了。比如我們對某人的看法，一經寬恕之後，可能第二天就完全改觀。別忘了，我們若非懷著判斷與憎恨的眼光去看世界，就是透過寬恕的眼光；而如何去看待，端視我們願意選擇小我或聖靈為師。

下面開始今天的練習。耶穌繼續訓練我們的思維，教導我

們看清自己的起心動念和所知所見之間的密切連繫。

(2) 在運用今天的觀念時，先張開眼睛向自己說：

我所看到的一切，沒有一個是中性的，因為我沒有一
個想法是中性的。

然後環顧四周，將你的視線在你所見之物上停留一會兒，並
說：

我所看到的 ＿＿＿＿ 不是中性的，因為我對於 ＿＿＿＿
的想法不是中性的。

例如，你也可以說：

我所看到的牆不是中性的，因為我對牆的想法不是中
性的。
我所看到的身體不是中性的，因為我對身體的想法不
是中性的。

　　耶穌的練習提示，一步一步地駁倒了小我的第一條無明亂
世法則「幻相有層次之分」：

(3) 照例請記住，切莫憑一己的信念而作出有生命或無生命、
可喜或可憎之別。不論你怎麼相信，其實你根本看不見任何真
正活著的與真正喜樂之物。因為你還意識不到任何純然真實、
因而全然喜樂的念頭。

　　世上沒有一物真正具有生命，所以根本沒有所謂有生命或

無生命之別。大家可能還記得從小學就開始學習有機和無機的分類，舉凡有機就是有生命的，屬於「生命巨鏈」之一環，無機則是指沒有生命的，如木頭、金屬之類。這種分類其實全屬虛設，「無明亂世的法則」那一節中早已斷言：「天堂之外沒有生命可言。」（T-23.II.19:1）請記得，這句話絕不是比喻的說法而已。

唯有牽起耶穌的手與他同行，才算活出真實的生命；唯有認同他的寬恕體系，才有真正的喜樂可言。喜樂的原因，是出於寬恕會引領我們回歸真實生命，成為上主的一部分，祂就是喜樂本身。無論如何，若想重拾這一生命以及喜樂，我們必須認真操練這些練習，尤其是下一段的提示。這些都是耶穌教學計畫的基本教材。

(4) 你今天不妨練習三、四次，若要發揮最大的效益，即使心生排斥，也至少練習三次。排斥心生起時，不妨縮短練習的時間，不必堅持我們建議的一分鐘。

耶穌再次提到我們的抗拒，目的是提醒我們切勿為此內疚。這個主題之所以再三出現，表示他早已料到我們極可能對他的教誨心生畏懼而設法抵制。要知道，學習接受自己的抗拒，乃是放下抗拒至為重要的一步。

第十八課

我的看法所導致的後果，並非只有我單獨承受

　　我在本書的前言曾經提過〈正文〉與〈練習手冊〉的鋪陳方式，耶穌常常開了一個話題之後就暫擱一邊，插入另一相關主題，然後又擱置一旁，回到先前的主題。這一課就是類似情形。他先為我們介紹「心靈是一體相通的」觀念，也就是《奇蹟課程》的核心主題「上主之子的一體性」。這一課還特別指出，即使在分裂之境，上主之子仍是一體不分的。

(1) 今天的觀念進一步教你明瞭，那形成你看法的念頭，絕不會是中性或無足輕重的。它同時凸顯出心靈是相通的觀念，這一點我以後還會反覆強調。

　　前文已解釋過，世間萬物均是同一分裂之念投射出來的紛紜萬象；同理，貌似互異的芸芸眾生也是同一聖子分裂出來的。這表示所有分裂心靈是一體相通的，因為它們根本就源自

同一念。

　　正如〈正文〉第十八章一開頭所說的，在分化過程發生以前，其實只有一個錯誤或一個妄念；這與天堂只有一位聖子，是同一的道理。所有心靈必然合為一體，因為只有一個基督天心，而這一心又與上主天心一體不分。然而，對於活在人間的我們來說，「所有**分裂心靈仍是一體相通的**」這一原則尤為切身而重要。作抉擇的心靈是超乎時空的，我們不過是這個心靈妄造出來的一堆殘破知見與意象，只為了讓自己相信分裂乃是已發生的事實。當我們談到上主之子分裂出去的虛幻形相，通常只想到人類，其實所有有機與無機生命皆屬之，因為在真理內，它們也都是瘋狂一念分化出來的碎片；這一念就是：「瞧！我完成了不可能的任務，我不只是一個獨立自主的個體，還有操控自己生命的自由。」對此，〈正文〉第十八章有兩段極為精闢的論述，能幫助我們進一步了解「究竟這一念是怎麼造出整個大千世界的」：

> 凡是相信上主可畏的人，只會打造一種替身。縱然這替身千變萬化，卻萬變不離其宗，那就是以幻相取代真相，以片面取代整體。因著它一而再再而三的切割、分化、再分化，最後讓人再也認不出它原本一體而且永遠一體的真相。你其實只犯了一個錯誤，就是把真相帶入幻相，將永恆帶入時間，把生命帶入了死亡。你的整個世界都建立在這個錯誤上頭。你所見到

的紛紜萬象，無一不是這個錯誤的倒影，你所經歷的
每個特殊關係也都離不開這個錯誤。

當你聽到萬物的真相與你之所見是如此不同時，也許
會驚訝萬分。這表示你尚未意識到那個錯誤的遺害如
此之深。它的後果涵蓋之廣，大到不可思議的程度，
整個「非真」世界都「不能不」由此而生。除此之
外，世界還可能出自何處？整個世界如此分崩離析，
你只需正眼一瞧，就會望而生畏。然而，你眼前所見
的，根本顯示不出原始錯誤的遺害之深，那個錯誤好
似已將你逐出天堂之門，將真知粉碎為互不相關又毫
無意義的殘破知見，使你不能不換來換去，反覆取代
不休。（T-18.I.4,5）

(2) 今天的觀念針對的不是你之所見，而是你如何去看的問
題。因此，今天的練習著重於你的認知能力這一面。你不妨按
照下面的建議練個三、四遍：

我先前已經提過這一觀點：所謂知見，並不限於我們看
到**什麼**，還包括了我們是**如何**看的。兩者其實是同一回事，
為了教學方便才分開解釋。其實，我們會看到什麼，憑靠的是
自己先入為主的**詮釋**。小我的詮釋是：「我**要**看到一個充滿分
裂、敵意與復仇的世界，這樣我便無需面對自己心內這些特質
了。」也就是說，是我想要如此去看的，這一因素決定了我
會看到什麼。為此之故，我們才說，「看到什麼」和「如何去

看」，兩者根本是同一回事。

　　本課最後的提示，相信大家早已耳熟能詳了：

(3) 先環顧一下四周，套用今天的觀念時盡量隨意取材，你的視線在每個事物上停留一會兒，再說：

　　我對 ＿＿＿＿ 的看法所導致的後果，並非只有我單獨

　　承受。

結束練習時，再複誦一遍下面比較廣泛的說法：

　　　　我的看法所導致的後果，並非只有我單獨承受。

　每個練習大約一分鐘就夠了，甚至連一分鐘都不需要。

　　請注意，這個練習由「我對 ＿＿＿＿ 的看法」，轉向「我的看法」，從單一的特定對象轉到普及一切的統括性語彙，幫助我們更加體會到「**所有**的知見全是同一回事」，因為它們全都源自同　心靈；而分裂心靈的同一性也完全印證了聖子奧體的一體性。

第十九課

我的想法所導致的後果，並非只有我單獨承受

(1) 今天的觀念顯然解釋了你之所見何以不只影響你一個人的原因。你會發現，思想層次的觀念有些時候會出現於知覺層次的觀念之前；而有時候，先後順序又正好相反。因為次序本來就無足輕重。思想及其結果實際上是同步的，因為因與果一向是不分的。

　　耶穌繼續延伸「同一分裂心靈」的理念：不只我們的心靈一體相通，它和世界也同樣一體相通，因為世界純然是心靈分裂之念所投射的結果。這可說是《奇蹟課程》的中心思想「觀念離不開它的源頭」的另一變奏曲。耶穌在〈正文〉已強調過這一中心思想（T-26.VII.4），〈練習手冊〉則等到相當後面才推出這一理念（W-132.5; W-156.1）。「觀念離不開它的源頭」，後果也離不開它的起因，因此，世界不可能存在於心靈之外。

　　我們相信世界存於自己身外，而且肯定不疑，是因為我們親眼見到自己存在這兒而世界存在那兒。不僅如此，我們又進一步全面否定或刻意貶抑心念的力量，證明自己真的是眼前世界的受害者。既然我們認為自己的想法起不了任何作用，理所當然將它打入冷宮，藏於軀體裡面，只允許自己意識到這具身體以及它與其他身體的互動。造成這種局面的原因，來自於我們認定世界與自己的心靈是兩回事，故世界之「果」與心靈之「因」也好似互不相干。然而，切莫忘記「觀念離不開它的源頭」這　原則。

　　如果以電影來比喻，我們在銀幕上看到的一切，都是放映機裡的底片投射出來的；銀幕上的影像離不開它的源頭，也就是放映機內的底片。由此類推，底片呈現出來的是劇作家、導演、製片人、男女演員**想要**的內容。錄製完畢，放映到銀幕上，於是人物故事便**活靈活現**地在銀幕演出了。

　　再將這個譬喻套用在現實生活，身為抉擇者的我，不只是劇作家、導演、製片人，而且還是劇中演員。這部影片是我們自己選定的主題，銀幕上的每一個細節都是我們**希望**看到也**必會**看到的情節。沒有人會大費周章製作了一部電影卻不想讓別人看到。試想，如果我們從不把電影當真，絲毫不為劇情所動，又何必去看電影？為此，人們上電影院，無非是要找樂子、開眼界，紓緩或逃避一下現實壓力，只因為我們很想相信外面那個世界真有影響我們的能力，不論是正面或負面的影響

都好。這是看電影的目的，在此目標下，可以說，我們作出的種種選擇，都是別有用心的。

這正反映出我們看待世界的心態。我們打造夢境是基於一個非常具體的企圖：要讓所有人（包括自己在內）**都全然當真地**在夢中與我們互動。為此，我們才會一味著眼於外在世界，徹底忘了那是自編自導的電影。我不只虛構出整部電影而已，背後還有更深的陰謀，就是想在外面找到罪證，證明每個人都是加害者，除了我以外。

當我真正看清了因與果並非兩回事，才可能明白自己所看到的一切外相純然只是內在心念的倒影。問題是，小我不斷對我們洗腦，說我們不只和上主決裂，而且還害死了祂，才可能掙得自己的個體身分的。我們不但信以為真，還把責任推到**別人**身上，為自己脫罪。之所以這麼做，背後的具體動機究竟是什麼，我們亟需好好反省。這一主題留待下一課再深入探討。

為此，我們費盡心機，不惜付出**一切**代價，為自己一生打造出這場驚心動魄的電影。我們投入畢生精力，只為了證明天人真的分裂了，而且完全**不是我的錯**，渾然不覺自己正在完成小我的大業。我們忘了自己不僅是劇中有名有姓的角色，連整部戲的編劇、導演與製片也都一手包辦了。

如果有一天，突然看清一切都是自己虛構出來的，我這個導演為了能全權掌控自己的電影，不惜開除那位「生命大導

演」;那一刻,我們才會真正明白,自己一生的努力全是白費功夫,汲汲營營一輩子,到頭來竟然是在抵制生命真相。下面這一段引言,我們應該不陌生,它說:

> 如果你認清了這世界只是一個錯覺妄想,你會如何?
> 如果你終於了解這世界是你自己一手打造的,你會如何?如果你真正明白了,在世上來來去去的那些會犯罪、死亡、攻擊、謀害,最後一死了之的芸芸眾生,都不是真的,你又將如何?你若接受這一事實,還會相信眼前所見的一切嗎?你真想看到這種世界嗎?
> (T-20.VIII.7:3~7)

說穿了,徹底忘掉「心靈才是世界的肇因」,故意把因和果分開,最終的目的其實是想保全世界的幻相而已。

這一課的另一重點是「我的看法,不只影響到我一個人而已」。世間最大的幻覺,莫過於自認為可以私藏某些惡念,而且它們傷害不到任何人。事實上,我們全屬於同一聖子奧體,心靈是相連的,念頭是相通的,怎麼可能沒有影響!一般而言,這些影響可能不太顯著(這是我們編製電影的原因之一),但必定是存在的。在心靈深處,我們明知自己的怒氣是有後果的,否則不會有如此深的罪咎感。不論是否用行動或語言表達出來,或只是藏在腦海裡,這個憤怒必定有後遺症。終究來說,它其實是想證明上主與耶穌全錯了,自己這套想法才是正確的:「瞧,分裂明明就擺在眼前,表示我們確實有毀滅

天堂的能耐。」無庸置疑，這才是真正的罪咎之源。為此，耶穌苦口婆心地勸我們不只要正視憤怒的表相，更要正視憤怒底下隱藏的念頭。這些念頭一日不改，世界就永遠不會改觀。

下面又回到了一體的觀念：

(2:1~3) 今天我們再度強調了心靈相通的事實。這個觀念乍聽之下，令人難以全然接受，因為這觀念影射了極大的責任，甚至可能被視為「侵犯了個人的隱私權」。事實上，沒有一個想法是隱私的。

夢境裡必然充滿了隱私的念頭，而且人人都有個人隱私的幻覺。比如說，你暗暗想著：「謝天謝地，幸好我沒說出口，所以對方根本不會知道我**真正的**想法！」在意識層次，那人可能真的無從得知，但別忘了，我們全都屬於同一心靈，在心靈層次，我的想法必已助長了別人的恐懼及罪咎，我自己也同樣深受其害。總之，在夢境裡，我的念頭所造成的影響未必即時顯現於個體層面，但在更大的心靈層面來說，我們全都是念頭形成的「後果」，每個念頭都具有無比的威力，它們鞏固了小我的思想體系，好似昭告天下：「小我正大行其道，耶穌那一套說法是無稽之談！」

(2:4~5) 儘管開始時你會相當排斥這種觀念，但你終會了解，這必須是真的，你才有得救的可能。而你必會得救的，因為這是上主的旨意。

　　這段話的重點是：救恩的前提，在於問題只有**一個**。《奇蹟課程》的得救金鑰，奠基於它的第一條奇蹟原則「*奇蹟沒有難易之分*」。這條原則告訴我們，每個問題和所有其他的問題都是同一問題，所以解決之道也只有一個，就是奇蹟。雖說所有問題全是虛構，但若想看清問題的虛幻本質，必須先領悟出所有問題都是同一回事才行。事實上，每個問題的展現形式，只是內在問題的倒影；而內在問題就是這無明一念：「我是從上主分裂出來的一個自主生命。」如果我們真的**可能**從上主那兒分裂出來，甚至擁有自己的隱私，豈不證明了天人分裂乃是不爭的事實！為此，若想獲得救恩，就得徹底明白分裂只是個幻覺。也就是說，我們不可能擁有個人隱私的念頭。

　　最後三段開始解說今天的練習進行的方式：

(3) 今天練習時，省察心念的那一分鐘內，最好閉起眼睛進行。先把今天的觀念複誦一遍，然後用心搜查那一刻心裡所浮現的念頭。每想起一個，便指出事件的主人翁或相關主題，一邊把它放在心中，一邊說：

**　我對　_____　的想法所導致的後果，並非只有我單獨承受。**

　　耶穌要我們把全部注意力放在自己的念頭上，因為它們反映出聖子奧體一體相通的本質。

(4,5) 如今，你應該相當習慣在取材時盡量不加篩選的這一要

求了，我也不再天天重複，只會偶爾提醒一下。所有的練習，都不可忘記隨意取材這個一貫的原則。它們之間沒有程度或等級之別，這一認知終有一天會幫你認出「奇蹟沒有程度之分」的真諦。

除了在「需要之刻」套用今天的觀念以外，最少還需練習三次；若有必要，可以縮短練習的時間。但不要企圖超過四次。

　　這兩段再次重申前十九課的宗旨，以及耶穌作此安排的構想與初衷。他再三叮嚀，不論是選擇外在有形之物或是搜尋內在的念頭，取材之時，切勿分別取捨。他要我們明白，自己眼前所見和腦中所想的**一切**全是同一回事。唯有腳踏實地把當天的觀念套用在屋內具體事物和心中具體想法，我們才有可能慢慢領悟出萬物的同一性，也因而了解我們的問題只有一個答覆——奇蹟。

　　耶穌終於在此明確說出他這一教學法的宗旨，以及為什麼這一套練習看起來這麼簡單。他用心良苦地從衣架、垃圾桶、桌燈、電話、茶杯這些日常生活的一般物件開始，讓我們慢慢領悟「它們全是同一回事」的道理，然後看穿它們背後的同一目的：企圖證明天人確實分裂了，而且這一切都不是我的錯。日復一日，如此踏實練習，總有一天我們會開竅：幻相真的沒有層次之分。於是，老愛搞層次分化的無明第一法則就這樣修正過來了。

第二十課

我決心看見

　　在整部〈練習手冊〉裡，以本課這種形式呈現的次數並不多見，最相似的應屬第九十五課了。它們不再強調某一主題，而是整體性地解說耶穌如此編排練習的用意所在：究竟該如何進行，又該留意哪些陷阱。他在本課一開始就提到「練習的時間」：

(1:1~2) **到目前為止，我們對練習一直採取相當隨意的態度。幾乎從未硬性規定練習的時間，要求你投入的精力也是微乎其微，我們甚至不要求你積極而熱忱地配合。**

　　這一段透露了耶穌無比寬容的心態，他好似對我們說：「練習一兩分鐘就行了，萬一受不了，可以縮短一點。一天操練兩三次即可，嫌多的話，就少練幾次吧。」他在下面為我們解釋原因：

(1:3~6) 這一方法是經過刻意安排、縝密計畫的。我們須臾未忘「扭轉你的想法」這一重要關鍵。世界的得救全繫於此。然而,你若練得心不甘情不願的,或是屈服於自己的反感與抗拒,你就不會看見這一事實。

耶穌告訴我們:「我無意說服你,我這一套才是對的而你錯了;我也無意強迫你相信這些理念。不論你相信與否,我盡可能溫柔地請你跟著我練習就好了。」這並非辯駁,因為他絲毫沒有證明他對你錯之意,因此,我們也無需證明是他錯了我們才對。其實,我們之所以扭轉思維,**唯一的**原因,**並非**為了**他**,而是為了**我們自己**;因為唯有改變思維,我們才快樂得起來。接下來,我們很快會看到,耶穌以幸福為「餌」,設法鼓舞我們。就像買新鞋一樣,店員會鼓勵我們試穿看看,走一圈,穿得舒服再買,不舒服就放回架上。無論如何,耶穌的意思不外乎:「一路走來,我一直沒有給你一堆形式規定,**現在**,該準備邁出下一步了。」

(2:1~5) 這是我們介紹整個練習體系的第一步。不要誤以為這是一項勞形傷神的苦差事。你要的是救恩。你要的是幸福。你要的是平安。

這段話的焦點在於「動機」。小我的動機處處與幸福背道而馳。好比說,每個人嘴上都會**說**自己想要救恩、幸福及平安,暗中卻冀望別人付出代價;這正是小我一貫的運作手法。我必須從某人那裡得到某些好處,我才會幸福;但我如果想要

多得一些，別人就得少拿一些。這就是特殊關係的本質。值得留意的是，「特殊關係」這一名詞，雖沒有出現在整部的〈練習手冊〉，但全書其實不斷提到這種充滿仇恨的互動關係。耶穌試圖提醒我們，我們真正**渴望**的是救恩，也就是**渴望**擺脫內心的罪咎。總之，我們真正**渴望**的是一個幸福平安的人生。

(2:6) 你現在尚未得到它們，因為你的心缺乏鍛鍊……

　　讀到這兒若感到不服氣，不妨回顧一下，自己做練習時，多麼不甘心承認周遭看到的或互動的對象「根本就不存在」！由此便可窺知自己的心是多麼缺乏鍛鍊。你也不妨回到當下此刻，專心思考前文傳遞的觀念，我敢保證，不出幾分鐘，甚至只需幾秒鐘，你就會落回舊有的滿腹牢騷，想起那些對不起自己的人、令自己不快的某件事情，而且堅持這些想法和所見的形象之間毫無內在關聯。這就是耶穌說的「缺乏鍛鍊」之真義。他其實毫無責備之意，而只是表明：「你必須先承認這一事實，否則你是不會好好向我學習的。」

(2:6~8) ……根本分辨不出喜樂與哀傷，快慰與痛苦，愛與恐懼的不同。你現在已經開始學習分辨兩者了。你必會得到極大的回報。

　　這個觀點也是《奇蹟課程》一支重要的主題曲（T-7.X; T-8.II; T-19.IV. 二.12~15）。我們不是第一次討論到它，也不會是最後一次。耶穌懇切的用心，在此表露無遺——如此老婆心

切地鼓勵我們操練這部課程，只因為要我們活得幸福快樂一些。對我們這些凡夫俗子而言，能夠隨心所欲而又心想事成的人生才有樂趣可言，同時，唯有滿足我們所需的特殊之愛才算是真愛。然而，我們卻絲毫意識不到自己早已和小我同流合污了，壓根兒也躲避不了罪咎與痛苦的必然結果。

(3:1) 慧見對你只有一個要求，即是你願看見的決心。

問題是，我們並不真心想看見，因為我們深知，如果透過耶穌的眼光去看，就再也不能怪罪別人了。為此，他首先得幫助我們意識到自己多麼不願看清真相才行。透過耶穌的眼光所看到的真相，絕非那些外在現象，而是他對我們的愛，因他的愛反映出上主聖愛的真相。

因此，我們不妨坦然承認自己根本不打算放棄「自己所見正確無誤」那種肯定感。追根究柢，我們真正不甘放棄的是自己對心內那個罪孽深重的我的肯定感。縱然這一自我形象可能令自己痛苦不堪，但它畢竟是屬於**我的**，也唯獨我才擁有，在在證明了**我的**存在。這讓我想起海倫最喜歡引用的葉慈詩句：「請溫柔地對待我的夢，它們雖只是一場夢，畢竟是我的夢。」〔原註〕

〔原註〕出自葉慈〈他祈求錦繡天衣〉一詩。此處所引，與原詩有若干出入。原詩為：「然而，我身無分文，只有夢，我已把夢鋪在您的足下，請輕輕踩踏，因為您踩踏著的，是我的夢。」

(3:2~8) 你想要什麼，那東西便非你莫屬。切莫以為這練習只要求你付出這一點點精力，就表示我們的目標大概也沒什麼了不起。拯救世界這一目標，豈能說是微不足道？如果你尚未得救，世界豈有得救的可能？上主只有一位聖子，他就是復活與生命。他的意旨必會成就，因為天上地下的一切權能都託付了他。只要你決心看見，慧見便已來臨了。

這段話的用語明顯借用了《聖經》的說法。〈福音〉是這樣描述耶穌的：他是上主的兒子，他是「復活與生命」，「天上地下的所有權能都賦予了他」。但耶穌在此所側重的，可謂大異其趣：「是的，我真的是這樣，但你也真的是這樣；更重要的是，你若不得救，世界也無法得救。」學到今天，我們都很清楚世界不在外面，耶穌的目光永遠朝內，也就是我們究竟是怎麼**想**的。我們確實需要他的鼓勵，啟發我們的動機，才改變得了自己的**想法**，由之，我們的**看法**自然會大不相同。

(4) 今天的練習就是從早到晚提醒自己：你要看見。今天的觀念也暗示了你默認自己目前還看不見。因此，當你複誦這一觀念時，就等於正式聲明你決心改善當前的狀態，邁向你真正想要的人生。

耶穌如此這般地著手改寫我們的動機，一步一步將我們由罪咎轉向幸福的目標。我們目前還不想看見，只因我們認定慧見必會帶來痛苦。直到有一天，我們明白慧見只會帶來幸福，自然會**想要**改變小我的眼光。

(5:1~2) 今天，每小時緩慢而熱忱地複誦這觀念至少兩次，試著每半小時念一次。如果你忘了，不必懊惱，只要下定決心努力記得即可。

在此，耶穌無比耐心地開導我們「罪」和「錯誤」的不同之處，這一區別非常重要。忘了當天的練習，並非什麼罪過，充其量，只算是一個自知有待修正的錯誤而已，**因為修正之後會讓我們活得更好**。耶穌以他溫柔的身教，修正了小我的嚴厲，為世上**所有的**人際互動建立了一個慈愛的典範。

最後：

(5:3~6) 當你面臨令你心煩的環境、人物或事件時，不妨額外地多複誦幾遍。你能夠以不同的眼光去看它們，而且你願如此去看。你內心渴望什麼，就會看見什麼。這才是人間真正的因果律。

總之，我們若看到分裂、報復、背叛或痛苦，那是因為我們**想要**看到這些景象。我的欲望是因，我之所見是果。耶穌試著說服我們，我們真正想要的是那不同的眼光，只是我們目前還不太相信他的說法而已。

第二十一課

我決心以不同的眼光去看事情

　　本課緊隨著前一課的思路繼續發揮。有趣的是，今天的標題不曾提到憤怒，內文卻一再以憤怒為例。耶穌為我們點出，憤怒所涉及的念頭涵括甚廣，藉此重申「幻相沒有層次之分」的道理。另外，本課有一點與先前幾課不同，通常置於全文結尾的具體步驟，這回出現在全課的開端。

(1,2:1~2) 今天的觀念顯然是繼續昨天的觀念且加以延伸。然而，這次除了隨機運用這觀念以外，仍需踏實地作省察心念的練習。最好練習五次，每次長達一分鐘之久。

開始練習時，先向自己複誦一遍這個觀念。然後閉起眼睛仔細在心中搜出過去，現在或未來會激怒你的事件。

　　這段說的正是我們先前討論過的「省察心念」，只是耶穌現在要我們具體聚焦於憤怒。問題是，我們不可能一邊生氣，

一邊卻能決心用不同的眼光去看事情。因為憤怒正意味著：
「我決心用**我**一貫的眼光去看此事；**我的**看法才是對的，即使
粉身碎骨，我也要證明耶穌那一套說法是錯的。」耶穌想幫助
我們明瞭，在我說出「我決心以不同的眼光去看」之前，必須
先看清自己內心念頭的起伏，所以他才要我們誠實面對自己的
心念。換句話說，我們**必須**先化解憤怒所涉及的念頭，或者先
把「自己選擇了小我」這一錯誤的決定修正過來，慧見才有重
現的可能。一言以蔽之，學習看見的唯一途徑，就是要對小我
堅決說**不**。

**(2:3~5) 那憤怒的反應形式可能只是輕微的不悅，也可能達到
震怒的程度。你感受到的情緒強弱並不重要。你會愈來愈清
楚，一絲不悅只不過是掩飾震怒的一道屏障罷了。**

　　引言的最後一句，我已經在第十六課提過，這是《奇蹟課
程》最常被人引用的名句。這個觀念如此重要，耶穌在〈教師
指南〉再次逐字重述了一遍（M-17.4:5）。所有的事情都是同
一回事，即使形式變化萬千，內涵始終不變。這正是本課的主
旨。這類說法凸顯了這部課程顛覆傳統思維之處，它好似打定
主意要一舉抹殺我們**所有的**經歷及信念的價值。

**(3:1~2) 因此，練習時，試著不讓「小小的」憤怒之念逃過你
的注意。請記住，你還無法認清究竟是什麼激起你的怒火；而
你認定與此相關的原因，其實毫無道理。**

我們總以為自己的憤怒是被別人所做或沒做的事激起的，其實激怒我們的真正原因，乃是自己不願為分裂負責而將它投射到別人身上這一內在需求使然：「憤怒通常都是分裂心態投射出去的結果，因此當事人終究得為自己的憤怒負責，無法怪罪他人。」（T-6.in.1:2）

無疑的，這正是我們死也不甘承認的事實。於是，我們會不斷重申自己的清白：「我沒有犯下謀殺上主和背叛聖愛的罪，那是別人幹的好事。」我們把罪投射出去，然後目睹它存在於外，如此，我們才能理直氣壯地發怒。這一伎倆，我們全是箇中高手。不論是勃然大怒或些許不悅，都是在作同一聲明：「我的健康快樂端賴於外在某人或某物，我若得不到那個東西，理所當然會生氣，這怎麼能怪我！」

(3:3~5) 你很可能緊盯著某些情景或人物不放，只因你誤以為他們的嫌疑比較「顯著」而已。事實並非如此。這充其量只能反映出你相信「某種形式的攻擊比較合理」罷了。

在此，我們首度看到「幻相沒有層次之分」這一原則的具體用例。耶穌選擇以憤怒為例，因為它是小我運作體系的軸心力量。每個人都懷著憤怒行走在人間，因為每個來到世上的人都懷著分裂的罪咎以及不願為此負責的私願。為此，容我再說一遍，在決心以不同眼光去看待萬物之前，我們必須先認清那阻擋自己如此去看的**心障**。好比說：「害我受苦的，是外面那個東西（不論是在自己或別人身上），絕不是我自己招惹痛苦

的。」這類說詞無異於宣告：「我的念頭毫無力量，它不可能是害我受苦的元兇；我的苦難若非外面某個人，就是某個疾病或外境造成的。我只是無辜又無助的受害者，我對它們一點辦法都沒有！」

課文最後，重述了我們十分熟悉的練習步驟：

(4,5) 你一旦覺察到任何攻擊之念浮現時，把它們一個一個放在心中一會兒，同時告訴自己：

我決心以不同的眼光去看＿＿＿＿（人名）。
我決心以不同的眼光去看 ＿＿＿＿（具體指出某種情景）。

盡可能具體一點。例如，你的憤怒很可能是針對某人的某種性格，你還相信自己的憤怒純粹是針對這一點而發的。如果你的所知所見仍受這類偏見所苦，不妨這樣說：

我決心以不同的眼光去看 ＿＿＿＿（人名）的 ＿＿＿＿（某種性格）。

我們又再次看到「盡可能具體一點」這個練習的關鍵。因為我們常常忍不住想要美化自己所面臨的煩惱，暗自竊望一旦否定了它們的存在，就能一併否認這問題的起因。小我就如此這般暗算了我們兩次──先是教我們否認自己的罪咎，然後再否認我們遮掩罪咎的具體形式：憤怒。這便是第一百三十六課所說「雙重遮掩，雙重遺忘」的防衛機制。

第二十二課

我所看到的只是一種報應形式

前一課論及憤怒和攻擊時，特別點出，不論是輕微不悅或大發雷霆，根本毫無分別，因為它們下面隱藏著同樣的分裂及受害之念。今天這一課將這個理念又往深處推進了一步。

操練本課時，請銘記於心：凡是活在世界上的人，就不可能沒有攻擊之念。這一點極為重要。耶穌在〈練習手冊〉很後面才提到「世界是為了攻擊上主而形成的」（W-PII. 三 .2:1）。世界的出現只是為了證明「上主錯了，自己是對的」，只要我們一與世界及身體認同，表示我們已深陷其中，成了攻擊體系的一部分。由此類推，連「我們是個體生命」這一觀念都隱含了攻擊甚至謀殺之念，因為唯有毀掉一體之上主，個體才有存在的餘地。故究竟說來，只要一與身體認同（不論是生理或心理層次），我們就擺脫不了小我整套的思想體系。可以說，在描繪小我特質的諸多詞彙裡，**攻擊**是出現最頻繁的字眼了。

(1:1~2) 今天的觀念精確地描述了，內心懷有攻擊念頭的人對世界的必然看法。他既已把自己的憤怒投射到世上了，必會看到自己隨時會受到世界的報應。

只要我們心裡隱藏著攻擊之念，世界在我們眼中必是虎視眈眈的。第二句可說是投射最經典的描繪，它也揭發了投射的緣由。每個人心中都包藏著攻擊的禍心，因為個體身分就是仰賴它而建立的。「我若要存在，必須先消滅上主才行」，個體生命的起源就是奠基於**非此即彼、殺人或被殺**的運作原則。沒有一個人例外，我們全都相信自己攻擊了上主而且罪孽深重。這種罪惡感必然孳生出很深的「咎」，我們漸漸感到忍無可忍，小我便慫恿我們把罪和咎一起壓到潛意識裡，倘若壓不成，就投射出去。然而，問題來了，罪咎之念會在冥冥中預期受到某種懲罰與報應，就在這個預期心理下，小我打造出來的世界果然印證了我們必會遭受懲罰、承受不公的待遇，活成一個徹頭徹尾的受害者。

從肉體生命受孕及誕生那一刻開始，就足以證明我們是他人手下的無辜受害者。我們來到人間，都不是自己的選擇，純屬生物現象的一個意外。對自己的誕生毫無作主的餘地，幾乎是人人共有的信念。從受孕那一刻開始，我們經歷的一切，處處反映出人類的存在處境：「我們是受制於外在勢力的無辜受害者，完全身不由己。」這些外在勢力常被小我詮釋為一種攻擊，它甚至進一步落井下石，說我們罪有應得，因為我們當初

冒犯了上主。

　　這是今天這一課的主旨。說實話，若不了解潛意識的運作內幕，絕不可能了解《奇蹟課程》，不但無法理解小我的思想體系，更搞不清聖靈的化解途徑。只要我們相信自己是個獨立的個體生命，便迴避不了自己的攻擊念頭，因而**會迫不及待**想把這些念頭投射出去。由此可知，只要我們還相信自己當初真的冒犯了上主，攻擊了聖子，必然認為別人也會如此對待我們，不是發生於過去，就會發生於現在或未來，總之，必是遲早的事。

　　接下來，耶穌給我們這群學生的功課，就是藉著〈練習手冊〉的每日操練，深入了解潛意識的運作內幕。同時期望我們把化解小我的原則（即寬恕）運用到現實生活，正視自己一舉一動之間是如何演活小我那些想法的。

(1:3) 如此，他的攻擊便可視為一種自衛。

　　我們常常忘了自己最初的攻擊之念，因為我們已經把它投射出去了，才會看到世上每一角落每一個人都在伺機攻擊**我們**。為了保護自己，我們當然會理直氣壯反擊回去。這就是我先前提過的「純潔無罪的面容」，〈正文〉對此著墨甚多（T-27.I; T-31.V）。〈練習手冊〉到了第一百七十課，還會針對這類自我防衛的觀念詳加細述。

(1:4~6) 這種惡性循環會愈演愈烈，除非他甘願改變自己的看

法。否則，攻擊與反擊的念頭便會盤據他心中，而且這類人會充斥他的整個世界。那麼，他怎麼可能享有心靈的平安？

防衛永遠屬於一種反擊行為。耶穌告訴我們，除非改變自己的看法，否則攻擊與反擊的惡性循環絕不可能扭轉過來。他要我們改變自己的想法，因為看法與想法是同一回事──**觀念離不開它的源頭**〔原註〕。我們在外面看到的一切，只是我們先在自己心裡看到而且把它當真之後投射出去的倒影。只要我們感到自己受制於外力而且身不由己（不論這外力是出於自己的身體、他人的身體或是自然法則），表示我們不僅認同了小我的思想體系，而且還視之為真理。如此一來，上主的實相與聖愛便虛幻不真了。

總之，只要我們認定自己是一個獨立的個別自我，不可能不陷入攻擊和反擊的惡性循環。除非我們改變自己的思維，否則這個絕境永無出路可言。第二十三課還會深入探討「改變思維的過程」。

(2:1~2) 你不正想要由這野蠻的幻夢世界中脫身嗎？當你聽到「這一切並非真的」，難道不是一個天大的喜訊嗎？

如果我們還深信自己不僅存在，而且無比重要，同時也十

〔原註〕這一核心主題，屢屢出現於《課程》中，例如T-26.VII.4:7; W-132.5:3; W-167.3:6，表述的形式略有不同而已。《奇蹟課程用語彙編／暫譯》收集了完整的資料。

分特別，上述的引言絕對**不會**是個「喜訊」。誠然，對於還執著於個體身分的人而言，「由夢境脫身」怎麼可能是喜訊！這就是為何每個人都在暗中抵制這些練習，不只無意真正了解它們，更遑論運用在日常生活。同理，我們對〈正文〉的抗拒也就不難想像了。總之，倘若我們能進一步具體看清自己是如何執著這個「我」，以及「總想證明自己是對的」的那個傾向，我們就堪稱真正上道了。

(2:3~5) 當你發現了這一脫身之道，難道不是一個令人欣喜的發現？你有意毀滅的，令你深惡痛絕、不置死地不罷休的一切，都是你自己營造出來的。你所懼怕的那一切，其實並不存在。

我們有意毀滅的，永遠是其他人及所有令我們厭惡的對象。我們一手打造的世界，正是自己想要摧毀的目標，我們也深信它會反過來毀滅我們。面對自己深惡痛絕之物，我們是不會手下留情的；置之死地成了「野蠻的幻夢世界」不可或缺的一景。追究其因，我們不過是想證明自己的存在，證明一切不是我的錯，別人得為此負責。就這樣，我們搖身一變淪為他人手下一個無辜的犧牲品。

操練本課，必須特別留意，當自己慢慢體會出耶穌話中深意時心中所浮起的驚恐與焦慮。下一段是一個很好的實驗。

(3:1~6) 今天你至少環顧一下周遭的世界五次，每次最少一分

鐘。當你的眼睛由一物緩緩地移向一物，由一具身體移向另一具身體時，告訴自己：

> 我所看到的都是可朽之物。
>
> 我所看到的均非久存之物。
>
> 我所看到的並非真實的
>
> 我所看到的只是一種報應形式。

　　不妨在一面鏡子前做這個練習，看看自己說這些話時有多真心。對著鏡中自己的影像說「我所看到的都是可朽之物」，「我所看到的均非久存之物」。真正用心練習的人，不可能不感到焦慮的。如果你感受不到焦慮，不妨向內探索自己內心正在用什麼防衛方式抵制這些話的衝擊。只要我們認為自己確實存在、極為重要，而且與眾不同（不論正面或負面的不同），必然對這幾課的說法感到難以消受而坐立不安。總之，看清自己內在的抵制是如此重要。唯有做到這一點，我們才比較容易誠實地面對最後三句：

(3:7~9) 每次練習結束的時候，不妨自問一下：

> **這豈是我真正想要看到的世界？**

答案就不問自明了。

　　對正念之心而言，答案的確不問自明；但對小我而言，這個自我縱然終將腐朽，畢竟還是**我的**。因此，如果誠實以對，

我們的答覆不幸是：「是的，我想要看到的正是這種世界。」
所幸，我們還可借用〈心理治療〉中的一句話：我們仍「盤桓
在旅程第一階段的起始之點」(P-3.II.8:5)。是的，這趟奇蹟之
旅，我們還有得走、還有得學呢！

第二十三課

只要放下攻擊的念頭，我就能由眼前的世界脫身

這是整部〈練習手冊〉至關重要的一課，它闡明了世界的本質，指出什麼才是救恩**以及**什麼不是救恩。另一可貴的特質是，它用詞淺白，不給我們一點點誤解的餘地。當然，這並非表示讀者不會無所不用其極地略過它真正想要傳達的訊息。

這一課的標題本身即含有相當強大的棒喝作用。我們所在的世界其實是一座死亡蔭谷，充滿報應、暴力，以及種種苦難。也許在某些人心目中這是個享樂的世界，但世間的快樂永遠如曇花一現，在它消亡之刻，我們的焦慮與憤怒往往隨之生起，特殊性也會感到失落，因之，痛苦更是勢所不免。為此，耶穌點醒我們，脫離痛苦之道，不能憑靠改變世界，而是在於改變我們對世界的**看法**。

(1:1~3) 今天的觀念提出了擺脫恐懼的唯一可行之道。此外沒有任何妙方，其餘方法毫無意義。唯獨這個方法不可能失敗。

應付恐懼的辦法，並非壓制恐懼，也不是改造世界或身體。唯一擺脫恐懼之道，乃是改變它的**起因**，也就是分裂的那一決定。世上有不少解決辦法頗具一時之效，但終究不是萬靈丹。換句話說，我們若採用世間的解決辦法，不論它們看起來多麼高超，或會帶來多大好處，都不可能持久，因它們罔顧了痛苦不安的真正**起因**。回想海倫在筆錄初期，也曾要求耶穌消除她的恐懼，耶穌語重心長地作了以下的答覆（這一段話日後還會一再重述的）：

> 修正你內心的恐懼，那才是你的責任。你若求我幫你由恐懼中脫身，好似聲明那不是你的責任。你該求我幫你面對那讓你恐懼的制約心態。構成恐懼的因素必然脫離不了分裂之願。……你很可能一邊抱怨恐懼，一邊卻縱容自己沉溺於恐懼之中。……如果我在你的想法〔因〕及其後果〔果〕之間插手干預，等於干犯了世間最基本的因果律，也就是最基本的自然法則。如果我藐視你思想的力量，對你沒有一點兒好處。這也與本課程的宗旨背道而馳。最好的辦法還是提醒你，你對自己的心念防範得不夠周密。（T-2.VI.4:1~4;VII.1:1,4~7）

耶穌這番話直接點出海倫**選擇**恐懼的那股心靈力量，他要海倫把焦點由煩惱的**後果**轉移到它真正的**起因**上頭。

(1:4~5) 你的每個念頭都在建構你眼前世界的某一部分。那

麼，你若想要改變你的世界觀，我們必須針對你的想法下一番功夫才行。

　　這幾句話可說是耶穌對因果律的另一簡明闡釋，說得如此直截了當而一針見血；我們的念頭才是萬事萬物的**起因**，世上所有的經歷全是**後果**而已。不過，這個原則只能從心靈角度來解讀，否則很容易誤解成「我們內在的念頭會對外界的人事物造成負面影響」。好比說，你對某人很生氣，忍不住詛咒他，後來那人不巧出了意外，於是你很可能把這起事件誤解為老天給你的一個教訓，要你為那人的不幸負責。其實，耶穌絕不是要你為自己討厭的人發生不幸而內疚，他在這裡說的念頭純屬心靈層次。也就是說，如果有人從梯子摔下來，基本上可說是那個人自己作的選擇。但如果這件事激起你的情緒反應，表示你也加入了他的選擇，如此而已。但請記住，那個**你**，並不是你心目中的你。

　　所有的念頭都出自心靈，而非大腦，這一點極其重要。我們通常認為自己的想法是大腦想出來的，但《課程》一再告訴我們，大腦並沒有思考能力。耶穌的一切教誨，純粹是針對心靈層次而發的。別忘了，心靈存在於時空之外，我們所處身的時空世界乃是分裂之念幻化出來的。只要我們還相信自己活在這兒，就會覺得世上的一切非常真實而且符合我們一手打造的自然律。打個比方，一個人若喝了毒藥，身體必然承受後果，結果可能病倒或死亡。然而，這表面上的有形之因（喝毒藥）

與有形之果（病倒或死亡），其實全是背後更大的因所形成的後果而已。那更大的因不外乎這瘋狂一念：「我要證明上主錯了，我才是對的；我要證明分裂真的發生了，身體才是真實的存在。我這罪過一定會招致後果，那就是我的死亡。」

顯然，本課的宗旨不在於解釋這些形上理念，那是〈正文〉的任務，但這一段課文分明已**蘊含**了那個形上原則。耶穌並不期待這個練習階段的學生對〈正文〉的形上理念有一全面而徹底的了解，但他期待我們開始付諸練習，只要持之以恆，我們遲早會掌握到《奇蹟課程》的形上要旨。總之，請別忘了先前說過的：**世界**就是為了防止我們意識到自己**心內**的那些念頭而打造出來的。

「我們必須針對你的想法下一番功夫才行」，千萬別對這句話掉以輕心。這一套訓練起心動念的課程，教導的便是如何改變心念及自己的看法。從修持層面來講，改變自己的想法其實就是改換自己的老師。推到究竟，《奇蹟課程》就是「我要繼續跟小我學習如何看待世界，還是選擇耶穌或聖靈為我的神聖導師？」選擇以誰為師，決定了我會繼續讓罪咎、憤怒或痛苦之念纏身，還是會滿懷平安與寬恕之念。為此，若想深入這部課程，遲早得與耶穌或聖靈建立關係，這是不可或缺的一環。我們的正念之心和正念之見，以及相應的行為都是由這一關係衍生而出的正果。

(2) 既然你眼前的世界是出自攻擊的念頭，那麼你必須學習看

清，你不想要的正是這些念頭。只知哀悼世界，無濟於事。*存心改變世界，也一樣無濟於事。世界無法改變，因為它只是一個後果而已。你唯一能做的就是改變你對世界的想法。你一旦改變了那個因。後果自會隨之改變。*

若要達此目標，我們必須先接受「世界是出自攻擊的念頭」這個前提。廣義來講，整個物質宇宙確實源自一個攻擊之念；從個人層面來講，由生理／心理之我構成的個人世界，同樣源自攻擊的念頭，也就是「我是一個獨立個體」的信念。

我試著用一個具體的比喻來表達耶穌的意思。假設我們很討厭牆上的一道影子，我們絕不會去找影子算帳或直接在牆上做任何改變，而罔顧那投射出影子的實體。不喜歡那道影子，應該去改變它的實體才對。任何想要從牆上移除陰影或改良陰影的行為，可說是愚不可及。說穿了，整個物質宇宙和那陰影並沒有多大差別，這令我們聯想起柏拉圖的「洞穴」寓言。為此之故，耶穌才會說出我們經常引用的這句話：「不要信任自己的善意。僅憑善意是不夠的。」（T-18.IV.2:1~2）世上有不少用心良苦之人，努力試圖轉變、修復或改良世界，他們很可能獲得某種程度的成效，但是，如果對於世界背後隱藏的分裂之因一無所知，最後必然徒勞無功。

此外，「*存心改變世界，也一樣無濟於事*」，這類說法也常被奇蹟學員斷章取義，將它曲解成「我們真的做不了什麼」，甚至誤解為應該任由強姦者逍遙法外、坐視希特勒屠殺

猶太人，或者放任環保計畫一敗塗地，更不必操心我們把什麼東西塞進自己胃裡……等等，反正世界和身體都是虛幻的，我們只需要改變自己的心念就夠了。所有這類的說詞，根本都和耶穌的教誨背道而馳。沒有錯，終究來講，宇宙確實是虛幻的，而且沒有一物具有意義，但只要我們還相信自己活在世界上，身體就具有象徵意義。在我們能夠徹底捨下身體之前，必須先改變它們的象徵意義，也就是由分裂轉為合一的象徵，由攻擊轉為寬恕的象徵。

我們再回到「撤換老師」這個中心主題。如果選擇以耶穌為師，他便會教導我們如何以世界所能了解的形式活出愛來。針對這點，〈練習手冊〉第一百八十四課會作更清晰的解釋。總之，我們不該扭曲這段課文，把它當作「不為世界或自己或他人的形體盡一份力量」的藉口。關鍵在於，不論我們為世界或為自己做什麼，都應該在耶穌的教導下進行，而不再聽命於小我。〈練習手冊〉第一百六十一課論及如何由具體事物學習抽象意義時，耶穌說過這樣的話：「我們只需看清這一點，所學到的就已不可限量了。」（W-161.4:8）因此，我們只要在身體這「一點點」（little）微不足道的東西上開始練習，終有一天，我們會了解靈性的偉大境界的。因此，別期待耶穌會跟我們說：「你什麼都不需要做，我會給你一切，反正世界只是個幻相。」那絕非他的用意所在，只因絕對的真相太可怕，我們根本不想知道，更遑論接受它了。只要我們還認同這具身體，

就必須先行改變它在我們心目中的象徵**意義**。我們無需放棄身體，但也不可能從小我的噩夢直接跳脫到永恆真相，我們得先把小我的噩夢轉成聖靈的美夢才行：

> 你那無聊的夢把上主之子嚇得六神無主，以為自己失去了純潔無罪，害他不只否定了天父，還與自己交戰不已。這夢如此的可怕，看起來又如此真實，你此刻若喚醒他，他一定會受到驚嚇，冷汗涔涔。你應在喚醒他之前將他領到比較溫柔的夢中，安撫一下他的心靈，他才可能心無畏懼地迎向愛的呼喚。他需要一個溫柔之夢，與弟兄重歸於好，如此才能療癒他的痛苦。上主願他安詳喜悅地甦醒過來，故給了他一條無需恐懼的覺醒途徑。（T-27.VII.13:3~5）

意思是說，身體終於為另一目的效力，也獲得了一個嶄新的意義——成為化解一切罪咎與憎恨的工具。當心靈以這個新目標為職志時，你自然會以愛心善用自己的身體，更仁慈地待己待人。至於你用何種形式來表達，一點都不重要，唯有選擇哪一位**老師**才是關鍵。然而，不幸的是，每個人都想跳過中間的過程，只因我們活在小我世界的這張嘴臉實在不忍卒睹；難怪奇蹟學員總想利用這部課程作為**逃避**現實痛苦的藉口，並不真想把它當作**化解**痛苦的工具。

耶穌所謂的改變心念，其實是要我們改變心念中的**老師**。如果我們選擇拜他為師，所有的念頭、知見以及表現，自然會

充滿愛心。不過，請務必警覺小我的圈套，它最擅長如何讓你以為自己選擇了耶穌，而實際上卻是選擇了小我。這其實不難分辨。每當我們不由自主地認為自己與眾不同，以某種方式與他人分立，以某種行為凸顯自己的特別之時，我們必然已經選擇了小我。或者說，每當我們刻意否定身體，或過度關注自己，這種時候，百分之九十九點九九也是在拜小我為師。我們所亟需改變的是這個選擇背後真正的**原因**：我們想要證明自己是對的，耶穌錯了，藉之鞏固自己的個體身分。別忘了，個體身分也屬於一種特殊性，足以警告我們已經選擇拜小我為師了。

除此之外，小我的特殊性還有一個秘密武器，就是慫恿奇蹟學員把焦點**特別**放在改變心念的**結果**上。我們並不否認當心念改變之後，周遭世界也常會隨之而變；但如果世界本身就是虛無的，這種改變又算得了什麼。無論如何，攻擊之念的必然**後果**，比如罪咎、焦慮、恐懼、消沉、不安等等，**一定會**有所改變的。只要放下這些攻擊念頭，平安會自然尾隨而至。我們若過度在意後果的**具體形式**，反而是在引狼入室，讓小我之念乘虛而入。所以才說，我們必須始終「只為上主及其天國而儆醒」（T-6.V. 三）。

(3:1) 你所見的世界，是一個充滿報應的世界，世間的一事一物都成了報應的象徵。

這句話說得很重，我們在〈正文〉也不時讀到這類毫不妥

協的說法。世上**每一事每一物**都成了報應的象徵！何以如此？箇中原委所在，我們若相信這個世界真的存在，等於在說上主不存在了；上主若不存在，表示我們謀殺了祂，那麼，我們不可能不相信天譴必是天經地義的事。接著，我們會設法壓下這個可怕至極的念頭與衝突，繼而投射出去，於是世界在我們心中便成了不折不扣的討債鬼。當然，我們還可以賦予世界另一種象徵意義，也就是聖靈的寬恕目的，只不過這一段主要還是在討論小我。

(3:2) 你所知所見的「外在現實」，不過是圖像式地展現你自己的攻擊念頭而已。

「外在現實」之所以加上引號，因為外在根本沒有所謂的現實可言。這句課文反映出耶穌說的：「你所有的想法都會在某個層次產生某種有形後果的。」（T-2.VI.9:14）這跟本課第一段所說的「你的每個念頭都在建構你眼前世界的某一部分」完全不謀而合。至於「圖像式地展現」，指的是**投射**，也就是我們不厭其煩再三引用的這句：「它〔世界〕是你心境的見證，也是描述你內心狀態的外在表相。」（T-21.in.1:5）

總之，耶穌特別是指「凡在小我體系所起的念頭，必然含有某種攻擊的成分」。

(3:3~4) 你不妨自問：這豈能稱之為看見？將這一過程稱之為幻想，將那結果稱之為錯覺，豈不更貼切一些？

心理學將所有不真實的想法稱為「幻想」（fantasy），它是滿全希望的一種手段，這自然不能不仰仗小我的忠實夥伴「特殊性」。比如說，如果我們想保護自己不受罪咎所苦，常常會幻想自己殺人或是向某人報復〔譯註〕。另外，每當我們感到極度匱乏，則往往會沉溺於美夢成真的快慰。說穿了，世間的一切，不論是特殊之恨或特殊之愛，全都出自一個幻想出來的念頭。世界便是藉著這個幻想滿全了小我的希望，為我們提供一個躲開上主的避風港。既然世界只是幻想之念所造出的結果，它只可能存在於錯覺裡頭。換言之，這有形可見的世界，原是心靈那一錯覺幻想的思想體系打造出來的幻影。

(4:1) 你只看得見自己營造出來的世界，卻不願承認自己是那些形象的營造者。

這種否認心態，在〈練習手冊〉第一百三十六課「生病乃是抵制真相的防衛措施」會有更詳盡的解說。那一課為我們細述自己是如何造出疾病卻又忘了自己其實是始作俑者。換句話說，我們這個作夢的人竟然忘了自己是夢的源頭，反倒相信自己只是被夢到的一個角色而已。這是〈正文〉非常重要的一個主題，以後還會提到。在此，我先引用幾段最具代表性的章句，為接下來的深度討論打個底子：

〔譯註〕這個看似矛盾的說法，應該由「所有防衛措施所『做』的，恰恰變成了它們所『防』的」（T-17.IV.7:1）這個觀點來了解。

整個幻相世界就是這樣形成的。製造幻相的人看不出那是自己打造的，也看不出那些幻相是藉著他自己才維繫下去的。幻相的起因不論是什麼，一概與他無關，他所見到的外界與他內心的想法是兩回事。他絲毫不懷疑夢境的真實性，由於他根本看不見自己是夢境的製作者，夢境對他才會顯得如此真實。……「你」，才是世界大夢的夢者。除你以外，世界沒有其他的起因，而且永遠都不會有。（T-27.VII.7:6~9; 13:1~2）

夢者已把夢中情景當成外界加諸於他的事件。現在，讓我們把他投射出去的夢境歸還給他吧！（T-27. VIII.6:1）

奇蹟並不喚醒你，它只會幫你看清作夢的究竟是「誰」。……恐懼之所以揮之不去，只因你看不出自己原是此夢的作者，而不是夢裡的角色。（T-28. II.4:2;7:4）

(4:2~3) 你無法超脫這個世界，可是你能夠擺脫它的起因。這就是救恩的真諦，因為世界的起因一旦消失，你眼前的世界還能寄身何處？

終究說來，我們無法超脫世界，因為世界根本不存在。我們真正能超脫的，乃是告訴我們外面有個世界的那套信念體

系。前文再三強調，這個信念體系是由「自我定罪」起家的，只因我們認為自己已經謀殺了上主，如今方能取代祂的位置而自立為王。

　　唯有抵達「真實世界」，我們才算跳脫夢境，徹底與聖靈的愛認同，不再認同於世界之**因**，也就是天人分裂的信念。表面看來，我們仍活在世上，就和耶穌當年一樣，但其實，真實的我們已活在世界之外。準此而言，世界對我們等於不存在了。

(4:4~5) **慧見已經準備好為你取代你眼中的世界了。世上的種種形體，縱然原本出自仇恨，卻在神聖美麗的光輝下脫胎換骨，重獲你的青睞。**

　　慧見，是奇蹟的重要術語，代表正念或正見，與聖靈的救贖思想體系是同一回事。

　　這一段將我們帶回第十五課「*我的想法乃是我自己營造出來的意象*」。那一課提到了物體周邊透出的光輝，我已解釋過，那是耶穌在回答海倫與比爾的朋友所提的問題，因此無需對那些用詞過於當真，反之應該從**內涵**去理解，明白耶穌是要我們用不同的眼光去看事情而已。光明，象徵著不同的眼光，故說「*種種形體……在神聖美麗的光輝下脫胎換骨*」。世間萬物是在我們的光明知見下才顯得如此美麗，只因我徹底轉換了世界存在的目的。後文還會回到「目的」這個重要的主題。

　　儘管我們的種種形象原是仇恨投射出來的（請注意，「仇恨」一詞說得比「攻擊」還嚴重），如今它們的目的總算改變了。不論它們出身如何，我們一概待之以愛。可還記得，我們引用過〈正文〉針對特殊性所說的：「這是聖靈的慈悲知見下的特殊性，祂會用你所造的一切來發揮療癒的功能，不再傷人。」（T-25.VI.4:1）當初，我們為了保護自己的個體性及有罪念頭，投射出這個世界；這個存在目的一旦改變，世界搖身一變成為人間的教室，讓我們學習收回投射，把世界帶回它的源頭（心靈），我們終於認出世界根本就不存在。這些美好的念頭足以釋放我們，它的美妙也會照亮我們的慧見及眼前的萬物。

(4:6) 因為你不再憑一己之力去營造它們了。

　　這是傳達「心靈原是一體相通的」原則的另一種說法，而且這兒指的絕非任何形體上的一體。我們「不再憑一己之力去營造它們」，因為我們在選擇認同耶穌那一刻，等於選擇了合一而抵制分裂。這才是與耶穌同在的真諦。既然他是基督，又是上主的唯一聖子，那麼當我在神聖一刻與他合一時，自然也和所有人一樣，都成了基督。

　　我們和每個人都是一體的，在小我體系內也不例外，因此，我一旦選擇**不**神聖的一刻，等於向所有人宣告「我們才是對的，上主是錯的」。換句話說，我們理當相信自己是分裂的個體，你也理當感到不公平，我也理當對你生氣。為此，我們

絕不是單獨承受自己的妄念之果，也不是單獨領受正念之果；我們若非看到小我的種種後遺症，就是看見聖子的同一心靈，即基督慧見。

無論如何，這個原則只可運用於心靈層次，不能套用於世界，也不適用於我們在世的經驗。心靈只可能擁有兩類念頭，各有自己的完整體系。身為唯一聖子的我們，不是共用小我的分裂體系，就是共用修正分裂之念的救贖體系。

耶穌在〈正文〉中說過：「慧見和判斷之間，你只能任選其一，而無法同時擁有兩者。」（T-20.V.4:7）在慧見的眼中，我們全是同一生命，反映在人間即是同一目的。在判斷的眼中，我們全犯了「謀殺上主而自立為王」的罪行，在罪惡感的催迫下繼續相互殘殺，在小我**非此即彼**的生存原則下苟延殘喘。由此可知，我們有能力強化小我的選擇，也有能力提醒彼此：「我們是可以作出其他選擇的。」

第五段是我這些年來教「寬恕三步驟」的主要靈感來源：

(5:1~2) 今天的觀念介紹給你一個想法，即你並不受眼前的世界所困，因為你能夠改變它的起因。若要改變，必須先辨認出這個起因，然後放下它，如此它才能被替換掉。

所謂「辨認出這個起因」，就是認清問題不出在世界。如果我生氣了，絕不是因為自己或他人的形體對我做了什麼或沒做什麼；真正的原因始終出於我心靈的一個決定。這就是寬恕

的**第一步**。

第二步是「放下它」。意思是說，祈求耶穌幫助我們以不同的眼光正視自己的罪咎與攻擊念頭，明白我對他人的攻擊只是虛晃一招的投射，那麼，我對自己的攻擊必然也是虛晃一招而已。為此，我始終是上主創造的我，我是祂唯一聖子的這一真相不曾改變過。「放下它」，意味著和耶穌一起用愛的眼光觀看自己的咎。接下來，便是**第三步驟**：

我若真心祈求耶穌與我一同正視自己的咎，在那一刻，我的咎就會消失於燦爛的寬恕之光中。我只有一個責任，就是把咎帶到他面前。這正是「親自接受救贖」（T-2.V.5:1）的真諦。

我再簡單綜結這三個步驟：（一）先把我投射到你身上的罪咎收回自己心中；（二）就在與耶穌一起正視之際，我等於把內心的咎帶到他面前了；（三）就在這一刻，罪咎煙消雲散，因為我已經領受了愛與光明。要知道，愛與光明始終在我心內，只是一直被我的攻擊念頭禁錮在罪咎的暗室裡，才不得重見天日。

(5:3~6) 這一過程的前兩個步驟有待你的合作。最後一步，則不需要。你的種種形象已被替換了。只要你能踏出前兩步，便不難看出這一事實。

總之，我們的責任很簡單，就是把小我的念頭帶到耶穌那裡（這指涉出「小小願心」的意涵）。整個世界都是這小我之

念經過投射而打造出來的，我們自己也是如此被打造出來的。

正如同先前引用過的一句話：「這個世界早已過去了。」（T-28.I.1:6）我們深信不疑的一切，其實早就結束了，我們只是一廂情願地**相信**世界還在，耶穌才會用**錯覺幻想**來形容這個世界（T-20.VIII.7,8）。為此，我們得先轉變自己的想法，不再堅持自己是對的，不再認為外面那個無情的世界老在迫害我們，我們才可能悟出救贖原則的真相。在冥冥之中，我們其實也已意識到「無情的世界是為了覆蓋我們心裡那更痛苦的罪咎世界才出現的」。總之，不論外在那個世界也好，或是內心的世界也罷，我們全都看錯了！

(6:1~2) 一天之中，除了在需要之際隨時套用以外，今天的觀念至少需練習五次。你一邊環顧四周，一邊慢慢地向自己複誦今天的觀念，然後閉起眼睛，用心投入一分鐘的時間省察心念，搜出任何攻擊性的念頭，愈多愈好。

我已經再三提醒，「省察心念」乃是《奇蹟課程》的要旨之一。由於我們的攻擊念頭太擅長隱身了，凡是有心操練《奇蹟課程》的學員，務必接受〈練習手冊〉的訓練，好好正視自己深藏不露的攻擊念頭。

(6:3~5) 一有念頭浮現，你就這樣說：

> **只要我放下攻擊 ＿＿＿＿＿＿ 的念頭，我就能由眼前的世界脫身。**

當你說這話時，心中注視一下這個攻擊念頭，然後擱在一邊，繼續下一個念頭。

　　這個步驟為我們點明了「把幻相的黑暗帶入真理的光明」之過程。請記得，這幾課的練習並不著眼於直述真相的肯定語，而側重於要我們把攻擊念頭**帶到**真理的提示之言。我們都知道，把光明帶入幻相，只會鞏固幻相；反之，若將幻相帶入光明，幻相便會消失於光明中。

(7) 在練習時，務必兼顧你的攻擊以及被攻擊的念頭。兩者導致的後果完全一樣，因為它們原是同一回事。你目前還認不出這一點，此刻，我們只要求你在今天的練習中將它們一視同仁。我們目前還在教你辨認眼前世界之起因的階段。終有一天你會明白，攻擊與被攻擊的想法其實是同一回事，屆時你自然會放得下那個起因了。

　　身為受害者或是加害者，本質上是同一回事。攻擊就是攻擊，究竟誰攻擊了誰，並不重要。耶穌再次表明，他並不期待我們了解這些練習，更不指望我們會認同或相信他的說法，但他**一直**好言相勸，要我們踏實操練，而且他也明確地指點我們應該如何練習才對。

　　我們若懂得「自我打擊（也就是咎）與攻擊別人根本是同一回事」，便不難明白，在人間扮演受害者可說是最狠毒的攻擊手法了。我們一旦視自己為受害者，別人就註定要為**我們**的

罪而受到懲罰或付出代價。說得更直白一點，痛苦的受害者永遠都會向外伸出譴責的指頭（T-27.I.1~4）。為此，不再認同自己是受害者，可說是人間最難捨棄的幻相，只因我們整個存在都建立在**自己**是受害者這個信念——我不是自己選擇來到人間的，那是我父母幹的好事，我也沒有選擇這具身體、這副德行或種種困境，一切都受制於基因或外在因素。老實說，沒有人不相信這套的。

對一般人來說，真的難以接受「活得欲振乏力，身不由己，其實是一種攻擊」這句話，然而這正是本課的要旨。再說一次，耶穌並不要求我們馬上接受這一套說法，他只希望我們仔細聆聽，試著了解，並且記得把受害的念頭放到今天的練習裡，這樣就綽綽有餘了。他知道，在訓練起心動念的課程中，我們還是剛入門的新生呢！

第二十四課

我認不出什麼是對自己最有益的事

　　本課的主旨乃是剴切提醒我們，務必謙遜一點。我們總是如此肯定自己幾乎無所不知，尤其是知道什麼對自己最好，更別提什麼對他人有益了。言下之意，本課好似在說，這種想法是情有可原的，因為世界不斷耳提面命，要我們自求多福。我們從小就學到世界並不可靠，不論在生理或心理上，它不會即時滿足我們的需求。連自己的父母也一樣，即使世俗眼中再好的父母，也不可能**全天候**關照到我們。因此，我們內心有一部分不斷自我提醒：「好好照顧自己，不可全然信賴任何人。」本課的主旨就是要修正「我知道什麼對自己最有益」的信念。

(1) 不論你活在何種處境，你都無法確知哪一種結局才會帶給你幸福。你既無明師指點哪種作法才是恰當的，自然無從去評估它的結果。你對外境的所知所見左右了你的所作所為，而那知見本身錯誤百出。因此，你無法做出對自己最有益的事，這

是意料中的。然而,那真實利益的確是你的唯一目標,不論你身在何處,只要你認知正確。否則,你無從得知什麼才是對你最有益的事。

讀了這一段話,沒有一個小我不會感覺受到嚴重的侮辱。耶穌之所以說我們沒有「明師指點」,只因我們早已選擇以「己」為師了,這讓我想起我常引用的:「現在就辭去你自以為師的角色吧,⋯⋯因你被自己誤導已深。」(T-12.V.8:3;T-28.I.7:1)耶穌找盡機會勸我們選他作為我們的嚮導。

只要反思一下,其中道理不說自明。一個人如果想知道自己的最高福祉,就必須先了解自己的需求、問題以及欲望才行。唯有弄清楚自己的現況,我們才可能知道如何去滿足這些需求、解決自己的問題、完成自己的願望。問題是,我們若還記得〈正文〉的教誨及先前的討論,我們心知肚明世界與身體存在的目的,便是**存心把人心內**真正的問題(分裂)隱藏得人不知鬼不覺。為此,我們感受到的需求以及經歷到的問題,只是一套障眼法而已,企圖將我們的注意力緊緊盯在**身體**,不論轉移到生理或心理上,只要遠離**心靈**就好,因為那才是一切問題及答案所在之處。

不僅如此,如果我們把耶穌或聖靈拉進來,請他們幫忙解決**我們**心中認定的問題,這其實是一種傲慢,勢必讓我們的處境更是雪上加霜。因為我們等於在期待祂們認同自己的瘋狂需求,確保目前的分裂處境永不得解決。這個重點,留待後文再

繼續深入。

(2) **唯有當你明白,你認不出什麼是對自己最有益的事時,你才可能受教,看清它們的真相。你一旦深信自己已經知之甚詳,你就無法學習了。今天的練習會進一步地開啟你的心靈,為你啟蒙。**

　　耶穌要求的謙遜,就是承認我們對於「什麼是對自己最有益的事」,根本毫無所悉,我們心內的那「一位」才知道,因此應該向祂求助。接著,下一個功課就是認清自己多麼不想向祂求助;即使求助了,也常常要祂按照我們想要的形式回應。換句話說,我們始終不甘放棄「我才知道自己的問題**以及**答案所在」這一根深柢固的信念。

　　試想一下,要是我們早已認定自己知之甚詳,還會跟耶穌學習嗎?對於自以為知道答案和解決方案的人,耶穌還幫得上忙嗎?為此,耶穌在《課程》中一而再、再而三地提醒,**我們真的一無所知**。倘若真有學習的願心,我們務必**放下**以前學會的那一套。一個人除非意識到自己真的什麼也不懂,否則是不可能向他請教真相的。有鑑於此,耶穌反覆點醒他的學生——修正的核心在於**化解**(undoing)。(T-1.I.26:2~3; T-28.I.1:1~4; W-PII. 二.3:1~3; M-4. 十.3:6~7)

　　耶穌要求我們信任他,而且要信任他到甘願擱置一切舊有信念的地步,如此,才有可能由衷說出本課這句「我認不出什

麼是對自己最有益的事」。他懇求我們徹底的謙虛，期盼我們選他為師，不再與小我為伍。他這種懇切的心情同樣隱含在下一段的第一句裡：

(3) 今天的練習要求你格外誠實。在今天的五次練習中，誠實且仔細地反省幾個主題，會比草率地反省許多主題要有益得多。每次省察心念時，以兩分鐘為宜。

耶穌的意思是說，到目前為止，我們並沒有對他全然誠實，他才會再三強調「省察心念」的重要性。省察心念最常見的一個陷阱是：我們往往以為耶穌要我們省察腦中的想法。對於習慣與身體認同的我們而言，這種誤解乃是意料中的事。因為到目前為止，我們仍不足了解《課程》的「心—腦」之別，常忘了大腦其實屬於防衛措施的一部分。世界既然是為了攻擊上主而造成的，表示我們的身體也是為此而造，而大腦又是身體的重要器官，自然會操控著我們的想法、知覺，以及所言所行。

耶穌指望我們有一天會由衷向他說：「我什麼也不懂，請你為我指點迷津！」試著感受一下這句話多麼難以啟齒吧，只因我們內心有一部分真的相信自己知道什麼對自己最有益。

(4) 練習開始時，先複誦今天的觀念，然後閉起眼睛，省察一下最近尚未解決而令你操心的問題。盡量挖掘出你想要的種種結局。你很快就會發現，你渴望的結局，有好幾個目標，且各

屬不同的層次，還常自相矛盾。

請留意上面句子所用的**挖掘**一詞，與我們先前討論寬恕練習時所強調的**化解**一詞前後呼應。耶穌這些提示顯然在說，我們對自己的最高福祉**真的**一無所知。我們怎麼可能知道？對這個真相，倘若還感到難以苟同，下面的練習會幫助我們徹底看清這個事實：

(5) 在套用今天的觀念時，把想出的每個場景都指稱出來，然後仔細列出你希望它最後為你解決或完成的目標，多多益善。每次操練的格式大致如下：

在 ＿＿＿＿ 的情況下，我希望發生 ＿＿＿＿ 以及發生

＿＿＿＿，

諸如此類。試著列出你可能誠實地想到的各種結局，愈多愈好，即使有些看似與那事件並無直接關係，甚至根本就風馬牛不相及，也無妨。

這一段其實在為下一段暖身。下面才是本課的主旨所在：

(6) 只要你按部就班地練習，很快就會看清你對那事件的指望，大都與事件本身無關。你也看清了你的種種目標還自相矛盾，心中所期待的結局也不一致；不論這事件的結局如何，你必會因著某些目標落空而感到失望的。

這是本課的主旨：如果我們足夠誠實，不難看清自己大多

數的欲望及目標之間往往相互矛盾。這也難怪！試想，如果我們對自己的福祉尚且不清楚，所設立的種種目標怎麼可能不相互矛盾？對小我而言，最高的福祉莫過於保全自我的存在；如果這充滿罪咎及恐懼的自我本身活在衝突矛盾中，我們的目標倘若不充滿同樣的罪咎與恐懼、矛盾與衝突，我們有可能心滿意足嗎？

　　本課的結尾再次提出這個關鍵理念。缺了這一認知，我們是不可能真正學會《奇蹟課程》的。

(7) 當你心中浮現任何一個尚未解決的事件時，先盡可能地找出所有你期待達到的目標，然後告訴自己：

　　在這個事件中，我認不出什麼是對自己最有益的事。

然後繼續下一個事件。

　　耶穌要我們把本課的主旨套用在現實生活所有的場景。為了防止我們故意忽略或忘記這個重點，到了下一課，他仍然繼續引申下去。

第二十五課

我不知道萬物的目的何在

　　本課直接切入「目的」，這是《奇蹟課程》的關鍵主題。可以說，僅憑「目的」，便足以了解小我的思想體系以及世界在其中扮演的角色；只要改變世界的目的，聖靈便能借用小我的計畫而化解整個世界。

(1) **目的即是意義。今天的觀念解釋了你之所見何以毫無意義。你不知道它的目的何在。因此，它對你毫無意義。每一樣東西都是為了你最大的益處。那就是它的功能，它的目的，那也是它的意義所在。唯有認清這一點，你的目標才會統一起來。唯有認清這一點，你之所見才開始有了意義。**

　　緊接著前面幾課（尤其是上一課）的主旨，耶穌繼續發揮下去，幫助我們了解為何原本毫無意義之物會產生任何意義。只因我們不知自己真正的福祉，也不知萬物存在的目的，才會

賦予某事某物某種意義，甚至認為它們的存在只是為了滿足我們生理或心理上的特殊需求。其實，我們的最大福祉只是學習寬恕而已。所以才說，世上萬物都是為了我們最大的益處，只是必須選對老師才行。每個事件或每段關係都成為一座教室，幫助我們明白眼前的世界原來都是出於自己的攻擊之念。只要把自己的所知所見交付給聖靈重新詮釋，這些事件或關係反而成為一種助緣，提醒我們選擇不同的眼光來看這個世界。我們早已討論過這一轉變過程，日後還會反覆重提。唯有轉變對問題的看法，也就是從**身體**轉向**心靈**的層次，我們才可能知道什麼是自己真正的福祉。轉變知見，不只是這幾課的主題，更是整部《奇蹟課程》的核心。

在小我眼中，世間萬物的存在意義與目的，只是滿足自己特殊需求的一個機會；但在耶穌眼中，卻成了我們向他求助的機會。只因我們已深深陷入小我的錯誤，如今才需要向耶穌學習另一種看待萬物的方式。這種另類的眼光，就是明白外在所見的一切只是自己內心想法的投射而已。第二十三課已經將這個過程濃縮為寬恕的三個步驟，而這一段再次提醒我們要把焦點從身體的層次轉向心靈的層次。

我們逐漸明白了，無論自己打造出來的個人天地、社交關係，乃至於我們眼中的世界，全都是建立在「我有一個小我」的前提上。這個小我始終要求某種特殊待遇，而這類特殊需求又建立在個別的存在感上，它操控著我們看待世界（特別是看

待世人）的眼光。如今，總算有一位老師在此點醒我們：外在所見只是內心所想的投影，只要我們換上這位老師，內心的想法也會隨之改變。世界就這樣對我們產生了極大的意義，因為新的目的將它轉變成了一座學習教室，我們才能在此向新的老師學習寬恕的功課。

耶穌說「目的代表一切」，這句話具有兩層意義：小我的目的——讓我們深深陷入世界而難以自拔，同時也讓我們的個體性安安穩穩藏身於心靈內；聖靈的目的——幫助我們了解世界並不存在，因為我們心內並沒有什麼需要隱藏或保護的。如今，世界總算有了一個新的目的，就是教導我們明白那一幸福真相，唯它能將我們由罪咎信念拯救出來。〈正文〉第二十五章「知見與抉擇」一節為我們綜述了分裂心靈的雙重目的：

> 至於這個世界，卻有兩個製作人，他們的世界觀又有天壤之別。他們眼中的世界各具不同目的，他們也把世界當成完成目標的最佳道具。……由錯誤而生的世界仍能為另一目的服務，因為它背後還有一位「大製作人」，祂會將世界的目標協調到造物主的目的下。祂眼中的世界，沒有一物不應得到寬恕，祂只看得見無罪的生命。（T-25.III.3:3~4; 5:1~2）

這段所描述的，就是聖靈以寬恕打造出來的真實世界，它不只足以修正那個充滿罪咎、仇恨而且錯誤百出的世界，還能一舉取而代之。

(2:1) 你是按照小我的目標來認識世界及萬物之意義的。

這一觀念，講得不能更露骨了。先前說過，推到究竟，「小我的目標」不過是要保存我們自己的身分、個體性以及特殊性罷了。我們必須透過「省察心念」的練習，才會意識到此言不虛。今天，不妨留意自己對周遭事物的看法（不必回顧一生，一天就夠了），哪一樣事情不是為了滿足自己之所需，哪一種安排不是為了讓自己生理或心理上舒服一點。接著，再進一步反觀一下，這些需求如何扭曲了我們對世界的看法。究竟說來，正是這些特殊需求，令我們相信眼前的世界真實無比。

(2:2~4) 這些目標與你自己的最大利益毫不相干，因為小我並不是你。你的自我認同若有誤，便無從了解萬事萬物的目的何在。因此，你註定會妄用的。

這幾句話極為重要。耶穌所說的**你**，不是指小我或具有生理及心理兩部分的自我，他是指我們經常說的抉擇者。先前已提過，耶穌在〈正文〉曾如此追問：「活在世界上的那個『你』究竟是誰？」（T-4.II.11:8）可以說，這一段話是最早要我們與小我之我切斷認同或「解離」的入門課程，幫助我們明白耶穌所謂的**你**，乃是心靈層次的**你**。

我們一旦選錯了老師，必會發生錯誤的自我認同，也自然會對周邊所有事物產生曲解，因為我們所有的看法只有一個目的，就是保全這個自我身分，為此而不惜妄用世上每一個人

每一件事，難怪特殊關係引發的罪咎會愈演愈烈！罪咎如此之深，甚至令我們不敢正視自己的作為與居心。為此，替換老師成了最為重要的事，因為我們真的需要耶穌陪伴我們正視這一罪咎。唯有他陪伴在旁，我們才可能認出這一堆的妄見、妄行、扭曲與攻擊竟然僅僅來自一個錯誤！奇妙的是，我們與耶穌的結合，恰好化解了我們先前與愛分裂的那一原始錯誤。

(2:5) 你一旦相信了這一點，便會設法撤銷你賦予世界的種種目的，不會繼續為虎作倀了。

　　我們一旦看穿了自己的意圖，不可能不改變目標的。這個轉變，耶穌在〈正文〉中稱之為「由不神聖的關係轉為神聖關係」，原本導向罪咎與幻相的關係便轉而為寬恕與真理服務，徹底放下了罪咎：

> 「不神聖關係」總是反覆吟唱恨的曲調，歌頌它的主人；神聖關係唱的卻是歡樂之頌，讚美一切關係的救主。

> 神聖關係乃是幫你認識真實世界最關鍵的一步⋯⋯。你舊有的不神聖關係必須脫胎換骨，才能在你新的眼光下煥然一新。（T-17.V.1:7~2:2）

(3) 若換個方式來形容你目前所認出的那些目標，即是：它們所著眼的不外乎「個人」的利益。然而，你並沒有所謂的個人利益可言，因此那些目標忙到最後只是一場空。所以，你若珍

惜它們，就表示你活得毫無目標。如此，你也無由得知萬事萬物的目的何在。

此處故意把「個人」一詞加上引號，因為根本沒有「個人」這一回事。夢境裡所謂的個人利益，說白了，就是「我的利益和你的利益互不相干」。如果有這麼一回事，表示分裂真的發生了。然而，心靈既是一體相通的，個人利益在一體之境豈有立足之地？其實，我們只有一個共通的福祉，就是「同一聖子終於從夢境覺醒，回歸天鄉」。

倘若用心閱讀這幾句課文，一定會驚惶失措的，但這還算是很客氣的形容。耶穌的一句「我們沒有個人的利益可言」，便足以把我們打入虛無的深淵，因為他其實在說我們根本就不存在。順便補充一句，此處所謂的**個人**，毋寧說，就是**特殊性**之意。

不過請放心，耶穌並不指望我們全然接受這些說法或如實地活出來，他只期待我們至少開始意識到自己的想法和扭曲的知見是多麼瘋狂，只因我們真的相信自己看到了根本不存在之物。如果在理性上我們都不敢質疑自己的信念與知見，怎麼可能敞開心靈接受他想要傳給我們的答案？為此，隨時隨地覺觀自己的每個起心動念，是如此重要，我們也才可能體會到那些念頭真的如耶穌所說的那樣恣意出沒，它們全是為了保全小我，保全我們的個體身分而存在的。說得更直截了當一點，除了滿全自己的需求與目標以外，我們其實並非真的關心任何人

或任何事。

(4) 若要了解今天練習的真正用意，你還需要另一觀念的協助。雖然在最表面的層次上，你能夠看出某種目的。然而，目的是不能由表面層次去了解的。例如，你了解電話的目的是為了與身在遠方的人講話而設的。卻未必了解，自己為什麼想要與他聯絡。你與他的聯繫有無意義，全憑這一點而定。

我們不難意識到事物表面的目的，卻未必能覺察它下面隱藏的**真正**目的。以打電話為例，真正的目的只是給我們一個機會，反省小我在打電話當下所懷的私心，然後將「個別利益」的目的轉為聖靈的「共同福祉」。由此可見，《奇蹟課程》的教誨如此單純，它告訴我們只需在「兩個目的」之間仔細斟酌。我們先前已經解釋過這兩個目的：小我的目的是鞏固我們的個體存在以及分裂狀態，盡力把世界弄假成真，證明耶穌傳授的那一套是錯的；耶穌的目的則是幫助我們**解除**過去學到的一切，最後謙遜地承認他才是對的，自己學來的這一套全錯了，天人分裂在實相中不曾發生過，純是幻夢一場。

(5:1) 學習的關鍵，即在於你甘願放棄自己為萬物設定的種種目的。

由於我們早已為周遭每一事物賦予了「保全自己的個體價值」的目的，耶穌才會要我們放棄這個目的。這對小我而言，可說是莫大的威脅，也是這幾課特別難學的原因。

最後兩段的重點，我們早已耳熟能詳了。幻相永遠是幻相，不論我們在它上面投射了什麼特性。在小我的觀點下，所有的幻相，不論**好壞輕重，人道**或**不人道**，都只為了一個目的，就是要我們把**非真**的當**真**。這正是我們看不透萬物存在目的的根本原因。耶穌用短短的幾句話繼續訓練我們的起心動念，勸我們**切勿**在幻相之間分別取捨，而是要學會分辨小我體系與聖靈體系之間截然相反的目的，這才是**唯一**有意義的分別：

(5:2~6:8) **認清它們〔我們設定的目的〕本身並無意義，不再作「好」「壞」之分，這是學習成功的唯一途徑。今天的觀念就是朝此方向邁進的一步。**

今天需要練習六次，每次長達兩分鐘。在每次練習開始，先慢慢複誦一遍今天的觀念，然後，環顧四周，目光自然地落在出現於眼前的任何一物，不論遠近、重要與否、是人或是物。當你的視線落在你選定的對象上時，請這樣說：

> **我不知道這把椅子的目的何在。**
> **我不知道這支筆的目的何在。**
> **我不知道這隻手的目的何在。**

話要說得很慢，視線不要離開那一物，直到你說完整個句子為止。然後再移向下一物，繼續按照以前的方式操練今天的觀念。

關於萬物的虛幻本質，〈正文〉有一段說得更加深刻，它把我們一起瘋狂的特殊關係形容為「渺小而荒謬的替代品」：

> 你所打造的那些替代品，渺小而荒謬，毫無實質可言；它們在瘋狂失常之下，好似一片羽毛不由自主地在狂風中亂舞。它們在空中聚聚散散、合合分分，變幻莫測，毫無軌跡可循；實在不值得你品頭論足。你對它們所下的個別定義更無意義可言。它們外表的小小差異，稱不上是差異，根本不值一提。這一點倒成了它們唯一相通之處。此外，它們還有什麼相同之處？（T-18.I.7:6~12）

唯有看透了萬物內在的無意義本質，我們才可能真心以聖靈的目的為志，接納祂的真理，取代小我的幻相。

至此，我們總算準備好接受下一階段的訓練，進一步了解自己的攻擊念頭和眼中的攻擊景象兩者之間的因果關係。

第二十六課

我的攻擊念頭等於否定了自己百害不侵的本質

　　正如上一課釋義文的結尾所言，本課在學習與操練上是一個重要關鍵，帶領我們一步步更上一層樓。當我內心生起攻擊之念的那一刻，我必然相信自己可能受到傷害；如果我相信自己如此脆弱，表示我不可能是基督，因祂是百害不侵的。反之，如果我真如耶穌反覆重申的「我仍是上主所創造的我」〔原註〕，那麼，我的生命實相必屬靈性，表示我和萬事萬物皆一體不分。如此說來，「外面」絕對不可能有任何一人或任何一物傷害得了我。也因此，只要我相信自己的身體或別人的身體傷害得了我，等於在聲明自己脆弱不堪。不僅如此，當我認定自己確實脆弱不堪，其實是在說我的自我評估才是正確的，聖靈那一套根本就錯了。

〔原註〕這個概念在整部《奇蹟課程》裡提過一百四十多次。詳細出處已收錄在《奇蹟課程用語彙編》。

(1:1~3) 如果你能受人攻擊，這顯然表示你並非百害不侵的。你認為外來的攻擊確實威脅到你。那是因為你相信自己真有攻擊別人的能力。

其實，光是「我存在於此」這句話本身便足以證明我確實具有攻擊能力，因為，若非我已把上主毀了，我又怎麼可能好端端地活在這兒？而且我也「知道」自己已經發動了攻擊，否則，我不會放眼望去盡是「你打擊我，我打擊你」的景象。**投射**的運作內幕有助於我們了解自己眼前的攻擊現象是怎麼發生的。此即「投射形成知見」的道理：我在外面所看到的一切，無一不是我在心裡當真之後投射出去的。這一點，後文還會繼續深入探討。

(1:4~6) 凡是你能影響別人的，必然也會影響到你。你的得救最後依據的就是這一法則，如今你卻將它誤用了。因此，你必須學習怎樣把它用在對你最有益的方面，不再與自己的利益背道而馳。

開篇這幾課一再提到「內心與外境其實是同一回事」，攻擊與被攻擊之念也來自同一個思想體系。也就是說，我們先投射了小我之念，才會認定外界必會反擊。耶穌在〈正文〉曾如此描繪投射的伎倆——投射其實就是把衝突（也就是「自己不想要的感受」）「丟到」外面去。他的描述，可謂句句痛下針砭：

……你以為把自己不想要的東西丟到別人身上，就能擺脫它。「給出去」其實是你「守住它」的不二法門。把它當作別人的問題，就以為你已經把它從心中排除了，這種信念徹底扭曲了推恩能力。這正是投射者必會嚴加戒備自身安全的理由。他們深恐自己投射出去之物會轉身反擊。他們若相信自己有辦法把投射之物由心中抹除，便不能不相信那個東西也可能設法溜回來。（T-7.VIII.3:6~11）

反之，先前也說過，我們一旦寬恕了，容許上主之愛透過自己而展現出來，上主的愛同樣會返回到我們身邊。那麼，我們在周遭必然只會看到愛的臨在——若非愛的流露，就是愛的求助。

事實上，投射與推恩，這兩個法則的運作方式可說如出一轍，但內涵卻截然不同。難怪耶穌在〈正文〉開篇不久就告訴我們，**投射**乃是推恩能力的扭曲（T-2.I.1:7），它憑藉的是同一個心靈法則，只因「誤用」才變成了妄造而非創造。若能因之領悟法則的另一深意，它便有拯救我們的力量，因為它為我們反映出萬物的虛幻本質。看似存在於外的一切皆是幻相，只因藏於心內的小我思想體系本身即是一個大幻覺。只要認清這一真相，小我當下便瓦解了。

(2:1~2) 由於你的攻擊念頭必會投射出去，因此你會害怕攻擊。你若害怕攻擊，表示你必已認定自己並非百害不侵的。

　　你之所以如此認定，不過是想證明自己是對的而耶穌錯了。耶穌若反問：「這有什麼好生氣的？不過是一場夢而已。」我們必會跳腳答覆：「一場夢？簡直豈有此理！你也不張開眼睛瞧瞧，我受到多大的傷害，承受了多少苦難！你也不看看其他人的感受，**我們全都如此脆弱**，你竟敢跟我說這是一場夢！」這正是我們證明自己看法正確的最佳藉口。一點也沒有錯，人間的痛苦，不論發生在別人身上或是自己身上，都成了「上主已死，唯我獨存」的鐵證。

(2:3~5) 如此，攻擊之念使你內心感到脆弱不堪，那兒正是你窩藏攻擊念頭之處。攻擊之念及百害不侵是不可能並存的。它們相互牴觸。

　　我若在你身上看到攻擊的念頭，那是因為我先把自己的攻擊念頭視以為真；而我之所以會如此當真，純粹是為了把當初與上主分裂時那個原始攻擊之念弄假成真而已。總之，我們將攻擊當真**在先**，小我才跟著慫恿我將它投射出去，結果又反過來害得自己在世上活得草木皆兵。這類攻擊念頭，既然是天人分裂及人我分裂的倒影，與上主創造的百害不侵之生命本質顯然「不可能並存」。這正是「上主和小我勢不兩立」的另一種說法。靠著**解離**（斷絕關係）的伎倆，我們才有辦法把這些相互矛盾的信念並存於心中，〈正文〉對此有詳細的描述：

> 小我與靈性是互不相識的。分裂之後的心靈只能靠斷絕關係來繼續分裂下去。（T-4.VI.4:1~2）

「切斷聯繫」，不過是一種扭曲而變態的思想模式，它企圖保住兩套無法並存的信仰體系。你只要將兩者同置一處，便不難看出自己是不可能同時接受兩者的。然而，若有一方隱身於黑暗中，這一分裂狀態好似能為雙方保住同等的真實性而共存下去。因此，你很怕它們碰面，因為它們一旦相會，就會逼得你不能不放棄其中之一。你無法同時活在這兩套體系下，因它們相互否定。兩者若避不相見，你便無從看清這一事實，因它們的背後都有你頑強的信念支撐著。（T-14.VII.4:3~8）

(3:1) 今天的觀念提供給你一個想法，即你攻擊時，首當其衝的是你自己。

再重複一次，我們若覺得受人攻擊，又完全當真地反擊回去，表示我們暗中早已發動了攻擊。當然，我這兒講的不是外在行為，因為攻擊只會發生於心念層次。今天的觀念恰好反映出〈正文〉這句言簡意賅之論：「如果他向你說的話不是出自基督，表示你向他所說的也不是基督之言。」（T-11.V.18:6）由於投射左右了我們對周遭世界的**看法**，故它可說是心靈運作的指導原則。可還記得前文說過，知見屬於一種**詮釋**——關鍵在於我們是**如何**看的，而不是看到了**什麼**。

奇蹟學員必須謹記，耶穌的教誨從不著眼於行為層次，他只關注我們究竟**怎麼去看**他人的行為表現。這一點，不論強調

幾次都不為過。奇蹟學員若不明白這個道理，便不可能了解耶穌在此所說的這幾句話。為此，我們若感覺受到他人的攻擊，這充其量也只能算是我們對他人行為的**詮釋**而已。不過，這倒並非說我們看不出他人的攻擊之念；耶穌對他門徒的攻擊之念，從來都是了然於心的。無論如何，攻擊之念是靠我們的判斷而弄假成真的，〈教師指南〉也有類似的說法：

> 沒有人會對一個單純的事實而發怒的，只要記住這一點，對你的幫助一定很大。任何負面的情緒都是你的詮釋勾引出來的，不論你是為了某種狀似事實的現象而氣得理直氣壯。（M-17.4:1~2）

(3:2~5) 既然攻擊之念必會使你相信自己不堪一擊，你的力量便眼睜睜地被它們削弱了。它們就這樣打擊了你的自我認知。因為你一旦相信那些攻擊念頭，便再也無法相信自己。你對自己的不實形象就這般取代了你的真相。

　　我們眼睜睜地被攻擊之念削弱了力量，顯得如此不堪一擊，再次證明聖靈全搞錯了，自己的觀點才是對的：我們不是上主之子，而是小我之子。我們不再相信自己是基督自性（也就是聖靈留在正念之心的記憶），寧願用錯誤的自我形象（特殊而個別的我）取代自己的真相。再提醒一次，我們存心遺忘的真知或真相，以及我們矢志不忘的攻擊幻覺，這兩種截然相反的自我形象必須靠著**解離**的伎倆才得以同時保全。下面幾段話淋漓盡致地描述了小我這種解離伎倆的運作內幕，以及聖靈

化解小我的途徑：

> 除非你早已認識某物，否則你是無法與它斷絕關係
> 的。因此你對它的認識必然先存於關係斷絕之前，
> 如此說來，斷絕關係不過代表了你想要遺忘的決心
> 而已。……向聖靈獻上你要憶起真相的願心吧！因
> 祂為你保存了有關上主與你的真知，正等著你去領
> 回。……當你真心願意憶起祂來，而且想要再度知道
> 自己的真相時，祂的天音便會告訴你這一事實：你是
> 祂生命的一部分。……回憶只是幫你的心靈恢復它的
> **本來狀態**而已。你記憶裡的那一切不是你能造出來
> 的，你不過是再度收回自己原先排斥之物而已，它其
> 實始終都在那兒。

> 當你攻擊人時，等於否定自己。……你一旦否認真
> 相，無異於撤銷了自己接受上主禮物的資格，表示你
> 寧可用其他東西取代這份禮物。……這是攻擊真相的
> 一貫伎倆，而真相就是上主，……所有的攻擊都是對
> 自性的一種攻擊。……〔而且〕使你失落了自己的身
> 分；因為當你攻擊時，表示你已忘卻自己的真相。而
> 你的生命真相既是上主的真相，你一旦攻擊自己，
> 自然不可能憶起上主。（T-10.II.1:1~2; 2:3,5; 3:1~2;
> 4:1,3~4; 5:1,4~5）

(4) 今天的練習會有助於你了解：你是不堪一擊的或是百害不

侵，全在自己的一念之間。除了你的念頭以外，沒有任何東西打擊得了你。除了你的念頭以外，沒有任何東西能讓你認定自己不堪一擊。除了你的念頭以外，也沒有東西能夠為你證明事實並非如此。

今天的練習焦點全放在我們的念頭上，因那才是問題及答案之所在。確實如此，一切都出於「念」！〈練習手冊〉「鍛鍊心靈」的目標即是幫助我們領悟這番道理。這些念頭並非出於大腦這類生理器官，而是源自心靈究竟想要與小我或是與耶穌認同這一決定。這兩套體系各自代表了罪咎或純潔無罪的思維模式，也構成了世界以及個人的世界觀。我們若覺得受到了攻擊，表示自己已經拜了小我為師，才會相信自己脆弱不堪，活該受人攻擊。但要記得，這一說法無關乎行為層次，純粹是針對我們看待這些行為的心態而提出的。反過來說，我們若憶起自己是上主的完美造化，百害不侵，那麼，我們對世界的看法也會隨之轉變。〈正文〉最後一章，再次為**投射形成知見**的原則下了一個清晰的結論：

> 有待學習的人生課題只有兩種。它們各自為你架構出不同的世界，而每一個世界又會對自己的源頭唯命是從。你所學的若是「上主之子有罪」的課題，結局就是你眼前的世界，一個充滿恐怖與絕望的世界，毫無幸福的希望可言。……幸好，這個世界並非你的學習所能帶來的唯一結果。……那教你認出上主

之子清白無罪的課題，結果必會帶給你一個一無所懼的世界，閃爍著希望的光輝，充滿了溫情。萬物都在輕聲呼喚著你，願與你為友，與你合一。（T-31. I.7:1~6,9;8:1~2）

本課後半部是我們相當熟悉的練習和解說。操練的焦點始終放在我們的念頭以及令自己不安或不快的感覺，它要我們盡可能客觀冷靜地觀察，而不是草率看看就作罷。唯有用心而不評判的觀察，我們才可能明白這些令人不悅的事件背後**全都**隱藏了同一陰謀，就是讓人意識不到聖愛之念。這是所有念頭企圖掩飾的真相。換句話說，不論哪一種形式的煩惱，都屬於一種自我攻擊，它背後隱藏的同一**內涵**即是「否認我們原是上主唯一聖子的生命真相」。

(5,6,7) 今天的觀念需要練習六次。每一次不宜少於兩分鐘；如果這觀念使你極其不安，你可以把時間縮短為一分鐘。但不要少於一分鐘。

練習開始時，先複誦一遍今天的觀念，然後閉起眼睛，省察一下是否還有尚未解決並且結局令你擔心的問題。你的擔心可能呈現為消沉、憂慮、憤怒、壓力、恐懼、忌諱或是操心。在這一天裡，任何問題，只要在你腦中揮之不去或猶豫不決的，即是供你練習的最佳題材。你無法在一個練習中採用過多的主題，因為每個題材都比往常的練習需要更多的時間。今天練習的格式如下：

首先，指明情況：

我在擔心 ＿＿＿＿＿ 。

然後把你所想得到的，與它相關並且令你擔心的可能結局一一列舉出來，且描述得具體一點，例如：

我害怕會發生 ＿＿＿＿＿ 。

這個練習反映出小我的招牌信念「罪咎必遭懲罰，我們理當害怕報應」。我們擔心會發生的事，指的就是「尚未解決並且結局令你擔心的問題」，它必然會激起內心的恐懼，加上內疚的推波助瀾，我們不得不起身防範自己害怕的對象。「防衛措施」這一重要主題，留待後文繼續深入。

(8,9) 只要按部就班地練習，你應不難在你所舉出的每一種情況下，找出五、六個或更多令你擔憂的問題。寧可深入地練習幾種情況，也比蜻蜓點水式地去碰一大堆問題更為有益。就在你為每一事件預測出一堆可能的後患之際，很可能會發現，有一些結局，尤其是後面出現的那幾個，令你更難接受。不論如何，都盡可能將它們一視同仁吧！

指明自己所怕的每個結局之後，這樣告訴自己：

那個想法其實是自我打擊。

最後，請記得再複誦一遍今天的觀念，作為每個練習的結束。

　　這兒說的，正是重點。每當我們把小我的陰森幻相帶入耶穌的光明真相，這種時候，我們所面對的問題**不是**它會引發什麼後患，而是自己暗地裡企圖透過否定上主來打擊自己的那個決定。總之，我們不難由最前面的二十五課看出耶穌如何透過一課一課，一步一步耐心地幫助我們把〈正文〉較為**抽象**的教誨逐漸轉化為日常的**具體**經驗。

第二十七課

首要之務，我要看見

　　本課「首要之務，我要看見」和下一課「首要之務，我要以不同的眼光來看待萬物」，可謂相輔相成，將我們的學習過程推進一大步，而且再次回到「動機」這一主題。凡是身為老師都知道，他們最希望在學生身上看到的特質，莫過於學習的**渴望**，缺少這一動機，教室根本就**形同虛設**。同理，病患若沒有改變的願心，治療師必然愛莫能助。因此，奇蹟學員必須真心**想要**學習，否則世上再好的老師也一籌莫展。我們願意向耶穌學習，只因他的教誨能帶來真正的幸福。為了達此目的，耶穌首先得讓我們認清自己活得並不快樂。他在〈正文〉「快樂的學徒」那一節裡，一開始就委婉地道出這一前提：

　　聖靈需要快樂的學徒，祂才能透過他們快樂地完成自己的使命。死心塌地甘願受苦的你，首先得認清自己確實活得很不快樂才行。由於你已把受苦視為一種

樂事，聖靈只好用苦樂的對比來開導你。你已經分不
清苦樂之別，才會卯盡全力去學永遠也不可能學會的
事，甚至相信唯有學會這本事，才有快樂的一天。
（T-14.II.1:1~4）

現在，讓我們進入今天的課文：

(1:1~4) **今天的觀念強調的不只是「決心」而已。它將慧見置
於你的一切渴望之上。你在操練這一觀念時，可能會有所遲
疑，因為你擔心自己也許言不由衷。沒有關係。**

耶穌並不指望我們能夠真心說出今天的主題。試想，真正
能放棄判斷而選擇慧見的人，必已下定決心不再追逐特殊性
了；然而，這對小我而言，簡直是束手待斃。小我會百般勸阻
我們：「要是沒有特殊性來幫忙抵制內在的空虛與匱乏，我們
只能任由無情世界擺佈，而且死無葬身之地。」

(1:5) **這觀念遲早會變得真實無比，今天練習的目的只是把這
時刻拉近一點而已。**

在整部課程裡，耶穌一再聲明，學習這門功課需要一段過
程，這裡也是如此。因此，他並不指望我們立即放下小我而與
他攜手同行，但我們至少得看清自己的選擇所引發的後果，才
能意識到自己正在朝哪個方向邁進。

(2:1) **當你說「首要之務，我要看見」時，你很可能相信自己**

必須付出某種代價。

關於「付出代價」或「犧牲」這個主題，我們日後還會進一步深入探討，此處先簡略提一下。對小我而言，倘若用基督慧見來看待萬事萬物，就得犧牲自己的個體身分，而這個個體身分建立於分別、判斷、恐懼及仇恨之上。我們若想生存，不是得犧牲幸福與欲樂為過去贖罪，就是要別人為我們的幸福與平安付出代價。不論前者或後者，都避免不了有人贏有人輸的局面，再度反映出小我的**非此即彼**的運作原則。下一段則是聖靈針對犧牲觀念所作的答覆：

(2:2~5) 如果你會為這種義無反顧的語氣感到不安，不妨再加上一句話：

慧見從不要求任何代價。

如果害怕失落的憂慮仍揮之不去，再加上一句：

它只會帶來祝福。

耶穌這段話其實是在驅策我們，從早到晚盡可能隨時記得當天的功課，激發自己更強烈的學習動機。在此，我又得重複提醒一下，忘了練習，並非罪過；相反的，「忘記」本身其實正為我們提供一個認識自己的最好線索。凡是真正有心學習這部課程的人，首先必須明白自己是**多麼不想**學它。這種抵制心態，說到究竟，就是害怕失落自己。若不先行化解這種心態，

我們是永遠學不會這部課程的；而化解的第一步就是清楚意識
到問題的存在。唯有真正面對問題，才有跨越障礙的機會。

(3) 若要達到最大的成效，必須再三複誦今天的觀念。至少每
半小時練習一次，多多益善。甚至可以試試每十五或二十分鐘
複誦一次。最好你能定時複誦這一觀念，從一早醒來或醒後不
久就開始練習，一天之中，試著持之以恆。即使在與人交談，
或忙著其他事情時，也不難做到。你仍能暗自複誦這一短句而
不打斷手中的工作。

　　耶穌很清楚我們的能耐，因此講得十分委婉。他一邊激發
我們的學習動機，建議練習的次數多多益善，一邊又安撫我
們，即使心生抗拒，也**無需**內疚。他說：

(4:1~5) 真正的問題是，你會多常記得練習？你有多希望這一
觀念成真？只要答覆了其一，就已答覆另一個問題了。你很可
能會錯過幾次練習，也許錯過相當多次。不要為此懊惱，只需
從那一刻起繼續你的進度。

　　耶穌的意思很清楚，即使忘了，也無需內疚——他好似看
準我們會忘記似的。然而，必須留意他話裡的重點，每當我們
想起自己忘了的那一刻，至少推敲一下忘記的**理由**，我們便會
看出原來自己並不甘心學習這部課程。毫無疑問的，我們心中
有一部分仍然想要學習，否則連試都不會試；只不過，我們還
有另一部分對於究竟要不要操練下去，抱持強烈的保留態度。

畢竟，我們依舊根深柢固地認同小我以及那一套分裂判斷的思想體系。

(4:6) 這一天裡，即使只有一次你感覺到了自己複誦時的誠心，我敢保證，你已經為自己省下了好幾年的功夫。

〈正文〉提過節省千百年的時間（T-1.II.6:7）。耶穌此處的意思是說，即使今天一整天只有一次練習是誠心的，就已經算是了不起的成就了。除此之外，我們需要隨時謹記在心，線性時間只是一個幻相；雖然如此，只要我們還認定自己活在時空內，是不可能真正了解「節省時間」的說法。幸好，我們的練習並非仰賴「了解」，而是憑藉一顆「小小的願心」（T-18.IV.7:5~6）。

耶穌將這些觀念留待下一課繼續發揮下去。

第二十八課

首要之務，我要以不同的眼光來看待萬物

(1) 今天，我們才真正具體地發揮了昨天的觀念。在今天的練習裡，你會作一連串明確的承諾。此刻，我們無須操心你將來是否能夠信守承諾。只要你現在至少心甘情願地作此承諾，你就已經朝此承諾邁進一步了。我們目前還在入門的階段。

　　這裡所謂的承諾，基本上，不外乎承認自己的身分的確建立在一個謊言上。講得委婉一點，就是坦然承認自己全盤錯了，耶穌的說法才是對的──確實還有另一種看待世界的方式。耶穌依舊不想給我們時間上的壓力，他很清楚我們對承諾的抗拒和恐懼。順便一提，〈心理治療〉有句話和本段最後一句可謂相映成趣：

> 大部分的專業治療師仍盤桓在旅程第一階段的起始之點。即使有些治療師開始明白該如何進行，仍可能抗拒不前。（P-3.II.8:5~6）

耶穌顯然把我們**全部**當成入門的新生,看準我們定會抵制這一改變與成長的機會。

(2:1~5) 你也許會感到困惑,為什麼說「首要之務,我要以不同的眼光來看這張桌子」這類話如此重要?桌子本身一點兒都不重要。那麼它本身究竟是什麼?所謂「它本身」又是何指?你在身邊看到一堆互不相屬的東西,其實那表示你什麼也沒看見。

我們會為「互不相屬的東西」賦予不同的名字,這正反映出小我極想把分裂及個體性弄假成真的傾向(這個觀念會在第一百八十四課更深入探討)。在此,耶穌再次推出《課程》的基本前提:世間萬物全是同一回事,只因它們共享同一目的。唯有在**形式**層次,世間萬物才各具其形,各有目的;但在**內涵**的層次,我們僅僅只有一個目的,即是療癒自己的心靈。萬事萬物都是為了完成這一目的而存在的;就這個意義而言,它們是同一回事。切莫忘記,《奇蹟課程》只著眼**內涵**,從不重視**形式**。

(2:6~8) 你不是看得見,就是看不見。你若能以不同的眼光看見一樣東西,你就能以不同的眼光看見所有的東西。你在其中一物看到的光明,正是你在所有事物上看到的同一光明。

我們需要改變的不在外面,而是所選擇的老師。一旦改換了生命的導師,我們方能用祂的眼光去看一切,而不至於受到

小我的蒙蔽。

　　請記得，耶穌指的不是有形可見的光明，而是基督慧見的光明。只有這慧見之光，能在每個人、每件事上看出萬物存在的同一目的。

(3) 當你說，「首要之務，我要以不同的眼光來看這張桌子」，表示你已承諾要撤回你對桌子先入為主的觀念，並把你的心向它的真相及目的開放。你不再根據過去的印象來界定它。你開始探問它是什麼，而非告訴它，它是什麼。你不再將它的意義鎖於你對桌子那一點兒經驗裡，你也不再將它的目的限於你個人的小小想法了。

　　這等於是謙遜地承認「我什麼也不知道」。桌子本身無關緊要，因為我們通常不會對桌子投射什麼，但以它為例是別有用意的，就是要我們虛心承認：我對這份關係或那件事情的意義及目的一無所知。只要我們還懷著「我知道」的心態，是不可能敞開心胸接受答案，更遑論明白真相了。執著於過去的經驗，恰恰影射了「我知道」的信念，這一傲慢常令我們錯失神聖一刻，阻礙慧見的來臨。

(4:1~2) 你通常不會反問自己已經界定明確的東西。而這些練習的目的乃是提出問題，且接受答案。

　　耶穌再一次地叮嚀我們要謙虛。自以為了解《奇蹟課程》的人，往往無法虛心接受書中的教誨。我們若認為自己很懂某

一課練習的目的,便不會虛心接受耶穌想傳授給我們的答覆。就在我們自以為懂了的那一刻,即在心靈前面築起一道高牆,阻擋自己的學習,然後還會**自認為**學得很好,其實我們**學到的**,恰恰就是小我一直慫恿我們去學的。前文已經談論過小我這類陰謀伎倆:我們認為自己是真心求助,暗地裡其實在要求耶穌根據我們認定的問題形式作一答覆。這等於限制他只准給我們想要的答案。〈正文〉也如此提醒:

> 你的質疑就跟你選擇性的知見一樣,常常避重就輕。
> 開放的心靈必須更坦誠一些才行。(T-13.IV.3:7~8)

這一心態顯然是那原始形上決定的一個餘響:我們曾經決心架空上主而自行界定自己的存在本質。對此,耶穌想盡辦法要幫助我們解除我們自以為學到的一切,包括我們對這部課程的認知。這需要何等謙虛而**開放的心靈**!他在〈正文〉曾如此說過:

> 要學習本課程,你必須自願反問內心所珍惜的每一個價值觀。任何掩飾或隱瞞都可能阻撓你的學習。
> (T-24.in.2:1~2)

(4:3~5) 就在說出「首要之務,我要以不同的眼光來看這張桌子」之際,你親口承諾自己要去看了。這承諾並不限於一物。你對桌子所作的承諾,同樣適用於其他東西上,毫無差別。

我們再次感受到耶穌如此期待我們好好跟他學習,要我們

把這一慧見套用在當天所有經歷上。因為，不能放諸四海皆準的慧見，絕對不是真正的慧見。

(5) 實際上，只要你肯撤回你對桌子的所有觀點，以完全開放的心去面對它，僅由那張桌子，你就可以獲得慧見。它會顯示給你一些東西，某種美妙、潔淨且具有無限價值以及充滿幸福與希望的東西。它的真正目的全藏在你對它先入為主的觀點底下，那是它與整個宇宙共享的同一目的。

　　能夠與宇宙共享的「目的」，當然是指寬恕，它不僅「美妙、潔淨且具有無限價值」，而且是真正的幸福與希望之源。但這種幸福與希望絕非來自桌子本身、某人或某種經驗，只可能來自**目的**，而完美的目的全寄於我們所選的完美導師。為此，目的可說是一切的底線。請記住，目的不存在於客體事件上，而在於心靈的決定──我們是否決心向聖靈學習看待世界的眼光。

(6) 今天的練習雖只取材一張桌子，其實你真正想要看到的是整個宇宙的目的。你該以同樣的訴求來對待練習中的每一題材。這等於是一種承諾，你請每個題材啟示給你它的目的，而不再把自己的判斷硬套在它的身上了。

　　我們的判斷永遠脫離不了「我是對的，耶穌錯了」之念，**我們**只想告訴**他**，他的課程應該怎麼編寫才適合自己，我們其實並不真想拜他為師。然而，只要我們虛心領受他的教誨，終

有一天會認出宇宙萬物的**同一本質**，這**同一性**是建立在**同一目**的上。總而言之，目的代表一切。

　　練習時請用心深思這些練習隱含的深意，記得把操練過程浮現的念頭同樣套用在練習中。這樣具體的套用，只要行之不懈，必會讓你的修持百尺竿頭更進一步的。

　　最後一段又重述了練習的心態：用心將當天的練習套用在一整天的經歷上，但不要過度執著。隨時提醒自己，我真的**想要**學習用耶穌的眼光去看待世界。

(7,8) 今天我們要作六次兩分鐘的練習，先複誦一遍今天的觀念，然後套用於你在周遭所看到的任何一物上。不只在取材時應隨意，而且在套用今天的觀念時，你應以同等的誠意來對待每一題材，如此表示你承認它們在幫你「看見」這件事上具有同等的價值。

練習時，照例指出你隨意看見之物的名稱，就在你的視線落於其上時，這樣說：

**　　首要之務，我要以不同的眼光來看待這 ＿＿＿＿＿ 。**

每次練習，都應該緩慢地進行，並且愈用心愈好。不要急。

　　不妨把「緩慢的、不要急、愈用心愈好」等等字眼當作今天的警語。耶穌這位新老師想傳授我們一套新的觀點來化解小我：不向自己施壓，不製造緊張，盡量溫柔而且耐心地練習。

既然我們已慢慢了解每天的功課其實都是同一功課，那麼，以何種形式呈現實在無足輕重。大事也好，小事也罷，嚴重或不嚴重，只是我們加在事件或關係上的標籤，都毫無影響，我們只需將它們合併為一事，便會看清真正需要作的選擇只有一個——我們究竟要選擇小我還是聖靈？如此而已。凡是選擇上主天音為嚮導的人，生活的腳步自然會放輕放慢，與所有知道「結局已定」的人靜靜地同行，充滿信心，因為我們知道那位導師隨時會指點迷津，我們遲早會學成祂所給予的功課的。

第二十九課

上主在我所看到的萬物之內

　　這一課及下一課經常被拿來作為批判《奇蹟課程》是「泛神論」的論證。任何主張「上主需要透過物質現實來展現自己」的說法，在天主教眼中皆屬異端。多年前，我遇到一位非常保守的耶穌會會士，他堪稱為古代獵殺異端的僅存碩果，畢生致力於揭發當代基督教思潮中所有含帶異端傾向的學說。當他聽說《奇蹟課程》和我這個人之後，立即挺身而出，前來拯救受教於我的神父修女，以免他們受到這部課程和我的牽累而遭地獄懲罰。還記得那天晚上，我們談了一個小時左右，他一一舉出《課程》的異端論點，不過他只檢閱了〈練習手冊〉。他當時就特別提出今天這一課，還花了不少唇舌來證明《奇蹟課程》屬於「泛神論」。其實，表面上來說，他也沒錯，今天開門見山的主題「上主在我所看到的萬物之內」，乍看之下，確實充滿泛神論的味道，上主好似存在桌椅內，在身體內，在

草木中⋯⋯，不過，只要細讀下去，就會發現耶穌顯然**另有弦外之音**。事實上，第二十九和三十課的主旨談的是「上主的**目的**（也就是寬恕的目的）存於我所看到的萬物之內」，這是因為目的純屬於心靈層次。下文自會闡明其中的道理。

讀者或許還記得我在「前言」已解釋過，〈練習手冊〉的用語常有誤導之嫌，更別提整部課程了。比方說，耶穌提到**上主**時，其實常常是在說**聖靈**，〈練習手冊〉尤其如此。再舉第一百九十三課為例，標題是「一切事情都是上主要我學習的課程」，然而，耶穌卻又在課文裡明說：「上主是不會教人的，那是聖靈的任務。」由此可知，本課「上主在我所看到的萬物之內」，指的其實是聖靈的教學目標。

(1) 今天的觀念一語道出了何以你能夠在萬物之內看到所有的目的。它解釋了何以沒有一樣東西在本質上是分離的個體。它也闡明了何以你所見的一切毫無意義。其實，它為我們練習至今的每一個觀念以及所有的後續觀念，作了最好的解釋。今天的觀念為整個慧見奠定了基礎。

慧見和肉眼之見毫無瓜葛，而是一種心境或心態，我們會在下一課看得更清楚。具體而言，慧見，寓意著我們已經選擇耶穌為師，也因此，能夠透過他的「眼睛」去看待事情。我們已經明白「內心與外境是同一回事」的道理，不論我們在外界看到什麼，不過是內心之見所投射的陰影而已。「上主在我所看到的萬物之內」，這句話其實是說「上主在我所**想到**的萬物

之內」，因為看到和想到是同一回事；所見不只來自所想，而且它與念頭根本就一體不分。總之，慧見的前提乃是看出上主的「目的」。只要我能在萬物之內看到寬恕的目的，就表示我已開除了小我而聘請耶穌為師了。我把耶穌另一句話也連在一起：「辭去你自以為師的角色吧……因你被自己誤導已深。」（T-12.V.8:3; T-28.I.7:1）一旦能以耶穌為師，我的所見、所想、所感，便與自己的過去分道揚鑣了。

(2:1~3) 此刻，你也許會發現這個觀念難以捉摸。你也許會覺得它很愚蠢、大不敬、毫無道理、相當滑稽，甚至根本就站不住腳。就以你所看到的桌子為例，上主總不會在那兒吧！

我們之所以覺得這個觀念難以捉摸，只因我們真的認為那張桌子分明就在我身外，而且歷歷在目。毫無疑問，這便是世俗之見。然而，即使在虛幻的世俗觀點下，上主也不可能存在桌子裡頭，因為桌子根本就不存在。請留意，耶穌在此再度要我們把焦點由**外在**現象轉向**內心**的想法。**唯有如此**，我們才可能領會耶穌的教誨始終針對目的層次或所選的老師而發，他的焦點永遠指向心中的念頭。

順便一提，初次操練〈練習手冊〉的學員，練習至今，如果還體會不出耶穌教誨對傳統思維的顛覆，這兩課適足以幫助他們睜大眼睛。《奇蹟課程》和其他靈修法門真的不可同日而語，它的驚世駭俗之處正是基於它的核心形上理念——世界是個道道地地的幻相。換言之，我們在世上所見所想的一切，沒

有一個是真的。所有真實的事情並非發生在身體或世界上，全
都發生於心靈內。這一點在這兩課闡釋得遠比前面十多課更為
明確。

**(2:4) 然而，我們昨天已經強調過了，連一張桌子也享有整個
宇宙的目的。**

　　再說一次，「目的」才是我們所要著眼的對象，縱然我們
已經在這個對象上投射了小我之念，而且呈現為一個外在之
物；如今有耶穌為師，我們才能夠用不同的眼光重新看它。如
果我們能夠寬恕，表示我們真正領悟了「外在的一切確實只是
反映自己內心早已當真的想法」這一道理。難怪本課程對寬恕
的定義如此與眾不同——寬恕我們的弟兄並**沒有**做的事情。意
思是說，不論他們做了什麼或沒做什麼，都絕不可能剝奪我們
的平安的。為此，真正需要寬恕的是**自己**內心的罪咎之念，因
為我們認定自己已經與平安絕緣，才會將罪咎投射到他人身
上。

(2:5) 凡是享有宇宙意義之物，也享有造物主的目的。

　　此處「宇宙」和「造物主」的用法，可說是《課程》在用
詞上有時顯現「不經意」的另一用例。顯然的，耶穌在此不是
談物質宇宙，因上主不可能是物質世界的造物主，這是《奇蹟
課程》一貫且明確的立場。因此，如果我們死守文字的表面意
思，最後一定會為這類的前後矛盾而消受不了，因為這類用詞

與耶穌其他教誨截然相反。總之，我們要把握教誨的**內涵**，切勿死扣著文字，在表達**形式**上爭論不休。這一點非常重要，我們還會再三提醒。

(3:1) 今天就開始學習如何以愛，以感謝及開放的心來對待萬物吧！

只要選擇耶穌為師，必然會認同他的愛，那麼，當我們向外一望，自然只會看到「不是愛的流露就是愛的求助」。如此，我們面對世界，尤其是自己的特殊關係，才會懷著欣賞與感恩的心情，因為它們提供了學習的契機，讓我們認出自己早已被寬恕了，我們的小我也就化解了。「開放的心」意味著我們的心靈不再拒聖靈的真理於千里之外。當我們捨棄聖靈而拜小我為師時，我們的心靈對聖靈的真理便封閉了起來。〈教師指南〉將「開放的心」列為上主之師第十個特質（M-4.X），表示只要心靈向耶穌之愛徹底開放，我們的思維便不至於被小我扭曲，眼前的世界自然也不致扭曲了。從此，所見所聞只可能出於愛，而不再出自小我思維籠罩下的有形知見。

(3:2~4) 你現在還看不見它們〔意味你目前還看不見事情真相〕。你想知道它們的內在真相嗎？絕不是它呈現於你眼前的樣子。

這兒又是一例，我們若停下來沉思這幾句話，必會引發強烈的焦慮。如果我們眼中的一切「絕不是它呈現於你眼前的樣

子」，表示自己所有的看法都錯了，那麼，連我們對**自己**的看法必然也錯了。一言以蔽之，我們對萬事萬物的想法根本**全都**錯了。

(3:5~6) 它的神聖目的遠遠超越你那短淺的視野。當慧見向你彰顯出它足以照亮世界的神聖本質時，你才會徹底了解今天的觀念。

這幾句話與第十五課所說「物體周邊光明」相互呼應。耶穌在前文已經解說過，此處更加明確地指出，他說的絕對不是什麼靈氣或有形可見的光輝，而是指不同的眼光，也就是源自真理之光的慧見。唯有選擇以耶穌為師，我們才能不受限於小我「短淺的視野」，而獲得新的領悟。

(3:7) 那時，你會百思不解自己當初怎會如此魯鈍。

曾幾何時，我們每個人都有過這類經歷：當罪咎及判斷之念消退，心裡突然感受到耶穌的愛，就在這個剎那的清明之中，《奇蹟課程》的道理突然顯得如此清晰。問題是，我們一旦又意識到自己真的錯了，耶穌才是對的，後果簡直不堪設想，頓然之間，心靈便會再度封閉，於是故態復萌，又回頭受制於先前的扭曲觀點。

最後兩段重述了我們非常熟悉的操練步驟。

(4) 今天需要練習六次，每次兩分鐘，按照你已經相當熟悉的

模式：開始時，先向自己複誦一遍今天的觀念，然後套用到你從身邊隨意取材的對象，而且具體說出名稱。選擇時，盡量避免分別取捨；由於今天的觀念對你極其陌生，使你更難抗拒這一誘惑。請記住，你所賦予的本末輕重之別，對實相而言也是同等的陌生。

這個提示看似簡單，其實含意頗深。我們全都深恐小我的幻夢世界被真理取代，才會無所不用其極地想把真理拉到幻相內。其中一種常見的伎倆，即是聲稱自己很懂書中的深意，以及這些練習為何採用這類形式等等，如此一來，便能把自己熟悉的舊有思維套在耶穌那套「極其陌生」的說法上，神不知鬼不覺地把《課程》所有教誨的初衷全盤否定掉。至於最後一段，則是為我們的「自由取材」提供了一些範例。

(5:1) 因此，盡量讓你取材的對象不受你的偏好所影響。

它所建議的取材對象，包括了「重要」和「不重要」之物，如手指、身體、衣架、雜誌、檯燈、門和垃圾桶等等(也就是本段第三至第九句)。最後，耶穌透露了這個練習會帶來的「甜頭」：即使在恐懼之中，我們仍會感受到幾分安詳的。

(5:10~11) 除了指定的練習次數以外，至少每隔一小時就複誦一遍今天的觀念，一邊慢條斯理地向自己複誦這句子，一邊緩緩地環顧四周。至少會有一、兩次的練習，能帶給你一種安詳的感覺。

　　我們渴望的「安詳的感覺」，正是耶穌在〈正文〉提到的內心的「寂靜核心」（T-18.VII.8）──正是它，在背後推動著我們如此操練每天的練習，也是我們由衷所渴望的。

第三十課

上主在我所看到的萬物內，因為上主在我心裡

這一課與前課一樣，都極其重要，它解釋了**為什麼**上主在我所看到的萬物內，因為祂就在我心裡。本課的要旨不在我向外看到了什麼，而是我心裡隱藏了什麼。因此，「看到」一詞可換成「想到」，因為我們的眼睛所傳回的影像全是自己心裡想出來的。**投射形成知見**，這是小我最**高明**的手腕，它假裝幫我們驅除罪咎，卻使罪咎更加牢不可拔。今天這一課會加深我們對投射的了解與體驗。

(1) 今天的觀念是造就慧見的跳板。經由這一觀念，整個世界會在你眼前展現，讓你有緣一睹前所未見的廬山真面目。而你以前所見的種種，則會在你眼前銷聲匿跡。

這正是《奇蹟課程》再三重申的主題：當我們心靈覺醒之後，自會透過耶穌的愛去看待萬事萬物，過去的一切頓時煙消

雲散。我們對他人和對自己的批判，以及對周遭事件的種種
有色眼光，都會消散得無影無蹤。當新的想法和新的眼光日益
鞏固之後，我們企圖抵制自己和弟兄存在真相的那些判斷，必
然逐漸隱退，終而一逝不返。這是耶穌在第一段想要告訴我們
的。可想而知，這種觀念對我們會造成莫大的威脅！不僅自己
的判斷、扭曲的知見以及所有的想法全都會消失，連我們心目
中認定的自己也一併消失了。然而，這正是「不設防」的真
諦——**不再**處處設防。對此，小我一定會想方設法說服我們，
為了保護自己，我們必須抵制各種內憂外患的侵擾；而它絕不
會招供，那整套防衛措施真正要抵制的，其實是**上主**。

　　可以說，心理學乃是一門專門研究小我的學問，它幫助我
們了解，世上所有的人所活出的成年狀態，大都是為了抵制童
年創傷而塑造成的。事實上，我們以嬰兒的形式來到人間，就
是要證明自己是受害者，這是我們誕生人間的目的。若從小我
的角度來看，整個人生就是一套防衛措施，保護自己不受心中
或眼前的現實世界所傷，比如說，我不能信任自己的母親、不
能信任父親、女人都不可信賴、男人也差不多、我的身體很不
可靠、絕對不能信任權威等等，諸如此類，可謂比比皆是。每
一個生活經歷，不折不扣的，都在給予我們充分的理由來下這
個論斷。但是，正如同前面說過的，真正的原因是：我們的人
生劇本原本就是為了證明「世界待我不公」而編寫的。一旦把
受害當作天經地義的事實，我們怎麼可能不築起一座又一座的

高牆，保護自己不再受想像中的童年或青少年時期所受的種種傷害、忽視與痛苦？而我之所以說那是**想像中的**，因為那些滄桑早已過去了，毋寧說，它們其實從未真正發生過，純粹是我們自己編造的夢中一景而已。問題是，我們一點也不想要透過耶穌的慧眼去看清這一真相，因為我們壓根兒不承認這全是自己虛構的故事。

既然所有的問題在本質上都是虛構的，我們便沒有理由築起防禦工事，然而，這正是我們最害怕的真相，只因我們將一生的意義全都置於如何在這冷酷無情的世界中生存下去，如同哈姆雷特所描繪的「無情命運的明槍暗箭」（slings and arrows of outrageous fortune）。沒有錯，世界**的確**冷酷無情又凶險無比，只是別忘了，**這正是我們打造它的初衷**。一如〈練習手冊〉所說：「世界是為了攻擊上主而形成的。」（W-PII. 三 .2:1）

我們的存在深深紮根於自己深信不疑的現實真相上，因之，百般不願聽到「還有另一種看的方式」，因為我們心裡有數，耶穌所教導的，可不是如何看待一張桌子這麼單純，練習的最終目的是要傳授我們另一種看待**自己**的方式。有鑑於此，操練這幾課時，不妨配合一些深思與冥想，誠實地感受，在自己領會話中深意的那一刻，內心所浮現的恐懼。同時不妨具體反省一下，自己究竟以何種方式來抵制心目中認定的問題，我們這無辜的受害者到底是如何在這冷酷世界苟延殘喘的。耶穌

告訴我們，人間所有的事件都可以用另一種眼光去看，但是，用慧眼去看是有代價的——我們必須把一輩子的防禦經驗堆砌而成的「受害之我」轉換為無需防衛的「真我」，因為它有純潔自性（也就是天堂的無罪境界的倒影）的「保護」。

（2:1~2）今天，你在練習一種新的「投射」方式。我們不再為了排除自己厭惡之物而將它推到外面了。

這幾句話雖然沒有明白點出「推恩」一詞，但耶穌說的就是**推恩**。前半段是指「往內看」，這個「往內看」的功夫決定了我們向外所見的一切。投射之際，我們只會看到自己的罪與咎，通常都是先自我批判一番，然後再投射到他人身上去，所以才說「排除自己厭惡之物而將它推到外面」。世界正是如此這般形成的。我們會在第一百六十一課再度讀到：「形相世界就是為此目的而造出來的。」意思是說，我們之所以會打造出這麼具體的世界，只因我們需要具體的人或物作為對象，才能投射自己避之猶恐不及的罪咎。

如今耶穌想教我們「一種新的『投射』方式」（推恩），就是先往內看，看到自己本有的自性之愛（或是我們比較容易感受到的耶穌之愛），然後將它推恩出去，我們便會在周遭看到愛無所不在。投射罪咎和推恩最大的不同是，投射罪咎之後，我們**必會**在身外某人身上看到罪咎，因這原是投射的目的。然而，推恩之後，我們所看到的愛卻不在自己身外，因為我們在每個人身上感受到的自性之愛源自自己心內；即使它被

覆蓋在不自覺的恐懼與仇恨之下，也隱藏不了它。容我再說一遍，我們之所以能夠在每個人身上感受到愛的臨在，是因為我們能夠在自己心內先體驗到愛。耶穌所說的，其實就是「妄念」轉為「正念」的過程，也是從「小我投射罪咎」轉成「聖靈推恩寬恕」的過程。這正是操練《奇蹟課程》的關鍵所在。

(2:3) 反之，我們試著透過世界而看出隱藏在自己心裡的東西；我們想要看見的一切都在那兒。

重點在於「我們想要看見的一切都在那兒」這一句話。〈正文〉也有類似的說法：

> 外表看來，是知見告訴你「你究竟看到了什麼」。其實，它不過反映出你傳授給它的看法而已。它只是賦予你的願望一個有形圖像或具體形相，使你的夢想儼然如真。（T-24.VII.8:8~10）

我們有個不可告人的私心，就是保持分裂狀態，卻把責任推到別人身上。那個「使你的夢想儼然如真」的具體形相，即是指弟兄的罪。這正是小我的高明之處，它先確立罪咎的存在，又知道我們**不**想面對這一事實，故慫恿我們別往內心去看，竊望我們從此不再有機會看到始終存在心內的愛。耶穌在〈正文〉說過，我們只有兩種情緒：愛和恐懼。一個是上主賦予我們的，另一個是自己搞出來的（T-13.V.10:1）。恐懼這種情緒其實和咎同一回事，我們搞出恐懼的目的，就是想要覆蓋

上主所賦予的愛。為此，我們必須先認出咎，才可能在咎的背後看到愛的臨在。然而，這簡直是和小我唱反調，因小我先把咎弄假成真，再三申五令：「不准去看！」接下來，它又傳授我們一招驅除罪咎之計，就是別往自己身上看，只要盯著他人的罪咎就成了。究竟而言，這根本行不通，不論我們怎麼想與罪咎撇清關係，它始終留在我們心中，小我卻想盡辦法隱瞞這一事實。對此，〈正文〉有極其精闢的描述：

> 投射的目的最終不外乎擺脫自己心裡的罪咎。……想一想，小我的解決方案何其怪異！你原想擺脫罪咎才將它投射出去的，結果你只是把它藏起來而已。你仍然感到罪孽深重，卻不明所以。（T-13.II.1:1; 2:1~3）

> 你若還想把自己的罪咎加在弟兄身上，或要他一起承擔，甚至認為那根本是他的罪過，你們所結合的關係只會加深你的罪咎感。……你在那關係中只會看到罪咎，因為是你把它放在那兒的。凡是深為罪咎所苦的人，必會設法把它東塞西藏，因為他們相信罪咎確有其事。他們即使深受其苦，也不肯往心內去看，給自己一個脫身的機會。……他們一心只想在自己掌控不了的外界揪出罪咎的禍首。（T-13.X.3:1,3~5,7）

　　一旦聽從了小我的指示，我們便會翻出過去幾十年的舊帳，振振有詞地指控他人，而且還能在他們身上找出所需的罪證來為自己的感受撐腰，有憑有據地指出他們如何虐待了自

己，或是虐待和自己一樣的天涯淪落人。我們如此地肯定自己
的論斷正確無誤。這是《奇蹟課程》最難修也最令人退避三舍
的原因。耶穌一再告訴我們，我們全看走了眼：「上主的想法
則恰恰相反。」（T-23.I.2:7）問題是，我們依舊冥頑不靈地認
定祂的想法錯了，我們才是對的。

**(2:4~5) 這表示我們不再排斥自己所見之物，而願與它結合。
這就是慧見與肉眼之見最根本的差別。**

　　肉眼在外面所看到的，不是各式各樣的危機，就是人間的
欲樂，而且我們還會想盡辦法與外界劃清界線。即使表面上我
們好似想要與他人結合，其實只是想利用一體的假相來保護
自己的特殊性罷了。反之，用慧見去看的人從不視自己為「另
一」生命。前文已提過，耶穌在〈教師指南〉一開始便提出這
個重要觀念：成為上主之師的唯一條件，就是不再將自己的福
祉跟他人的福祉視為兩回事（M-1.1:2）。若要擁有這一慧見，
唯有不再將耶穌或聖靈的福祉視為與自己毫不相干才行。起修
的階段，我們的福祉與祂們的福祉必然涇渭分明，因為一旦加
入祂們的行列，我們必會失落小我的個體性與特殊性，故而**不
得不**對祂們敬而遠之，就像對上主那樣。基於同樣的分裂動
機，我們會把內在的罪咎投射到那些我認為與自己毫不相干的
人身上。慧見正好相反，它對所有的人一視同仁，把所有的人
事物都視為自己的基督自性（一體生命）之倒影。

　　《奇蹟課程》思想體系最顛覆傳統之處，就是它撇開大腦

與身體的層次，直指心靈。這一層次既看不到也摸不到，超乎我們的感官，無形無相又無法測量。

(3) 今天的觀念應該盡可能地隨時運用出來。只要有一分鐘左右的空檔，你就可以緩緩地向自己複誦這一句話，同時環顧一下周遭，試著去了解，這個觀念適用於你此刻所看到的以及你可能看到的一切，只要它出現於你視線範圍之內。

耶穌再次提醒我們「普遍運用」原則的重要性，套用今天的主題時，不可排除任何一物。請謹記在心，我們一旦相信幻相是有層次之別的、知見是有特定範疇的，無異於宣稱分裂之境與分別相才是真理實相。其實，唯一的真相僅止救贖一念，它只存於心靈內。既然救贖之念只有一個，故也只有一個救贖。世間的一切彼此之間毫無差別，只因萬事萬物享有同一個寬恕目的。

(4) 真實的慧見並不受遠近的概念所限。為了使你習慣這個觀念，當你套用今天的觀念時，除了採用你能具體看到的事物以外，也試著想一想那些不在你當前視野之內的東西。

我們再次看到耶穌如何巧妙地將他的觀念推衍出去，不只適用於肉眼所見之物，也可套用在心裡所想之事；不論我們是在心裡看到的，或是有眼「目睹」的，全都包羅在內。然而，真實的慧見和外面那個有形世界毫無瓜葛，故不應套用於眼耳鼻舌身的五蘊之見上，它是針對我們心中**作何想**而發的。可還

記得：心之所想與眼之所見根本是同一回事。唯有接受這一真理，我們的認知能力才會慢慢向生命內在的一體性開放；而這個一體性只可能存於心靈內，因為身體永遠是分開的。正如〈正文〉所說：「心靈原是一體不分的，身體則不然。」（T-18. VI.3:1）

(5:1~2) 真正的慧見，不只不受空間與距離的限制，也完全不靠肉眼的功能。心靈才是它唯一的源頭。

　　我們不可能找到比這句話更明確的解說了。耶穌所說的話和我們肉眼目睹的現象一點關係都沒有，因眼之所見永遠離不開某種分裂形式，表示它必然出自心靈的分裂之念，而此念在本質上根本就是錯的。耶穌曾說：「沒有比只看外表的知見更盲目的了。」（T-22.III.6:7）正是這個意思。我們日後還會不時引用這句名言。

　　我在「前言」說過，向聖靈或耶穌求助，乃是操練《奇蹟課程》的關鍵（雖然這幾課並未具體提到這一點）。我們若自絕於祂們之外，無異於自絕於上主之外，表示我們再度把分裂弄假成真了，從那個角度出發的一切所見、所思或信念，絕不可能正確。這就是為什麼操練這一課程必會激出人心極大的恐懼，因我們遲早會恍然大悟：原來我們對自己以及所有人事物的想法、看法與判斷全都錯了。

(5:3~4) 為了幫你更加熟悉這個觀念起見，當你運用今天的觀

念時，不妨閉起眼睛練習幾次，任何浮現於心頭的題材均可使用；試著向內找，別再向外尋了。今天的觀念同樣適用於心內與心外兩方面。

何以耶穌要我們一視同仁地套用在「心內」與「心外」兩方面？答案無他，只因外面一無所是，也一無所有。外在種種幻相純粹是我們內在想法的投射。不論著眼於「外在之念」或「內在之念」，其實毫無分別，全部都是我們的想法。這兩課可說把「一切唯心造」描述得淋漓盡致，為我們再度圈點出〈正文〉與這幾課所強調的「觀念離不開它的源頭」這一普世原則。它告訴我們「分裂的世界、人際關係，以及身體這類觀念，全都離不開它們的源頭──心靈」。既然眼前所知所見全是念頭投射出來的，我們的首要之務顯然是：好好正視這些念頭究竟是從哪裡冒出來的？究竟出自小我，還是聖靈？這正是《奇蹟課程》的要旨所在，也是這些練習的終極目的。

第三十一課

我不是眼前世界的受害者

　　對大部分學員來講，本課若不是他最喜愛，就是他最為反感的一課。我在前文已經解釋過，每個人的一生都是為了抵制童年痛苦經驗而打造出來的防衛機制，而且這個受害記憶還被我們的社會視為不可輕言放棄的神聖權利。為此，如果認真操練今天的觀念，我們身心的存在基礎勢必岌岌可危。試想，我們若不是眼前世界的受害者，哪有自我保護的必要？而放下所有的防衛作為之後，又會帶來怎麼樣不堪的後果！傳統心理學一向把不懂得自我保護的人視為精神錯亂，這是有其道理的。在世人眼中，讓自己全然託付於上主之愛，確實是精神不正常，因為把超乎人世經驗的無我境界**當成**自己的真我，根本就違反了世界所認定的現實。想一想，如果我真的「不是眼前世界的受害者」，那麼，我這一生的所作所為豈不是全成了無稽的謊言，既無意義，更無目的可言！這也正是〈練習手冊〉開

頭的十幾課反覆重申的要旨。至此，我們終於明白為何《奇蹟課程》總是讓人讀得坐立不安，令我們忍不住對這部書或對引薦此書的人發動攻擊。因為這些理念真的會讓我們對自己根深柢固的信念，以及自己所賦予的人生意義，全盤崩解。

(1:1~3) 今天所介紹的觀念乃是你的解放宣言。這觀念也應該一視同仁地運用在你所見到的外在與內心世界中。我們以後還會常常用到這一方式來練習當天的觀念；需要改變時，會另作聲明。

在世人眼中，今天的觀念顯然稱不上是一種「解放」。實則，它指的是從自己的小我中解脫，跳出罪咎及投射的人生牢獄的一道宣言。

接下來的幾句話，為我們描述了一種新的練習形式。它要我們不僅僅認真默想今天的觀念，還要在一天之中隨時隨地運用這個觀念。如此雙管齊下，才算是真正操練〈練習手冊〉。缺少「隨機運用」這一環，今天的功課很容易淪為純粹頭腦的操練。耶穌的目的，正是要鍛鍊我們對小我的攻擊傾向及妄念保持高度警覺，如此，才有機會把它帶到內在洋溢著真理的聖靈那裡。而這個過程，一言以蔽之，就是寬恕。

(1:4) 練習的形式，大致來講，包括兩部分，一種是比較固定的練習，另一種則是當天隨機運用的方式。

第九十五課有一段話特別要我們寬恕自己徹底忘了練習這

一回事。好好認清內心的抵制，才是修持的重點，否則我們哪有機會放下抵制而越過這一防衛機制，直抵上主愛的真相那兒？

(2) 今天的觀念需要作兩段較長的練習，一在早上，一在晚上。每次練習最好長達三至五分鐘。在那時段中，緩緩地環顧四周一圈，同時複誦這觀念兩三遍。然後閉上眼睛，把這一觀念套用到你的內心世界。你會由兩者中同時脫身的，因為內心世界是外在世界的起因。

耶穌再度重申了「內心及外在其實是同一回事」這個重要原則，要我們將今天的觀念套用於向外所見到的一切事物，以及內心所有的想法上頭。他不斷提醒我們：內在才是外在的**肇因**。隨著課程的逐漸推進，我們的了解也日益深刻，「因果關係」的課題愈來愈彰顯，不容我們等閒看待。

我們若認定自己的情緒是因他人對我們的態度而引發的，等於聲明肇因在外面，這和耶穌的教誨恰恰相反。一旦相信自己的內心受制於外在因素，我們就會在人間顯得極其脆弱而無助，縱然我們可能還在幻想自己操控得了某些事物，其實，外面那個左右著我們的世界，經常令我們感到欲振乏力。只要看看我們打造出來的脆弱身體如此不堪一擊，就不難了解我們的處境了。

因此，若能反其道而行，認出真正的肇因出在自己心裡，

那麼，不論外面發生什麼事，我們的內心作何感受或對外作何**反應**，就都能操之於己了。《課程》諄諄教誨，我們所有的感受與經歷乃是內心的選擇。到了〈練習手冊〉後半部（比如第二百五十三課），耶穌甚至說，整個宇宙都掌握在我們手中。前文也解釋了，倘若拜小我為師，我們所看到以及經歷的世界是一個樣子；但如果拜耶穌為師，所看到及經歷的世界則是全然不同的風貌。總之，**我們**才是一生經歷的決定關鍵。這是本課的重點，它道出了整部《課程》的精義，不容輕忽。

(3) 當你省察內心世界時，只需留意自己覺察到的念頭，每個都稍加反省一下，然後繼續下一個。試著不要賦予它們程度或等級之分。盡可能冷眼旁觀它們的來來去去。不要在某個念頭上流連太久，盡量讓念頭規律且平靜地流過，絕不擅自插手干預。在你平靜地坐著觀察念頭的同時，向自己複誦今天的觀念，次數可以隨意，只要別說得太匆促即可。

這一練習和佛教的觀心法門十分相似，也就是純然觀照心念的起伏變化。當我們在觀照心念時，身為觀者的「我」究竟是誰？這正是練習的核心。終有一天，我們會領悟出那個在觀看內在念頭以及外在現象的自己，原來就是**抉擇者**；它才是我們心內不斷在小我和聖靈、幻相與真相之間作選擇的主體。這個抉擇者，並不是我們平常認定的那個「我」，因為我們觀到的那些念頭並不是自己，而只是我對自己的一些想法而已。對此，耶穌設法訓練我們，要我們跟自己認定的那個小我身分慢

慢拉開距離,這可說是最正面的「解離」手法了。每當我在觀自己的心念時,所看到的其實是小我的運作,不論它在做正面或負面的演出;而那個觀者之**我**,絕不是自己心目中所認定的**我**。它是**抉擇者**。

(4) 此外,在這一天裡,盡量把握機會複誦今天的觀念。提醒你自己,你是為了自己的自由之故而作此獨立宣言的。整個世界的自由都繫於你的自由上。

「盡量複誦當天的慧見」這一叮嚀又出現了,耶穌顯然想藉此將我們推向下一步——「盡量套用在生活上」。如此踏實練習,才可能將無聊的幻覺帶到聖靈護守在我們心中的真理那兒。「整個世界的自由都繫於我的自由上」,因為世界原是我的一部分,是我一手打造出來的,它可說是我念頭之結晶。換言之,念頭一旦轉了,我的世界便不可能不隨之改變。此處所謂的「獨立宣言」,耶穌可不是要解放世界或將世界由水深火熱中拯救出來,更不是教導我們如何應付外在的世界;他這個說法,純粹是針對我們的**知見**層次而發的,因世界只存在於那個層次。

《奇蹟課程》的用語,尤其在〈練習手冊〉中,特別容易讓人誤以為耶穌要我們拯救外在的世界,而落入傳統基督教的救世觀裡——它先把耶穌立為世界的救主,身為門徒的我們自然便承繼了救世的使命。《奇蹟課程》雖然沿襲了基督教的傳統術語,卻賦予全然不同的意義,兩者在內涵上的差異,散

見於諸多課文裡。例如第一百八十六課「世界的救恩操之於我」，它真正要說的是：唯獨**我的**世界有待拯救，只要我轉變了心念，掙脫小我的暴虐統治，我所看到及經歷到的世界自然因之得救。總之，耶穌所言與外在世界毫無瓜葛。雖然日後還有機會解釋這個重要觀點，但在此仍需提醒，切莫把這一說法當作消極避世的藉口。耶穌只希望我們對小我**被動**一點，對聖靈則務必**積極主動**才行，聖靈之愛自然會指點我們如何想，如何說，如何做的。

為此，讀這些課文時，請特別謹慎，切勿偏離了耶穌教誨的整體架構。既然外在的世界根本就不存在，哪還有什麼世界等著我們去拯救？只有存心把小我弄假成真的奇蹟學員，才會罔顧《奇蹟課程》的基本形上原則，斷章取義，死扣文字，作出與《課程》初衷恰恰相反的詮釋。

下一課對於這個觀點提出了更加清晰而明確的解釋，但讓我先對本課最後一段補充幾句話。它重申了本課首段的要旨，鼓勵我們盡可能「隨機套用」在當天所面對的種種誘惑。我們都明白，倘若不具體運用在實際生活中，這部〈練習手冊〉根本就形同虛文。

在進入最後一段課文之前，請留意一下本課故意採用美國獨立宣言的比擬口吻，〈正文〉也有類似的情形（T-4. III.1:12~2:2），這兩段課文可說相映成趣。

(5) 當誘惑來臨時，用今天的觀念去應對，會有立竿見影之效。它是你絕不屈服於誘惑、亦不受其束縛的一道宣言。

耶穌在〈正文〉最後一章也曾提到這類誘惑，即是相信自己只是一具身體，飽受外境的欺壓卻無力回天：「不論哪一種誘惑，不論發生於何事，它只教人一個課題。它企圖說服上主的神聖之子他只是一具身體，誕生於必死的肉體內，欲振乏力，連感覺都受制於它。」（T-31.VIII.1:1~2）

唯有選擇聖靈及祂的思想體系，將自我認同由身體轉向心靈，終有一天，我們會從小我的束縛中掙脫出來的，因為心靈才是身體所有的作為及感受的「始作俑者」。

第三十二課

眼前的世界是我自己營造出來的

(1:1~2) 今天我們繼續發揮一下因果的課題。你不是眼前世界的受害者，因為它是你自己營造出來的。

何以我不是眼前世界的受害者，究其原因，世界原本即是根據我的想法而營造出來的，因此，我其實只是自己想法的受害者，如此而已。若從形上角度來講，我的一生，由生到死，原是我作的一場夢，一部按照小我初衷編寫而成的受害故事，僅僅如是，不多也不少。之前我們也已說過，小我的初衷就是為了保護自己的個體性，然後想方設法為自己脫罪，把罪投射到他人身上。試想一下，我的一生如果就是我的夢境、我的劇本和我的演出，我必是作者無疑，那麼，我只可能是一個自編自導的受害人。然而，究竟的真相是：我的抉擇者附和了小我（也就是認同於分裂的那一部分妄心），才會杜撰出這樣的劇本，把世界視為一座牢獄，又把牢獄中的每一個人都看成迫

害自己的獄卒。直到有一天，我邀請了聖靈，接受祂的教誨，看清這一切原來是我自己捏造出來的，於是牢獄便轉為人生教室。不僅如此，聖靈還會進一步教我看清自己編出此套劇本的用意所在，不過是想保護自己的個體性和特殊性而已。既然眼前的世界根本是我幻想和營造出來的，那麼，我一定有改變它的能力。

「眼前的世界是我自己營造出來的」，這句話重申了前文提過的觀念：我這一生都是根據一個虛妄不實的前提而打造出來的，比方說，小時候我受到不公待遇，所以我必得拼命設法保護自己。為此之故，任何正常的小我營造出來的世界，必然是為了證明自己是對的，一切都是別人的錯，也因此，我的攻擊念頭和行為當然是情有可原的。

(1:3~5) **你當初怎樣營造出它來，你也能同樣輕易地放下它。你看見它或看不見它，端賴你想看到它與否。只要你還想要它，你就會看見它；你一旦不想要它時，它就在你眼前消失了。**

耶穌在此再度舉出「動機」的重要性。眼前這個受害的世界其實正是我**心想事成**的結果，縱然這個願望和我們多數的願望一樣，通常都隱藏在潛意識裡頭。總之，我之所以會看到一個受害的世界，是因為我**想要**它出現在那兒的；而我之所以想要看到一個受害的世界，因為我只想藉此而說出「犯下分裂之罪的是你，我是無辜的」這一句話。這句話的言下之意，本課

雖沒有明說，但在〈正文〉第二十七章卻已一針見血道盡：

> 你眼中所見的世界不過如實呈現你認定是自己所犯的
> 滔天之罪。現在你反咬世界一口，認為你所做的那些
> 事其實是外界加諸於你的。你再把那個念頭所引發
> 的罪咎投射到自身之外，構成了一個有罪的世界；是
> 它在作你的夢，想你的念頭；你絕不是造出這一切的
> 元兇。是它在報復，不是你在報復。……世界不過
> 反映這一千古不變的真理：你認為自己是如何待人
> 的，必相信他人也會同樣地對待你。不過，你若掉入
> 了譴責別人的陷阱，就無法看到他們行為背後真正
> 的原因，只因你要他們為你背負內心的罪咎。（T-27.
> VIII.7:2~5;8:1~2）

容我再重述這一重點：小我整套運作系統的最高指標就是
鞏固分裂狀態和個體性，但又不能招供認罪，因此，我才需要
一個有形的世界，好讓我把自己的罪投射到你身上，理直氣壯
地控訴：「你是有罪的迫害者，我是無辜的受害者！」如此一
來，魚與熊掌我都得到了，不但擁有我的個體性和特殊性（自
我），而且還證明了「**這不是我的錯**，是別人害我變成這樣
的」。

為此，明白了我當初是怎麼投奔小我門下而造出這個世界
的，如今我就可以同樣輕而易舉地轉到耶穌門下，不再執著這
一世界。我只需要重新選擇，放下小我而牽起耶穌的手。這樣

做一點都不難，難的是這個決定背後所牽連的意義，因為一旦作此決定，我所熟悉的那個我就會消失了，那我又是誰呢？正是這樣的恐懼在作祟。對此，我們的功課即是允許自己面對這一恐懼，並且看清自己究竟採用什麼瘋狂的防禦機制，拼命抵制一個**根本不存在**的東西。

耶穌把所有希望寄託在我們的「動機」上，整部課程都著力於此。我們若真想活得平安幸福，就得聽從他的教誨，因為只有他那一套才能帶來幸福。然而，這同時也意味著我們得承認他那一套才是對的、自己這一套全錯了，而這是我們芸芸眾生最難說出口的一句話。

(2:1) 今天的觀念如同前面幾課一樣，可以套用在你內心及外在世界，兩者其實是同一回事。

大家是否注意到，同樣這個觀念，耶穌在前面幾十課中強調過多少次了？這絕非比擬性的描述，他的剴切陳說，字字千真萬確，我們再也不能罔顧其中的深意了。他斬釘截鐵地告訴我們：內心世界和外在世界是同一回事。這才是令我們讀得坐立不安的真正原因。

(2:2~3) 然而，只因它們在你眼中仍然有所不同，今天的練習依舊分為兩部分，一部分針對你所看到的外在世界，另一部分則針對你在自己心中所見到的世界。兩者其實都是出自你的想像，試著把這一觀念帶入今天的練習裡。

　　這段話極其重要，耶穌為我們解釋他之所以採用二元性詞彙的原因。他在教導我們時，言詞之間好似暗示外面真有一個世界、真有一堆等待我們寬恕的人，以及供我們上演的時空舞臺，還有一位耶穌或聖靈在我們心裡忙進忙出，設法拯救我們。不僅如此，連耶穌口中的上主都彷彿成了一個有模有樣的人，有手有腳，還有嘴巴說話呢！然而這段課文解釋得很清楚，他不能不用這類二元的表達方式，因為**我們**始終把內心與外界視為兩回事。同理，他傳授我們的練習也不得不採用二元分法。究其根本，這完全不是因為內心與外界真有不同，而是受到我們的經驗所限，他不得不遷就我們目前的存在限度（T-25.I.7:4）。

　　縱使耶穌講得那麼清楚，許多奇蹟學員依舊視若無睹，不斷陷入二元的錯誤，受困於文字的表面意思。也因此，他必須在這兒重申，他不能不把外在世界說得好像跟內在世界不相干似的，彷彿真有外在世界這麼一回事。〈正文〉有一段話為我們透徹解釋了《課程》何以用二元形式來傳達耶穌的教誨，這一段課文實在太重要了，後文還會再三引述，以免學員一不留神又落入「形式與內涵」混淆的陷阱：

> 你若相信你們是兩個不同的生命，天堂便在你眼前四分五裂了。只有天賜予你的那道真理連結（而非真理本身），能用你所了解的語言與你相通。……在學習過程中，你難免會把時間與空間當成兩回事；

因為只要你還認為自己有一部分能夠獨立自主，合
一與一體的觀念便失去了意義。……祂會使用心靈
所能了解的語言，利用它自以為面臨的事件。（T-25.
I.5:1~2;7:1,4）

請看看本段的第二句話（2:3），極其關鍵的一個觀念：我
們在外面所看到的世界和自己的內心世界，這兩者都一樣出自
我們的想像。換句話說，分裂之念、由分裂之念生出的罪咎懼
之內心世界，以及小我那虛幻的內心世界所投射的倒影世界，
全部都是我們自己幻想出來的。總之，耶穌真正要說的是：看
似在外的那個想像世界，其實全都發生在自己的心裡。我們不
難體會耶穌的用心良苦，他如何在〈練習手冊〉前幾十課，一
步一步點醒我們，所有問題的關鍵在於我們的心念，與外在世
界全然無關。

接著，他繼續引申下去：

(3) 早晚的練習，開始時同樣環顧一下你視為外在的世界，並
複誦兩三遍今天的觀念。然後閉起眼睛，環顧你的內心世界。
盡可能將兩者一視同仁。一邊看著自己的想像在你意識中呈現
出來的種種意象，一邊緩緩地複誦今天的觀念，次數隨意。

耶穌再次重申了先前的教誨：所有的念頭都是我們憑空捏
造出來的，不論是憤怒之念、特殊性、自我憎恨、焦慮恐懼，
無一不是出於我們的想像；不論它們呈現為愉悅之念或痛苦之

念，全是無稽的幻想，這和我們說的幻想世界，本質上毫無不同。

(4) 兩次「長式」的練習，最好長達三、五分鐘，不要少於三分鐘。你若練習得得心應手，時間可以超過五分鐘。練習之前，先選好你預計不會受到太多干擾的時段，或是你感到比較容易進入狀況的時刻。

耶穌在此特別叮囑我們，冥想時不妨找個自己可以安靜放鬆的時段（同時影射了空間）。根據《課程》其他地方的提示，我們明白耶穌並無意要我們把靈修生活儀式化。然而，因為我們才剛入門，功夫尚淺，對小我的警覺不足，故借用一點點形式，對我們還是有所助益的（M-16.2~5）。

本課的結尾把練習方式推向**新的**階段，它開始要我們「盡可能地重複……，而且多多益善」，尤其是當我們想要把苦惱的原因歸咎於外在之際：

(5~6) 這一天盡可能地重複這一練習，而且多多益善。至於「短式」練習，只需一邊察看你的內心或外在世界，一邊慢慢地複誦這一觀念。不論你選擇向內或向外，毫無差別。

一遇到任何令你苦惱的事件，不妨即刻把今天的觀念運用出來。同時向自己說：

我眼前的這一事件是我自己營造出來的。

　　我們不難看出這一說法和世俗看法的天壤之別。畢竟而言，這並非我們看待事物的常態，因我們一向認為往心內看或朝世界看，是截然不同的兩回事。最明顯的例子就是：我們總認為心裡怎麼想並無大礙，只要別說出來或做出來就成了。然而，耶穌在此鄭重告訴我們，私下的心念和公開表達那個想法，其實沒有任何差別。內心的判斷不會因為表現出來與否，而對自己以及對聖子奧體心靈產生不同的影響。話說回來，不把自己的想法形之於外，並非壞事。耶穌曾經跟海倫說，他並不反對社交上的禮貌互動，然而，問題在於我們若不改變內心的想法，那些念頭就會卡在心裡，遲早會投射出去的。如果心念充滿了敵意和特殊性，那麼，不論多麼努力去壓抑，乃至於如何「克己復禮」，憤怒之火也遲早會爆發出來的。為此，我們必須回到問題的源頭，也就是自己的心念，看到自己暗中是如何跟耶穌示威：「你那一套說法是錯的，我才是對的！」想要解除這一禍源，我們得學習改口才行：「謝天謝地，你才是對的，我錯了，真的**還有**另一種看待世界的方式！」

　　耶穌在這幾課不斷想讓我們明白，確實有兩種看待世界的方式，它們源自於兩套思想體系，兩種自我（妄心與正念），兩位老師（小我或耶穌）。只要一課一課練習下去，我們的領悟會日益深刻。到目前為止，前三十課的內容顯然偏重小我看世界的眼光，難怪它反覆說，我們看不到任何真實之物，只看到一堆不存在的假相；難怪它說，我們之所見不具任何意義。

這也是為什麼前面這些課文老是強調我們的攻擊之念，說我們只會看到充滿報應的世界等等。不過，從下一課起，一直到第五十課，耶穌的教誨開始轉向另一個選擇，或說是另一種看待世界的眼光。我們會在下一課看到這個新的思路轉折。

第三十三課

還有另一種看待世界的方式

(1:1) 今天的觀念有意幫你認清，你能夠改變自己對內心及外在世界的看法。

　　知見是可以改變的，只因我們心裡有個東西是可能做出道地的轉變的，這個「東西」就是**抉擇者**——夢境裡只有這一部分真正有選擇的餘地。然而有待改變的，並非我們對外界的所知所見，而是我們內心對自己的看法：我們究竟是上主兒女，還是小我的後裔？我們的存在真相是那永恆不易的一體自性，還是變化無常的分裂個體？我們究竟要拜聖靈為師，還是小我為師？換句話說，**另一種**看待世界的眼光只可能源自心靈，也就是我們究竟想要聽從慧見還是知見判斷的那一個選擇。

(1:2~2:2) 早晚的練習至少投入整整五分鐘的時間。練習時，隨意地複誦幾遍今天的觀念，重要的是練習時要從從容容。交替

著察看你對外在與內心世界的觀感，交替時盡量避免跳來跳去的突兀感。

只需隨意地掃視一下你視為外在的世界，然後閉起眼睛，同樣隨意地察看你內心的念頭。試著對兩者都以同一心態冷眼旁觀；在複誦今天的觀念時，也請保持這種不執著的心態。

　　耶穌這種講解方式，我們早已不陌生了。他會開啟一個震撼的話題，卻不在當天的課文中詳加交代，等到過了好幾課之後才又舊話重提。例如「我不是眼前世界的受害者」，這一觀念夠震撼了吧！但在那一課卻僅僅輕描淡寫地帶過。「我絕不是為了我所認定的理由而煩惱」那一課，也沒有在當天課文多作解釋，而留待後文才發揮得淋漓盡致。本課亦是如此，耶穌只提了一下「還有另一種看待世界的方式」，然後就把焦點轉向「內心的念頭與外在的世界是同一回事」這個觀念，因為這一真理正是「另一種看待世界的方式」之立足點。

　　請特別留意下一段即將推出的另一重要話題：**從早到晚**，只要一覺察到煩惱生起，即刻套用今天的觀念。這類提醒一而再、再而三地出現於前後這幾課之中。

(3,4)「短式」練習的次數則多多益善。一旦面臨令你煩心的事件，應該立刻把今天的觀念具體發揮其用。練習時，要這樣說：

　　　　還有另一種看待此事的方式。

一旦覺察到煩惱生起,即刻套用今天的觀念。你可能需要花一兩分鐘的時間,靜靜地坐下,向自己複誦這一觀念幾遍。也許閉上眼睛更有助於這一類的練習。

這些練習的目標非常實用而且有益。耶穌無意僅僅傳授一套形上原則,滿足一下我們的理性好奇就作罷。他要訓練我們時時刻刻保持儆醒。只要一覺察到自己煩惱不安、生氣、擔心或內疚,當下立刻向他求助。即使我們提不出什麼具體請求,光是喊出「幫個忙吧」,便足以表示我們承認心內還有另一種想法或另一位老師可選。縱然當時未必聽從老師的勸告,至少表示我們肯定了他的存在。

所以說,只要我們一感到自己與某人或某事產生對立之感,立刻警覺這是小我的把戲。這個練習就是訓練我們保持這種覺察,慢慢地習慣成自然。如果能做到這一點就已經難能可貴了,因為小我最愛耽溺於受害之念,找盡理由護守這種受害感,甚至不惜與認同自己這種妄念的人結為同盟。請記得,當你內心一感覺到受害,要盡快想起當天練課的主旨,如此就夠了,不論那天操練到哪一課都無妨,因為它們的內涵其實是一致的。如果正好是今天這一課,你只要一覺察自己心中的對立或受害感,便盡快對自己說:「我可以用不同的眼光看待此事!」即便除了這句話以外,你什麼都做不出來,也沒關係,因為你至少已經為自己開了另一扇門,意識到自己還是可以選擇另一套思維或另一位導師的。接受自己此刻仍然陷於恐懼之

中，寧可吃盡苦頭也要堅持自己是對的，寧可放棄幸福也絕不認錯（T-29.VII.1:9）；縱然如此，你已經誠實面對自己的處境了，這是學習寬恕非常有實益的一步。下一課還會針對這種思維方式繼續發揮下去。

第三十四課

即使在這事上，我仍能看到平安

(1:1~3) **今天的觀念開始提出「另一種看法」應具備的先決條件。心靈的平安顯然屬於內在事件。它必然始於你自己的想法，然後向外延伸出去。**

　　誠然，心靈的平安屬於「內在事件」，問題是，大多數時候，我們會認為只有外在世界答覆了自己的需求，我才有平安可言。耶穌在此卻明白告訴我們，內心平安與否，和外界一點關係都沒有。然而，這個事實背後所蘊含的真相**必會**勾起我們的焦慮，因為耶穌等於在說，外在世界不可能威脅、加害或取悅我們的；它既傷害不了我們，也無法帶來平安。**外面其實什麼也沒有！**當我們對這一真理的體悟日益加深之際，最困難的是如何不落入「否認」的極端反應。若想**避開**小我這一陷阱，我們必須認清今天的觀念所帶來的實用價值：每當焦慮升起之時，即使我們認為那是外界造成的，我們仍有機會進入心內，

向真理的導師求助。祂會溫柔地提醒，不論外在處境如何，我們仍然可以選擇平安而活得心安。還記得我頭一次練習本課時，把「平安」換成了「耶穌」。也就是說，當我開始把某個錯誤當真時，我隨時可以選擇耶穌為師，看到自己竟然笨到這種地步，相信自己心中除了耶穌之愛以外還會有這檔子事，因而便一笑置之了。

(1:4) 只有平安的心靈才可能生出和平的世界觀。

沒有比這句更重要的話了。整部《奇蹟課程》都在向我們呼籲：「平安地看待世界吧！」但這可不是在祈求世界和平，因為我們的心靈之外並沒有一個客體世界存在。期待外在的和平，表示我們已經誤把**外面**的衝突當真了。再說一次，除了我對世界的看法以外，並沒有一個所謂的世界存在。身為奇蹟學員，我們唯一的功課就是修正自己的「看法」，而唯一的下手處莫過於修正自己的「想法」了。若要達到這個目的，推到究竟，我們得先修正過去選錯了老師的那個錯誤才行。為此，操練本課時，不妨像我前面所說的，把「在這事上，我仍能看到平安」改為「在這事上，我仍能看到耶穌」，如此，更加凸顯了耶穌教誨的個人風格。

(2) 今天的觀念需要三次比較長的練習。最好一次在早上，一次放在晚上，額外的一次則可置於早晚之間，只要是看起來最容易讓你進入狀況的時刻即可。所有的練習都該閉起眼睛來作。今天的觀念是針對你的內心世界。

這段特別要我們閉起眼睛來操練，因為耶穌希望我們把焦點拉回自己的念頭，那才是平安的**內在樞紐**。「省察心念」的過程，是耶穌一向強調的重點；我們也說過，這始終是《奇蹟課程》的中心主題。要知道，當我們日復一日深入這部教材時，恐懼指數也會隨之升高，令我們迫不及待想要覆蓋小我的念頭，不想去面對或處理它們。我們會斷章取義地搬出《課程》的形上理念作為藉口，諸如「我是神聖的」、「我是上主的所愛」，或者說出「什麼也沒發生」、「我根本就不存在」，甚至認為自己的「省察心念」很可能會把幻相弄假成真。其實，除了本課之外，耶穌還在很多地方叮囑我們盡量揭發內心的小我念頭。凡是自認為沒有小我念頭的人，《奇蹟課程》可說正是為他量身訂作的，因為它鐵口直斷地說你**必定**有小我之念，否則你不會來到世間。今天的練習是要幫助我們切身感受到自己的攻擊念頭，這個攻擊的念頭若非指向別人，就是指向自己。在下一段我們會看到：

(3:1~2)**「長式」的練習，每次用五分鐘的工夫來省察心念。察看一下你心裡的恐懼念頭，令你焦慮的環境，「挑釁」的人物或事件，或是任何可能激起你缺乏愛心念頭的事情。**

我們無需往內挖得多深，便會看到課文所說的那些念頭。把它們揪出來，正是操練這幾課絕不可缺的要素。我們若絲毫覺察不到那些負面念頭，「在這事上，我仍能看到平安」這個觀念就顯得毫無意義——我究竟該在**什麼**事上看到平安？說

真的，如果我們心裡只洋溢著愛的念頭，便沒有操練本課的必要了。換句話說，唯有允許自己切身感受到內心那個**缺乏愛**的念頭，而且知道它來自一位**缺乏愛**的老師，今天這一課才顯得意義非凡。能在這個前提下說出「在這事上，我仍能看到平安（或耶穌）」，才算是肺腑之言。我們在此又看到耶穌再三強調的「正視黑暗」與「把黑暗帶向光明」這類觀念，在整部課程可謂俯拾皆是。以下，我只舉出最具有代表性的一段：

> 你在人間的功課並不是尋求愛，而是找出你為了抵制愛而在心內打造出來的所有障礙。凡是真實之物都不用你去找，只有虛幻不實之物才有待尋覓。（T-16. IV.6:1~2）

(3:3) 毫不經意地望著它們，當你看到它們浮現時，緩緩地向自己複誦今天的觀念，任它們前仆後繼地在心中走過。

換句話說，倘若我們並不知道那個念頭存在，怎麼可能放掉它？不僅如此，如果我們不真心選擇耶穌或聖靈為師，也就不可能釋放那個念頭了；只因我們不甘拜祂們為師，正充分顯示自己尚未準備好放掉那些念頭。**抵制**這兩位神聖導師，意味著我們已經**選擇**了小我，也就是認同了分裂之境。一旦作出這個錯誤決定，罪咎、恐懼和焦慮等等，勢必尾隨而至。「毫不經意地望著它們」，是要我們別大驚小怪，只要和耶穌一起正視小我就好。**不敢**正視小我之念，反倒顯現我們已經把它們弄假成真了。試想，如果我們沒把它們當真的話，豈會生出那麼

大的罪惡感，連看都不敢去看一眼？

　　接下來的一段充分流露了耶穌的寬容與仁慈。他不斷鼓勵我們，即使感到焦慮和抗拒，仍是要堅持下去：

(4) 如果你想不出什麼具體的題材，不妨繼續向自己慢慢複誦今天的觀念，不用特別著意於某一事件。也切莫刻意排除某一件事。

　　緩慢地、平穩地、溫柔地進行，才會走完全程，而且勝券在握。

　　耶穌在第五、第六段再度提醒我們，一感到不安，便立即套用今天的觀念。同時，他還強調，我們必須有勇氣切身感受這些負面念頭才行。

(5,6)「短式」練習的次數可以頻繁一些，尤其當你內心的平安受到衝擊時。練習的目的是為了保護你一整天不受誘惑的騷擾。你一旦意識到某種誘惑生起，不妨採用下面的練習格式：

　　　在這事件中，我仍能看到平安，而非眼前之所見。

如果侵蝕你內心平安的只是一般性的負面情緒，例如沮喪、焦慮或憂愁，則採用這觀念原來的形式即可。你若覺得練習一次今天的觀念並不足以解開你的某種心結，不妨多用幾分鐘的時間複誦這一觀念，直到你感到如釋重負為止。你若這樣具體地告訴自己，對你絕對有益：

**我能用平安來取代我的沮喪、焦慮或憂愁（或是我對
這環境、人物、事件的任何觀感）。**

容我再複述一遍這個重點：除非我們先承認內心的沮喪、
焦慮、擔憂或攻擊等等念頭或感覺，否則，不僅這一課，**所有**
的練習對我們都起不了任何的作用，也不會有什麼實質的幫
助。這不是因為我們不該有那些念頭，反之，正因為我們有那
些念頭才會來到人間。為此，耶穌提到選擇神聖一刻的願心
時，曾這樣說：

把你的精力集中在這一願心上吧！拒絕四周魅影的干
擾。這才是你來到世上的功課。如果你這一生不需經
歷那些魅影的糾纏，表示你也無需神聖一刻。（T-18.
IV.2:4~6）

也因此，一味假裝自己沒有負面念頭，才是糟糕透頂的狀
況，因為這樣一來，耶穌對我們便一籌莫展，即使想幫也愛莫
能助了。我們必須主動把那些負面念頭帶到他面前，那是我們
的**份內**之事。他在〈正文〉曾經如此提醒我們：

你也許會奇怪：正視自己的瞋心，且明白它的全面影
響何以如此重要？你也可能會想：何不請聖靈直接指
出你的瞋心，不待你本人覺察，就自動為你驅除，不
是更省事嗎？（T-13.III.1:1~2）

耶穌之所以如此反覆叮嚀我們務必「隨時套用」，正因我

們亟需對內心充滿敵意的念頭提高警覺。若想逮住那些陰暗念頭，且將它們帶入耶穌的寬恕與療癒的光明，那麼，保持儆醒的訓練絕對是刻不容緩的事。

　　下一課開始提到小我之念**背後**所遮掩的「勝境」，也就是我們在耶穌的協助下選擇「*另一種看待世界的方式*」之後的「彼岸風光」。可還記得我先前說的，〈練習手冊〉的一大宗旨就是幫助我們看清自己的心靈早已分裂為二，一是小我的**妄念之心**，另一是聖靈的**正念之心**。唯有看清這一分裂，我們心內**具有選擇能力**的那一部分才能發揮大用，作出正確的選擇。

第三十五課

我的心靈是上主天心的一部分，我是非常神聖的

　　我在上一課的結尾已經預告，從這一課起，〈練習手冊〉的風格改變了，耶穌開始強調正念心境，為我們昭示心靈「彼岸」的風光。耶穌毫不諱言，世人的確很難接受這類訊息。如果我們真正體會出自己是上主的一部分，表示我們是神聖無比的心靈，不可能暗藏分裂之念與特殊性，自然也知道自己不可能存在此地的。然而，我們明明活在這兒（更好說是**認定**自己活在這兒），這充分影射了我們的心靈並非上主天心的一部分，也不可能是神聖的。

　　耶穌繼本課之後，一連用了十五課的篇幅，循序漸進地幫助我們體認自己的另一部分心靈，也就是〈正文〉一開頭便點出的**正念之心**。這一部分心靈，透過聖靈這一管道，始終與上主的神聖生命緊密相連；不論我們造出多麼不神聖的夢境，在罪咎、判斷與攻擊中不斷惡性循環，卻絲毫損傷不了我們的

神聖本質。

(1:1~3) 今天的觀念所描述的絕非你目前看待自己的方式。它描述的是慧見為你顯示的真實面目。凡是自認為屬於這世界的人，很難相信自己的這一面目。

耶穌在此表明了，他知道我們不是這樣看待自己的，他也不指望我們接受他對我們的看法。本課只是一個**起步**，他會一步一步帶領我們看出自己心內確實還有另一部分。因此，他不要我們把今天這句話當成咒語，從早到晚不停持誦，而把心中缺乏愛心的念頭硬生生壓下去。他要我們繼續先前的修練方式，把非愛的念頭（包括自己罪孽深重、毫不神聖這類信念）帶到這一課的愛的念頭中。如此，我們才可能產生全新的領悟，原來真的還有另一種**看**自己以及**想**自己的方式。我們一旦能把不神聖的妄念帶到神聖的正念之中，正念的光明便會驅散心中的黑暗。

(1:4) 然而，正因他不相信，才會認為自己屬於這個世界。

這正是我前面所提的重點：由於我們根本不相信自己是上主的一部分，才會深信不疑自己活在世間。把自己看成一個由生理與心理因素構成的獨立生命，躋身於芸芸眾生之中，不過影射出「我是上主之外的一個獨立自主的生命」那個根本妄念而已。而且，相信自己活在身體內，本身就暗藏了「與上主分裂的心靈，不可能是天心的一部分，更不可能是神聖的」那個

信念。為此，今天的主題可說直指救贖原則，將我們帶向「即使我**認為**自己已和上主分離，其實分裂不曾發生過」的真相，這等於告訴我們：我確實是上主的一部分，而且神聖無比。

(2:1~2) 只要你以為自己身在某處，你就會相信自己屬於那個地方。那是因為是你把自己放在你想要的環境中的。

我們如此深信自己活在世上，活在不同的身體內，和另外一堆形形色色的人物構成了這個世界。從形上角度可以這樣解釋：我們這個分裂聖子，為自己打造了一個供自己繼續分裂下去的生存環境，然後遺忘了自己的初衷與作為，聽信小我之言，追逐**它的**救恩之夢；正因如此，我們今天才會相信世界是真的，身在其中的我也是真的。從個人的生存現實來講（如前文討論過的），如果我存心想要感受不公的待遇，有什麼比把自己置身於一堆待我不公的人當中來得更有效？不論人們如何待我，我都會覺得不公的。耶穌在〈正文〉有一段精彩的說法，先前已經引用過了，在此再簡述一下：如果我們感到弟兄對我們說的話不是出自基督之言，原因只有一個，就是我們已經先怪罪自己沒有向他說出基督之言（T-11.V.18:6）。如此，我們的受害經驗才會真實得令人無從置疑。

(2:3) 你需要那一環境來保護你所營造的自我形象。

這句話一針見血地點明問題的肇因。我們打造出這個有形有相的分裂世界，其實是為了保護自己個體性的存在。我們非

常清楚耶穌絕不會要我們去改善世界或拯救世界，因為**世界根本就不存在**！他再三苦口婆心，只是為了將我們從自己打造出來的罪孽深重而且四分五裂的自我形象中拯救出來，這可怕的形象始終窩藏在自己心中。我們想要分裂的**願望**，才是打造出這個分崩離析的世界之肇因。為此，我們若真心想要享有平安，唯一有待轉變的，就是這個願望。

(2:4~7) 形象其實屬於環境的一部分。你若認定自己身在其中，那麼，你所看見的一切必會透過那形象之眼而看。那不是慧見。形象沒有看的能力。

　　所謂形象，就是指「我是有限、破碎、分裂而且獨立自主的生命」。整個世界，在本質上，全是這個形象投射出來的。因此，活在這種世界的人不可能不孤獨，特殊性才會變成無比重要的保護措施。每個人都需要身邊有一堆人來幫自己逃避孤獨，而孤獨正是所有離開天鄉流落人間的浪子所不得不承受的痛苦。

　　這一段的含意頗深，切莫掉以輕心。我們會在這幾句話中讀出《奇蹟課程》整套形上架構，包括了小我的思想體系以及寬恕的化解之道。

(3:1~2) 今天的觀念帶給了你一個極其不同的自我觀點。它先確立你的生命源頭，再確立你的真實身分；它所描述的你，乃是你在真理內的必然面目。

　　這段話等於重申了今天的主題「我的心靈是上主天心的一部分，我是非常神聖的」。**生命源頭**和**真實身分**這兩個詞在原文中均以大寫呈現，因為那是直指上主和我們的基督自性。

　　另外，耶穌在這段話裡把焦點轉向觀者，而非所觀之物。確實，到這個階段，耶穌所關切的不再是我們在外面看到什麼，而唯獨在乎我們心裡究竟在**想什麼**：

(3:3) **練習今天的觀念時，我們採取的形式稍有不同，因為今天的練習著重於觀者本身，而非所觀之物。**

　　至此，我們更加了解為什麼前面幾十課那麼強調省察心念，因為有待修正的只有這個心靈，也就是真正的**觀者**。他繼續解釋下去：

(4) **一天三次、每次五分鐘的練習中，先向自己複誦今天的觀念，然後閉起眼睛察看一下你心中加給自己的種種形容詞。包括了所有你根據小我而賦予自己的特質，不論是正面的或是負面的，想要的或不想要的，崇高的或是鄙俗的。它們全都同等的虛幻不實，因為你沒有透過神聖之眼來看自己。**

　　我們在心裡找到的千奇百怪的種種念頭，其實只是那**一個**錯誤（即**唯一分裂妄念**）的千百萬化身而已。我先前說過，我們一旦與小我的個體生命認同，所有的想法、信念、感覺、知見、經驗，通通必錯無疑，不論它們外表上顯得多麼高貴、美麗、神聖、善良，或者壞到極點，也都絕不可能是真實正確

的，因為它們全都建立在特殊性與分別相上。

(5) **剛開始省察心念時，出現的可能偏向你對自己比較負面的看法。到了後來，偏向自我膨脹的形容詞會開始浮現。試著認清這一點：你對自己的種種幻覺，不論正向或反向，毫無差別。幻覺在實相裡沒有正反可言。反正全都不是真的。**

　　耶穌在此預警我們，省察心念之際，開始出現的念頭很可能以負面居多，切莫因此大驚小怪，反正不論正面或負面，**全都**同等的虛幻。他不厭其煩地提醒我們，兩者毫無分別。只要我們認定自己有一個「我」，不論它是正面或是負面的，不論它與人建立正面的關係還是負面的關係，我們對這個自我以及它所建立的關係一定會看走眼。總之，任何自我只要一分裂，都不可能神聖，只有與上主一體不分的唯一自性才是神聖的，那種境界是人間所有的自我概念所望塵莫及的（T-31.V）。隨後的幾課，耶穌開始強化我們的真實自性那一面。請務必記得，我們若不敢正視虛假自我，真實自性對我們必然顯得遙不可及。這是〈練習手冊〉一開始就針對我們的**錯誤**觀念及**錯誤**知見集中火力的原因。若想修正這一錯誤，學習另一種看待世界以及看待自己的眼光成了刻不容緩的事。

　　在第六段課文中，耶穌舉出幾個具體套用的實例。九種特質裡，三個是正面的（所向無敵、慈悲為懷、很有德性），其餘六個屬於負面感受（受人欺壓、消沉沮喪、沒有出息、受人威脅、舉目無援、失落）。這種分類絲毫不影響今天的練習。

到了第七段，耶穌再度提醒我們，套用時務必**具體**，這一操練成了邁向**非具體**心靈境界的基本功夫，因為真實自性的本質是**非具體**的。

(7) 你不該抽象地去想這些詞句。它們浮現時，通常會讓你聯想起某一場景、某一人物或事件。你可選擇腦海中任何一個具體事件，找出適當的詞彙來形容你對那事件的感受，然後套上今天的觀念。等你一一指稱出來後，再加上一句話：

然而，我的心靈是上主天心的一部分。我是非常神聖的。

再說一次，好好在具體的現實生活中下功夫，正因那是邁向非具體境界的必備功夫。為此，本課程的基本訓練就是不壓抑也不否認自己的想法、感覺及看法。我們需要透過罪咎的具體化身，才有辦法溯回心念的源頭；也唯有誠實地正視那一黑暗，我們才有機會將它帶入靈性的光明裡。

下一段又看到耶穌苦口婆心叮囑我們，練習時記得對自己寬容一點。如果感到「彼岸」的訊息讓我們產生壓力，甚至威脅時，立刻警覺那必是小我在作祟；這個原則十分實用而且有效。耶穌和聖靈**只會**溫柔而且極有耐心地對待我們，因為祂們知道時間的虛幻，只有患得患失的小我才會忍不住施壓。下面這一段〈正文〉充分透露出耶穌教誨的溫柔：

聖靈的天音，不是命令，因為它不會如此傲慢或強

勢。它也絕不強求，因為它沒有控制你的企圖。它更無意征服你，因為它從無攻擊之意。它只是在旁提醒。是它所提醒的訊息本身讓你不得不信服。它為你的心靈指出另一條路，即使在你庸人自擾之際，它始終保持寧靜。上主的天音總是如此寧靜，因為它傳達的是和平的訊息。和平比戰爭更有力量，因為它有療癒能力。（T-5.II.7:1~8）

緊接著是溫柔的第八段：

(8) 在「長式」練習中，你的腦海也許會有幾刻呈現一片空白。不要勉強擠出什麼東西來填塞這段空白，你只需輕鬆而緩慢地複誦今天的觀念，直到某些事情自然浮現為止。只要是浮現出來的念頭，你不可故意略過，但也切忌硬要「挖掘」出某些事情。既不可過於勉強，也不可故意抵制。

溫柔才會所向無敵，因它反映出基督自性的內在力量。施壓，反倒洩露了小我內在的脆弱感。我們不妨讀讀資深上主之師的第四個特質：

……上主之師是全然的溫和良善。因為他們需要溫良的力量，救恩的任務才會變得輕鬆愉快。……誰會寧可削弱自己的力量而不惜傷人，放棄溫良帶給人的所向無敵之大能？上主之師的力量就在他們的溫良之中……。（M-4.四.2:1~2,7~8）

　　我們在本課的結語中，再度看到耶穌要求我們從早到晚具體套用今天的觀念，還要「盡量反覆練習」。容我重述一遍：唯有如此，《奇蹟課程》的教誨才可能慢慢融入我們的現實經驗中。

(9) 這一天內盡量反覆練習，一次選擇一種或多種你當下切身感受到的人格特質，把今天的觀念按照上述的形式套用在每一特質上。如果沒有什麼具體意象出現，只需閉起眼睛向自己複誦今天的觀念即可。

　　我在前面已經提醒了，在這一天中盡量警覺小我之念；然而，一旦察覺自己的疏忽或遺忘，也別忘了寬恕自己。

第三十六課

我的神聖本質籠罩著我所見的一切

本課與隨後的幾課正式切入我們的神聖本質這一主題。這幾課極為重要，因為它們針對我們前面著墨甚多的小我妄念體系痛下針砭，也為我們闡釋了什麼才是神聖本質，什麼不是。令人遺憾的是，許多奇蹟學員對這個感人的教誨有著偏頗的解讀，與耶穌的初衷恰恰背道而馳。因此，我在解說其他重點之際，會特別針對學員的誤解加以澄清。

(1:1) 今天的觀念把昨天的觀念由觀者本身延伸到所觀之物上。

我們在前面一課「我的心靈是上主天心的一部分，我是非常神聖的」中，已經討論過內心世界與外在現象之間的關聯。本課的焦點則由觀者（即我們的心念）轉向所見的外界。不過，這其實說不上什麼轉向，因為內心和外界原本是同一回事。我們向內所看到的，就是我們對自己的**想法**；我們把自

己想成怎樣，便會在外面看到什麼。我們都知道，所謂「知見」，並不限於眼之所見或耳之所聞等種種的事物，還包括了我們對這些事物的**詮釋**。為此，我們討論的焦點始終置於**內涵**，也就是心靈層次，而不在於物質世界的**形式**層次。

(1:2~3) 你是神聖的，因為你的心是上主天心的一部分。因著你的神聖本質，你目光所及之處必然也是聖潔的。

　　這句話意思是說，如果我們的內心感到神聖，眼之所見也應該一樣神聖才對。反之，如果我們看到的並不那麼神聖，也就是看不出那是愛的流露或對愛的求助，表示我們尚未真正看到自己的神聖本質。也因此，只要留意一下自己的所知所見，便不難分辨自己究竟認同了小我還是聖靈。換句話說，我們所見的外境成了一面鏡子，直接反映出自己內心已經把什麼當真了。〈正文〉對此有一段精闢的解釋：

> 你判定自己是遭受天譴的人，並且將這觀念投射到世界去。世界在你眼中若遭受天譴，你在世上自然只會看到自己對上主之子所造成的傷害。你的眼光若放在天災人禍上頭，表示你存心把他釘上十字架。你的眼光若置於神聖與希望上，則表示你已加入了上主旨意，放弟兄自由。除此兩者，你沒有其他的選擇。你若選擇其中一方，就會看到這一方的見證，並從中認出自己所作的選擇。（T-21.in.2:1~6）

　　由此可見，隨時覺察自己的起心動念，是如此的重要。只要反省一下自己對**外人**（people outside us）的想法，我們便知道自己**內心**已經和哪一套思維認同了。為此，特殊關係才會成為我們以寬恕來療癒心靈的樞紐。打個比方，我們若想看看相機拍出什麼景色，只要把底片沖洗出來，馬上就知道結果了。同理，《奇蹟課程》的宗旨就是讓我們明白，自己所見的一切直接反映出內心的選擇。唯有看清自己所作的選擇，我們才有重新選擇的餘地。

(1:4~6)「清白無罪」意味著沒有罪污。你不可能只有一點兒無罪。你不是無罪，就是有罪。

　　這便是我們常說的「第一層次」的另一範例：若非全然真實，就是全然虛妄，在一元與二元之間從不模稜兩可。這一論點奠基於《奇蹟課程》鐵口直斷而且毫不妥協的形上理念。我們要不就是與上主分裂、犯了逆天之罪；要不就壓根兒沒這回事，表示自己仍是上主的造化，與造物主依舊是同一個生命。

(1:7) 你的心若是上主的一部分，你一定是清白無罪的，否則就表示祂的天心中有一部分是有罪的。

　　這一邏輯頗具說服力。上主既然是神聖而圓滿的存在，凡是出自於祂、屬於祂的，必然享有同一神聖本質。一旦接受了這個根本前提，我們就不能不接受它的結論：任何看似有罪的不神聖生命，絕不可能是上主的一部分，因此也失去了存在的

可能。這就是為什麼根據《奇蹟課程》的理念，邪惡根本不可能存在；只可能有邪惡的知見、信念和夢境，但沒有邪惡這種東西。如果真有實質的邪惡，不就意味著上主內有一部分是邪惡的嗎？這是《奇蹟課程》另一顛覆傳統的形上論述。

(1:8) 你之所見，關乎祂的神聖性，而非你的小我，因此，與你的身體無關。

前文已經大略討論過分裂的妄心，也就是說，我們的心靈有一部分屬於小我，但有一部分依然神聖無比。這一主題日後還會不斷出現。這句課文後半段間接告訴我們：身體源自妄念之心而非正念之心。我經常說，任何一個活在正念的人是不會降生到這個世界的；只有受妄念驅使之人，企圖逃避自己幻想出來的上主義怒，才會躲到這兒來。但這並不表示身體不能轉而為另一人生目標效力。我們在前文已經解釋過這一點，後文還會不斷深入。總之，從形上角度來說，身體只是分裂、罪咎與攻擊的一個化身，它的目的就是守住自己存在的命根子──分裂。然而，我們照樣可以將這個**保護**機制轉而致力於另一目標，也就是下一段的「護守你的守護措施」這一說法，值得我們特別留意：

(2:1~2) 今天需要練習四次，每次三至五分鐘。試著將這四次平均分攤在一天內，盡可能多作幾次「短式」練習，好好地護守你的守護措施。

　　「護守」成了今天操練「我的神聖本質籠罩著我所見的一切」的主旨。從廣義來說,我們要護守的是聖靈或耶穌的神聖臨在。這和〈正文〉「聖靈的課程」那一節的第三個課程「只為上主及其天國而儆醒」(T-6.V. 三)可說異曲同工,兩者其實是要我們儆醒地**抵制**小我的思想體系。若要「護守自己的守護措施」,我們必須十分警覺自己的想法,而最有效的方式莫過於對自己的所知所見保持高度的警覺。如果我想知道我對自己和對上主的心態如何,只需安靜一兩分鐘,想想我對你(或是我的特殊性所投射出來的任何對象)的感受就夠了。因為我對你作何感想,直接反映出我對上主和對自己的心態。這是聖靈教導我們「護守自己的守護措施」的一個下手處。

　　最後兩段是針對練習時段的具體說明。它特別點出了先後次序,先是「閉起你的眼睛」往內看,然後「慢慢進行,盡可能從容不迫」地環顧四周的具體之物。顯然的,它的用意是要我們先進入聖靈所在的正念之心,與內在的神聖本質認同之後,再讓這一神聖本質通過自己,籠罩在自己所見的外在事物上。雖然我們目前還體會不到本課形上真理所隱含的深度和廣度,但前面幾十課的操練等於為我們鋪墊打底,有如第一百九十三課所說的「一小步」,遲早會把我們帶到目的地的。第二段的最後一句開始了今天的練習解說:

(2:3~3:2) 至於「長式」練習,不妨採用下面的形式:

首先，閉起你的眼睛，慢慢地複誦幾遍今天的觀念。然後張開眼睛，緩緩地環顧四周，把這觀念一一套用在你的眼光隨意落及之物。

接著，它還為我們的神聖本質所籠罩之物提供了一些建議，這個清單照樣包含了重要與不重要的東西，如手指、身體、地毯、牆壁、椅子和筆。

(3:10~4:2) 作「長式」練習時，其中幾次不妨閉上眼睛，向自己複誦一下這個觀念。然後張開眼睛，照常練習下去。

至於「短式」練習，先閉起你的眼睛，複誦一遍這個觀念；當你再次複誦時，張眼環顧一下四周，然後閉起眼睛再複誦一遍作為結束。毋庸贅言，所有的練習都應慢慢進行，盡可能從容不迫。

我們就這樣緩緩地、從容不迫地踏上了救恩之路；從外在世界引向內心世界，在自己心中發現自己的神聖本質，那正是我們為了護守自己的特殊性而企圖否認的生命真相。

第三十七課

我的神聖本質祝福了世界

　　不論從耶穌的整體教誨來講，或是從修正奇蹟學員最常犯的錯誤這一角度來看，這一課都具有關鍵性的影響。首先，耶穌顯然不是要我們去祝福外在的世界，這與他一貫的教誨背道而馳。可還記得耶穌的一貫教誨：世界只是反映我們心念的一面鏡子而已。故本課的真實**內涵**，絕不可能要我們去祝福椅子、棍子、窗子，或任何一個人。耶穌真正要說的是，只要我們內心選擇了他的祝福，與他結合而體會到自己的神聖，那麼這一祝福自然會經由我們而籠罩在眼前的萬物。「投射形成知見」的原則不可脫離心念層次，這一重要原則在本課中可謂表露無遺。

(1:1~2) 這個觀念首次透露了一點你在世上的真正任務，也是你來到此世的原因。你的目的乃是透過自己的神聖本質來看世界。

　　這一段等於重申了寬恕才是我們此生的目的或任務。「寬恕」的主題，在這幾課尚未正式上場。然而，「透過自己的神聖本質來看世界」這句話，可說已經一語道出了寬恕的深意。問題是，我們總是透過自己**不**神聖的一面來看世界，把自己看成另一個小我和身體，一生的目的就是護守自己的特殊性。由此可知，本課所要呈現的乃是正念心境，唯有它才解除得了小我的立身原則──我的**不**神聖本質不只籠罩著世界，還定了世界的罪。為此，本課的焦點根本不在世界，而在於**心念**。我們的心念若深深紮根於本有的神聖自性，這一神聖性必會自動延伸到眼前的萬事萬物。這個觀念實在太重要了，我們還會不斷重申。

(1:3) 如此，你與世界才會一起蒙受祝福。

　　世界既然只可能反映我的心念，表示它必是神聖而且蒙受祝福的，因為我是蒙受上天祝福的聖子。如果「外在」那個世界真的源自我的神聖本質，它怎麼可能不神聖？換句話說，我會看到什麼世界，純然建立在「我是誰」這個基礎上。另外，「觀念離不開它的源頭」這一原則也永遠跟心念層次脫離不了關係。套用於此處便是：我的神聖本質既然是世界的源頭，我眼中的世界也應該顯得十分神聖才對。事實上，「投射形成知見」和「觀念離不開它的源頭」，這兩個原則基本上講的是同一回事。正因投射之故，觀念才離不開它的源頭，正念層次的推恩作用也是根據同一原則而來的。構成自己**知見**世界的那些

觀念，純粹出於心內自我形象的投射，它的**源頭**始終在自己心內。也就是說，愈想投射到外面的，反而愈會深卡在心內。所以才說，**源頭**和**觀念**其實是同一回事。

(1:4~6) 沒有一個人會失落，也沒有一個人受到剝削，所有的人都會因著你的神聖慧見而獲益。犧牲的觀念到此結束，因它帶給每一個人天賦於他的一切。他有權享有這一切，因為那是他身為上主之子與生俱來的權利。

　　這是犧牲的觀念首次出現在〈練習手冊〉，它是〈正文〉的一個重要主題，而它正是小我思想體系的核心。犧牲觀念深深紮根於「非此即彼」的原則上，〈教師指南〉說得更為露骨「若不痛下殺手就得坐以待斃」（M-17.7:11），由個體之念誕生出來的小我，就是靠「上主和我無法並存」的觀念起家的。一體上主若真的存在，我這個別生命便無存在的餘地，因為天堂中沒有分裂、個體或差異。然而，個體價值乃是人類思維與運作的基礎，只要我這個體存在一天，上主就不可能存在——我說的是那位道道地地的真神。但在人間，祂必然會變質的，因為一旦撤除圓滿一體的本質，上主就不是真正的上主了。圓滿一體和個體性是無法並存的，一方若勝了，另一方必輸，犧牲觀念就是由此衍生出來的。

　　犧牲上主，乃是心靈分裂之始。心靈繼續分化為億萬碎片後，犧牲之念於是如影隨形而來，正因「觀念離不開它的源頭」之故。換句話說，認為世界就是「塞滿一具具身體而且瀰

漫著分裂」這個**觀念**，也不曾離開過它的**源頭**，也就是「我得犧牲上主，才可能享有自己的生命」這個無明一念，它始終藏身於心靈內。

小我逮住了我們企圖「除掉上主以自保」的想法，趁機挑撥：「上主終會死中復活，向你索債的！」於是，為了平息上主的怒火，我們不得不祭出慣有的生存伎倆——「非此即彼」。這一原則也就是犧牲的觀念，兩者是同一回事。順便一提，世界各大宗教最愛坑弄的「上主要我們犧牲」的觀念，就是由此原則演變出來的：「我若想繼續存在，就必須償還自己從祂那裡盜取之物。」這一概念繼而演變成特殊關係的基礎：「我若想由你那兒獲取什麼，就必須為你付出某種代價。」由此可見，「非此即彼」原則的雛型正是來自「我若想要存在，必須毀掉上主」這一形上前提，而「非此即彼」的原則已然滲入世界分化的每一過程，可說是無孔不入，最後成了**每一個人**的存在思維基礎。

很明顯的，〈練習手冊〉開卷伊始就企圖反轉我們根深柢固的思維路線。如果我真能看出世界只是我的一部分，那麼我的一切經歷，世界必然都會感受到。我若是蒙受祝福的，世間萬物也必然蒙受到同樣的祝福。耶穌在「救恩的磐石」那一節中，談到救恩的基本底線就是「沒有人會受損，所有人都獲益」（T-25.VII.12）。本段傳遞的也正是這個訊息。從此，我不再認定自己必須靠著對你的打壓、吞併或竊取才可能活得幸

福。我願意學習把今天的主旨推展到生活的每一層面,逐漸認出你是我的一部分,但這個「我」指的不是我這具有生理與心理的個體生命,而是身為上主之子的我的一部分。如果我視你為身外之人,不論把你當成死對頭或是愛恨交織的對象,都表示我已經將你排斥於外;如此一來,無異於宣告上主之子已經四分五裂了。然而,這絕非聖子的真相,故我攻擊你時,其實是在打擊自己的終極身分。反之,如果我的起心動念是以「我的心靈是上主天心的一部分,我是非常神聖的」(W-35)為出發點,而且這神聖性又完全真實不虛,我必會看到你擁有同一的神聖本質。於是,犧牲的把戲(或「非此即彼」的原則),於焉告終了。

〈正文〉中有不少類似的修正觀點:

救恩原是一趟「聯袂探險」的旅程。(T-4.VI.8:2)

若不和他一起在此信心中抬起眼睛,你就根本沒有抬眼的可能。(T-19.IV.四.12:8)

在舊約裡,進入和平方舟的,都是成雙成對的;另一個世界就是由他們開始的。(T-20.IV.6:5)

沒有人是獨自被釘在十字架上的,也沒有人能夠獨自進入天堂。(W-134.17:7)

這並不表示你必須在有形層次與某人建立如何的關係。它

真正的含意是，從此你**心裡**再也不要求任何人為自己的平安、救恩或幸福付出任何代價了。

為此，本課的要旨就是「我的神聖本質祝福了世界」，因為世界就是我生命的延伸。只要我還相信「外面」有個別人，必然相信「裡面」這個人看到「外面」那個人，表示我又落入分裂、特殊性和個體性的妄見了。一旦認同了那個我，不可能不相信犧牲的必要，於是「非此即彼」的把戲又上演了。

(2:1) 除此之外，沒有其他辦法能夠撤銷世俗的犧牲觀念。

換句話說，若要消除世間的犧牲觀念，唯一的途徑就是走出分裂、批判和充滿仇恨的小我思想體系，轉向合一、寬恕和療癒的聖靈思想體系。但這**並非**要我們否認自己或他人的形體，而是否定「非此即彼」的人生信條。這是本課的要旨，充分反映出整部課程的核心教誨。

容我再說一次，我們並不否認身體的存在，也不否認我們所認同的那具身體，而是必須看清楚這個「非此即彼」的原則究竟如何在我內心運作的，然後下定決心否定它那看來挺有用的假相；唯有如此，才化解得了犧牲的觀念。也就是說，我終於明白了，你和我都在回家的同一條路上。這一條路由神智不清的自我放逐開始，慢慢地在心裡找到了一條神智清明的歸鄉之路，也就是牽起你的手，與你同行。這個你，可能根本不認識我，或早在三十年前就離世了，同樣毫無差別。這裡所說的

與世間經歷毫無瓜葛，只因所有的關係只存在於心靈層次。我們此處說的是始終存留在自己想法中的那個關係。小我當家作主時，那個關係只會反映出「非此即彼」的原則，當然也撇不開犧牲。如果我接受耶穌的指導，那麼，這個特殊關係便給了我一個機會認清自己心內「非此即彼」的思維方式，如此，我才可能求助於他，從而真正改弦易轍。

(2:2~3) 人間的觀點總是要求某人付出某種代價。結果，倒楣的必是懷有那種觀點的人。

依照人間的觀點，我必然認定自己會有所損失的，因為我心知肚明自己的存在是從上主那兒盜取而來，更別提存心毀滅祂的企圖了。根據投射的原理，我會堅信上主及夢境中所有的人都會以其人之道來報復我，我的罪咎最後必會警告我：「對方遲早會把我從他那兒偷來的東西再度奪回去的。」這正是小我的思維邏輯：「我的個體存在等於承認這一罪行，因為若非我已盜取或謀殺成功，我怎麼可能成為今日之我？」請看看，這便是「非此即彼」原則所給我們的一個最糟也是**最終**的解決途徑。既然外在所見的現象均是內心的反射，那麼，我必會認定自己所投射出去的每一個人，都會以我對待他們的方式（盜取及殺害）來報復我。請記住，此處所說的殺害，並非指外在**形式**，而是**內涵**層次，亦即第二十一課的深意：「你會愈來愈清楚，一絲不悅只不過是掩飾震怒的一道屏障罷了。」（W-21.2:5）沒有錯，殺害之念和一絲不悅是同樣的**一念**，這又呼應

了先前引用過〈正文〉那句聳人聽聞的說法：「不愛，就等於謀害。」（T-23.IV.1:10）這種罪惡感最後可以回溯到天人分裂的源頭。也因此，任何分裂之念，不論是「一絲不悅」或是恨不得置某人於死地，都會勾起我們曾經背叛那**唯一**圓滿生命以及真愛的記憶。

由此我們不難了解，為何死亡成了物質宇宙現象的一個高潮，因為對小我而言，死亡代表上主的懲罰。我們甚至可以這樣說，整部《聖經》都是從〈創世記〉第三章發展出來的劇情。它敘述了亞當夏娃如何犯罪，如何被罰；上主為此創造了死亡，而後又推出一個受難犧牲的救贖計畫。死亡成了我的罪孽必遭天譴的鐵證，聖子奧體內每個看似分裂的生命**註定**會死。既然身體成了分裂的象徵，故它理當承受死亡的懲罰。這就是「倒楣的必是懷有那種觀點的人」這一句話背後所蘊含的深意。

(2:4) 而他怎麼也想不透為何自己總是這麼倒楣。

我一向認為是你對我的所作所為或不良企圖，才讓我這麼倒楣的，卻絲毫意識不到倒楣的真正原因是我為自己編寫了這樣一個夢，一個「非此即彼」、有輸有贏，最後一敗塗地的夢。我們在此又看到小我如何想盡辦法把我們打入失心狀態。只要我認定自己活在一具身體內（忘了自己還有心靈），便**不可能不**相信別人對我做了這些不義之事，而其實，那不過是深埋於自己內心的罪咎還魂了而已。下面這一段話可說淋漓盡致

地道出了投射的陰暗內幕：

> 但你十分肯定，在那些使你痛不欲生的各種原因當
> 中，你從不把自己的罪咎計算在內。你也十分確定，
> 那一切痛苦不可能是你自己求來的。整個幻相世界就
> 是這樣形成的。製造幻相的人看不出那是自己打造
> 的，也看不出那些幻相是藉著他自己才維繫下去的。
> 幻相的起因不論是什麼，一概與他無關，他所見到的
> 外界與他內心的想法是兩回事。他絲毫不懷疑夢境的
> 真實性，由於他根本看不見自己是夢境的製作者，夢
> 境對他才會顯得如此真實。(T-27.VII.7:4~9)

(2:5) 然而，透過你的慧見，他才可能重新意識到自己的完整
性。

　　我一旦向耶穌求助，認同他的神聖生命，不僅能夠療癒自
己的心靈，對你也成了一個提示。比方說，在我們的關係中，
我若能改變自己的心念，不再玩「非此即彼、非你即我」的把
戲，願意把這一關係當作教室，學習另一套運作法則，我等於
傳遞給你那一套訊息。換言之，不管是否訴諸言語，我都已經
與你分享了自己學到的功課，這也好似告訴你：「我選擇的那
位老師也在你心內。」這和耶穌在〈正文〉最後的提醒：「我
的弟兄，重新選擇吧！」（T-31.VIII.3:2）用意完全一樣，因
為基督就在我們心內。重新選擇之後，我們成了基督的寬恕慧
見之象徵，也為弟兄反映出上主的聖言。〈教師指南〉第五篇

的一段引文，精彩地描述了上主之師如何幫助我們這群有病的
弟兄「重新意識到完整性」：

> 上主的教師就是為這一類人而來的，他們代表了這些
> 人早已遺忘的另一種可能性。上主之師的臨在本身只
> 是一種提示而已。他的思維方式等於向病患信以為真
> 的想法提出一種反問的權利。上主的教師們，不只是
> 傳遞訊息的使者，他們成了救恩的一個象徵。他們請
> 求病患因他自己的聖名之故而寬恕上主之子。他們代
> 表另一種神聖的選擇。他們心中懷著上主聖言的祝福
> 前來，不是為了治癒有病之人，只是提醒他們上主早
> 已賜給他們的藥方。真正治療的，不是他們的手。講
> 出上主聖言的，也不是他們的聲音。他們給出的不過
> 是上主賜他們的禮物。他們這樣溫柔地呼喚弟兄遠離
> 死亡之途：「上主之子，請看永恆生命賜給你的禮物
> 吧！你何苦選擇疾病，而不惜放棄這一恩賜？」(M-5.
> III.2)

(2:6~7) **因你對他一無所求，你的神聖本質祝福了他。凡是認
出自己圓滿無缺的人，自然一無所求。**

倘若我們願意誠實反觀自己的人際關係，好好地練習，即
使僅僅一天，我們也能意識到自己對身邊的每個人都是有所要
求的；有時要求得理直氣壯，有時則拐彎抹角。只要我們認為
自己是一個個別的生命（我們分明如此），就免不了有所求的

心態。凡是視自己為一個個體之人，便很難撇開匱乏的心態，追根究柢，仍然是「曾幾何時，我因為內在某種失落感而盜取了上主的寶貝」那一源頭。那種失落感永遠揮之不去，我只好繼續在每個人身上盜取他們的寶貝。想一想，我們豈有選擇的餘地！只要匱乏（或說**欠缺**）的信念繼續在心底作祟，這一知見就會不斷生出需求來填滿空虛。此即〈正文〉的奇蹟原則所說的「彌補某種欠缺」（T-1.I.8:1）。我永遠需要某人來彌補自己心中的欠缺感，最後便形成了我的某種特殊性。

這就是這幾句課文所要表達的真義。除非有一天我們開始與神聖性認同，對人必然一無所求，因為我**就是**一切，也**擁有**一切。我是一切，只因「有」和「是」原是同一回事（T-6. V. 二 .3:4; V. 三 .5）。這一學習過程特別需要儆醒，我們才能隨時覺察自己這種對他人有所求的傾向。只要有所求，表示我們認可了攻擊的價值，那一刻我便不可能相信自己是圓滿無缺的生命。為此，我之所以心生不悅，不是因為我沒有得到我認為別人應該給我的，而**純粹**因為我選錯了老師。

(3:1) 你的神聖本質是世界的救恩。

耶穌此處所說的當然不是指外在世界。我先前提過，《課程》採用了基督教術語，而基督教在復活節期間特別喜歡強調「耶穌拯救世界」的概念。但在本課程，耶穌要我們明白，外面並沒有一個有待拯救的世界；所謂「拯救世界」，毋寧說，就是把我們從相信外頭「有一個世界」的**信念**中拯救出來。既

然所有心靈都結合於基督的神聖本質內，只要我的心靈療癒了，聖子奧體之心靈也就在那一刻療癒了。

但我也說過，這種說法在世界的觀點中簡直不可理喻；即使從我們的人世經驗來看，也顯得荒謬無稽。唯有將自己提升到戰場之上，和耶穌同在，進入所謂的神聖一刻，才可能明白箇中深意。從那個層次反觀世界，我們會產生不同的眼光，領悟出真正有待拯救的是我們對世界的**想法**；而這類想法又是從我們對自己的想法延伸出來的，只因外在與內在是同一回事，**觀念離不開它的源頭**。

(3:2) **它幫你教世界看出，你與它原是一體的。你無需向它說教，也不必告訴它任何事情，只憑著你默默地領悟出：萬物都在你的神聖本質內蒙受了祝福。**

這句話意義甚為深遠。如果想改變或拯救世界，憑靠的不是宣揚《奇蹟課程》或講解奇蹟理念，更無需為這部課程做什麼，而是有賴於自己從中學到了什麼。若要拯救我自己的世界，跟我做什麼或說什麼也沒有關係，我只需認真活出每天的練習所教導的道理。總括一句，即是「親自領受救贖」。切莫對這幾句話掉以輕心，因它直接切入《課程》最核心的形上理念。偏離這一基本原則，我們不可能了解耶穌的教誨，更遑論生活實踐了。說穿了，既然世界不存在，有誰救得了它？再重述一遍，真正有待拯救或修正的，是我們那顆相信外面有個世界的**心靈**。這個心靈一旦療癒了，自會憶起「分裂不曾發

生過」，那麼，由分裂之念衍生出來的世界從此便無立足之地
了。再深入一點地講，如果天人不曾分裂，那麼上主之子始終
都是那圓滿一體的**唯一**聖子，心靈自然散發出造物主的祝福。
如果以我們一再提出的「觀念離不開它的源頭」這一原則為依
準，那麼，「萬物都在**我們**的神聖本質內蒙受了祝福」，豈非
天經地義的事！因著這內在的祝福，我們的神聖性自然透過我
們而推恩出去。下面三段〈正文〉的引言可說異曲同工，強調
的是同一修行過程，也就是提醒我們，除了**解除**自己對小我的
信念以外，什麼都不需要做。換句話說，若要把世界**從我們的
信念中**拯救出來，所仰賴的，唯獨就是小小的願心。

> 你無需為神聖性的推恩力量操心，因奇蹟的本質不是
> 你所能了解的，也不勞你插手。奇蹟的推恩力量超乎
> 你的知見所及，這一點恰恰證明了它們不可能出於
> 你。你連奇蹟本身是什麼都不了解，又何苦去為如何
> 把奇蹟推恩到整個聖子奧體而操心？(T-16.II.1:3~6)

> 把寬恕推恩出去，乃是聖靈的任務。讓祂完成自己的
> 使命吧！你只需操心一事，就是你該給祂什麼，好讓
> 祂推恩出去。不要向祂隱瞞任何不可告人的祕密，
> 倘若如此，祂便無法為你發揮大用；你只需給祂能夠
> 推恩的小小禮物，祂就會欣然接納，把它投入和平用
> 途。(T-22.VI.9:2~6)

> 奇蹟無需靠你推恩，它只要你幫它起一個頭。只要你

自己接受了療癒的奇蹟，基於奇蹟的本質，它就會自動向外推恩。也基於奇蹟的天性，它在誕生的一刻便已開始推恩了。奇蹟就誕生於你接受它和給出它的那一刻。……因此，將那「放諸四海皆準」的課題，交給真正了解世界運作法則的聖靈吧！唯有祂能保證那些法則不受任何侵犯及限制。你的責任只是把祂教給你的一切用在自己身上，其餘的事，祂自會為你打點的。(T-27.V.1:2~5;10:1~2)

　　無庸贅言，想要達到此一境界，我們先得選對老師才行。於是我們又回到了這個關鍵問題：「我與耶穌是否有真正的連結？」答案若是「沒有」，表示我還在暗中排斥**自己**，不敢面對內心隱藏的「罪」，結果把耶穌也一併驅逐心外了。這正是一切問題的癥結。

　　隨後的兩段再次重申了我們的知見與想法是同一回事，毫無分別可言：

(4) 今天要作四次「長式」練習，每次需要三至五分鐘；首先複誦幾遍今天的觀念，然後再環顧四周一分鐘的光景，把這個觀念套用在你所見到的任何事物上：

> 我的神聖本質祝福了這把椅子。
> 我的神聖本質祝福了那扇窗子。
> 我的神聖本質祝福了這具身體。

然後閉起眼睛，把這觀念運用到你所想起的任何人身上，指名
道姓地說：

> 我的神聖本質祝福了你，＿＿＿＿＿（人名）。

各位可注意到，耶穌先由椅子、窗子及中性的身體這些
「不重要」的東西開始，然後才要我們試著祝福某位特定的
人。他一向如此耐心地將我們一步一步帶入《奇蹟課程》的核
心：寬恕我們的特殊關係，因為這是我們最難以給出的祝福。

耶穌繼續引導我們，可以張開眼睛，也可以閉起眼睛操
練，任由我們的心意：

(5) 你可以閉起眼睛繼續練習，你若願意，也可以再張開眼
睛，把今天的觀念套用到外在世界上；你也可以把這觀念交替
運用在周遭事物以及你想起的人身上；你可以把這兩段合併在
一起應用。練習結束時，不妨閉上眼睛唸一遍今天的觀念，然
後再張開眼睛複誦一遍。

耶穌在指導我們做練習時，有時強調張開眼睛，有時則
是閉起眼睛，說法都很委婉。他常用「你若願意」、「你若想
要」、「你若喜歡」，真正的好老師從不脅迫學生。耶穌希望我
們操練得**心甘情願**，否則我們會愈學愈感到力不從心。

(6:1~2)「短式」練習只需複誦這個觀念即可，多多益善。最有
益的莫過於默默地將它套用到你所遇到的每個人身上，只是別
忘了指名道姓。

換句話說，耶穌要我們對小我的運作提高警覺，尤其在人際關係更要特別留意。後面幾課透露出，他早已看準我們會作出錯誤的選擇，故這一課好似專為我們註定會犯的錯誤提前預警或修正一下。總之，耶穌**預料**我們會看走眼而隨時生起攻擊之念，但這也沒關係，只要一覺察自己又重蹈覆轍了，立即向他求助，也就是憶起今天的教誨，如此就成了。

(6:3~4) 尤其當別人好似激起你的反感時，你更應發揮這一觀念。立即向他獻上你神聖本質的祝福，如此，這一神聖本質才可能深入你的意識。

我猜想，百分之九十九點九的奇蹟學員在操練本課時會以持咒的方式硬硬死背，以為只需向自己厭惡的人說一聲「我祝福你」，一切就療癒了。但這**絕非**耶穌的本意，他其實是要我們看清自己對他人的認知完全是出於我們對自己的**錯誤**認知。為此，光是嘴巴說說「我的神聖本質祝福了你」，是不會產生任何效果的。其實，這樣說也不完全正確，應該說結果勢必更糟，只因這麼一來，**反倒把小我之念壓得更深**。請記得，本課的宗旨是要我們把小我之念帶入真理，把黑暗帶向光明。當我們做這類練習時，除了老老實實按照耶穌的提示操練之外，還要深入體會耶穌**真正要傳達的內涵**。特別留意一下，我們多麼想把某人當作另一個「外人」；更重要的是，警覺自己總是想把罪咎牢牢鎖在心內的意圖。唯有如此操練，耶穌和他給的這些功課才釋放得了我們根深柢固的罪咎感。

第三十八課

我的神聖本質無所不能

　　首先，切莫扭曲了本課的主旨，誤以為你的神聖本質能讓你在水上行走或治癒人們的生理疾病。我們已經在多處看到，耶穌從不著眼於行為層次，即使他的說法很可能讓人產生錯覺，以為他是針對這一層次而說的。要知道，《奇蹟課程》始終關切的是我們內心的想法。我們的神聖本質之所以無所不能，因為我們一切的所言、所行、所思、所感，乃是出自正念的選擇，與基督的神聖本質認同，這意味著再也沒有罪咎與判斷的干擾及扭曲，唯愛猶存，故足以超越所有的問題與憂慮。

(1:1~2) 你的神聖本質倒轉了世間的一切運作法則。它不受時空、距離及任何限制的約束。

　　這是因為我們的神聖本質安止於正念心境；只要選擇與耶穌或聖靈結合，在這神聖的一刻，一切必然無往而不利。因為

在合一之境，分裂不復存在，罪咎懼便失去了立足之地。**罪**一消失，**過去**也隨之銷聲匿跡；**咎**一消失，**現在**便失去了存在的意義；**恐懼**一消失，**未來**也無存在的必要。換言之，在神聖一刻中，時間不復存在。不僅如此，天人分裂之念消失後，身體也沒有存在的餘地了。容我再引用一次〈正文〉那一句話：「身體連一刻都不曾存在過。」（T-18.VII.3:1）總之，神聖一刻徹底超越了時間與空間。只要能和自己的神聖本質認同，我們自然明白時空世界只是一場夢，終有一天，我們會徹底領悟那個有名有姓、在夢中來來去去的我，根本**不是**真正的自己。「我的神聖本質無所不能」的另一原因即是：我什麼也不需要做。（參閱〈正文〉「我什麼都不需要做」一節）（T-18.VII）。

(1:3) 你的神聖本質的能力是無限的，為此你才堪稱為上主之子，因你與造物主同在天心之內。

　　這正是與聖靈或耶穌結合之後的境界。在這一刻，一切都改變了，所有的問題不復存在。第七十九課與八十課告訴我們：我們的問題全都解決了，因為真正的問題只有一個，即「我已分裂」這一信念。對此，也僅僅只有一個解決之道，即是領受救贖。因為救贖否定了分裂的現實，同時否定了咎的存在。一旦臻於此一境地，我們原是上主唯一聖子的那個記憶，便從一塵不染的心中浮現出來了。

(2:1~3) 透過你的神聖本質，上主的大能得以彰顯出來。透過你的神聖本質，上主的大能得以發揮大用。上主的力量是無所

不能的。

我已經提醒過好幾次，耶穌這種說法絕不是指任何的外在事物。兩千多年以來，我們一直把福音裡的神蹟故事視為上主大能的證據，例如耶穌治癒病患、使死人復生、把水變成酒，最後肉身復活。這種詮釋徹底扭曲了耶穌的真實教誨。值得注意的是，不少原本想要擺脫基督教背景的奇蹟學員，照樣陷入層次混淆，將**形式**和**內涵**，**身體**與**心靈**的不同層次混為一談。然而，耶穌在〈正文〉頭幾章就已指出，這類混淆構成了一切疾病的肇因（T-2.IV.2）。

因此，耶穌用意所在，絕不是說我們的身體有多大能耐，因為當我們與上主大能及自己的神聖本質認同之後，必會明白身體是我們在夢中幻想出來的一個虛構之物罷了。夢裡的身體其實一無所能，它只是一個傀儡，一塊沒有生命的木頭。活在世間的我們也如同木偶劇裡的木偶一般，除了娛樂一群孩童觀眾之外，沒有一點實質的意義。我們日後還會不斷回到這個觀念。

(2:4~6) **因此，你的神聖本質也能夠消除所有痛苦，結束一切哀傷，解決所有的問題。不論那問題關係到你自己或任何一人。它以同等的力量幫助每一個人，因為拯救每一個人所需之力都是同等的。**

我們把耶穌推出心外，這正是自己所有悲哀、痛苦和問題

的根源；為此，只要把他請回自己心中，一切困難便會迎刃而解了。請記住，我們是在談心靈層次，因為這才是一切痛苦的根源。無論如何，我們仍可能經歷某些人類無力克服的事件或疾病，然而，只要心中沒有罪咎作祟，我們不會感到事態嚴重，也不會因而痛心疾首。耶穌在〈教師指南〉解釋過療癒的心靈是如何看待事物的：

> 上主之師的眼睛仍會看到萬物的差異性。可是，已經療癒的心靈再也不會與它認同了。雖然有些人看起來好像「病得比較嚴重」，肉眼也會照舊報導病情的發展。但已療癒的心靈會把它們全數歸類於同一個虛幻不實的範疇裡。那位聖師給他的禮物就是幫他了解：人心從外在的表相世界所接收的訊息只能歸納為兩大類。而其中只有一類是真的。既然實相是全然的真實，與大小、形狀、時間及空間無關——因為差異性無法立足於實相之境；同理，幻相之間其實也沒有什麼分別。不論哪一種疾病，只有一個答覆，就是療癒。不論哪一種幻相，也只有一個答覆，就是真相。
> （M-8.6）

我必須不厭其煩地重申：《奇蹟課程》只著眼於世界的**起因**（**心靈**），而非其**果**（**世界**），正因如此，耶穌才會在〈正文〉鄭重聲明：「本課程是一部強調『因』而不強調『果』的課程。」（T-21.VII.7:8）每當我們向耶穌求助，無論是期待他

消除自己身心之苦，或解決某個外在問題，等於存心把他由真
理之境扯進自己的幻境。有時，問題好似解決了，有時則未
必，但把耶穌扯入這些表相問題，只會助長特殊性的光環，這
恰恰與他想要幫我們修正錯誤的用意背道而馳。

當然，這並不是說**不該**請求他協助我們現實生活的問題，
而是說，與耶穌的關係如果只停留在這一層面，我們必會愈陷
愈深而難以自拔。事實上，耶穌傳給我們〈頌禱〉一文，立意
所在，就是提升奇蹟學員的祈禱層次。〈頌禱〉以階梯為喻，
要我們從階梯底層（祈求具體事物這類祈禱）向上攀登，也就
是把焦點由世界拉回心靈層次。唯有提升到祈禱階梯的最頂
層，我們才會恍然大悟：真的只有一個問題，故也只有一個答
覆。這是《奇蹟課程》開門見山，在奇蹟第一條原則就要我們
明白的道理：

> 奇蹟沒有難易之分。一個奇蹟不會比另一個奇蹟「更
> 難」或「更大」。它們全是同一回事。（T-1.I.1:1~3）

容我再提醒一次，我們的神聖性之所以具有「同等的力
量」，正因問題只有一個，而且也只有一位上主之子。如果我
真的選擇了基督的神聖生命，不再認同於罪孽深重的小我，在
那一刻，我必會豁然開朗——原來我就是那唯一的聖子，而且
每一個人都和我一樣同屬於聖子奧體的一部分。於是，我此生
所經歷的痛苦頓時煙消雲散。縱然其他人仍在昏睡，也絲毫影
響不到我的選擇，因為在那神聖一刻，我和耶穌一樣已經跳脫

了夢境。

(3:1~3) **你若是神聖的，上主的一切造化也是神聖的。你是神聖的，因為祂所創造的萬物都是神聖的。祂所創造的萬物都是神聖的，因為你是神聖的。**

　　我若是神聖的，上主的一切造化也必定是神聖的，因為上主的造化只有一個。當我們念到這類充滿了愛與鼓舞的詞句時，必須滲透到文字背後的深意，由**形式**切入**內涵**層次。不僅懂得耶穌的深意，還要努力將它套用於當天每一件事才行，而且**絕無例外**。唯有如此操練，才會發現自己其實並**不相信上主之子**有多麼神聖，因為我們根本不相信上主之子只有一個，寧可相信某些人是神聖的，某些人則完全不然。請記住，我們對任何人的判斷，直接反映出我們對自己的判斷。而所謂的保持儆醒，就是留意自己是如何看待人間萬象，並且心知肚明那一外境不過反映出我們內心已然當真的想法而已。

(3:4~5) **在今天的練習裡，我們要把你的神聖力量用到一切問題、困難，或你想得起來的任何一種痛苦上，不論是你自己的或是他人的。所有問題我們都一視同仁，因為它們本來就沒有差別。**

　　我們再次體會出何以然《課程》開宗明義就揭示「奇蹟沒有難易之分」這個觀念（T-1.I.1:1），可以說，這是耶穌的「心傳密意」。但小我是不會輕易放棄「幻相**有層次之分**」的主張

的（T-23.II.2:3）。也因此，耶穌才會再三叮嚀我們，切莫對自己所見所想作任何分別取捨。要知道，若非小我，即屬聖靈，絲毫沒有中間地帶。耶穌先前也說過，我們要不是純潔無罪，就是罪孽深重。這種說法，可說是正念之心善用「非此即彼」原則最高明的手法了。

接下來，第四及第五段的練習，特別強調選擇正念之心及神聖本質才解決得了**所有**的人生問題。耶穌還要我們對自己的問題和他人的問題一視同仁，這一點，也切莫輕忽。

(4) 今天需要作四次「長式」練習，每一次最好練習整整五分鐘，先閉起眼睛複誦一遍今天的觀念，然後省察心中任何一種失落感或是你認為的不幸。盡量把你認為的困境與他人心目中的困境一視同仁。具體說出那一困境，以及相關的人名。今天的練習格式如下：

在我所看到的＿＿＿的困境裡，沒有一個是我的神聖本質解決不了的問題。

在他所看到的＿＿＿的困境裡，沒有一個是我的神聖本質解決不了的問題。

既然問題全都出自同一源頭，也就是人心內毫不神聖的罪咎感，那麼，究竟在何處投射出陰影，就沒什麼差別可言了。幻相沒有層次之分，只因虛幻的分裂**觀念**不曾離開過心靈內的虛幻**源頭**。為此，這事無論發生在這一具身體或那一具身體，

表相的差別，並不會造成任何影響。耶穌要我們「盡量把你認為的困境與他人心目中的困境一視同仁」，就是因為種種形式的背後其實是同一個內涵。

(5) 有些時候，你也許想要改變一下這個程序，自行加入某些相關的想法。例如，你也許喜歡加入這類觀念：

我的神聖本質無所不能，因為上主的大能存於其中。

你可以隨興加入一些變化，但不要偏離「我的神聖本質無所不能」的主題。今天練習的目的即是開始灌輸給你一種意識：基於你的生命本質，萬物都在你的統轄之下。

耶穌要我們繼續試著將這些練習套用在當天的想法和事件上，而且多多益善。最後一句寓意著〈創世記〉的故事：亞當為萬物取名，象徵上主賦予亞當統轄萬物的主權。為一物命名，象徵著自己對此物的主權，這個觀念到了第一百八十四課還會進一步解釋。雖然耶穌沿用這一觀念，但他顯然並非指世上的權力，而是上主聖愛的大能，也是祂那唯一完整生命的天賦權能。萬物之所以在我的統轄之下，只因萬物就是我。請記住，我在外面所看到的一切根本不存在，它們只是我內心當真之念投射或延伸出去之物。我擁有統轄萬物的主權，乃是基於我是神聖的基督這一生命真相。因此，我所見的一切外物必然和我一樣神聖；但不是形相本身有多神聖，而是因為它是由原本神聖的心靈所投射出來的。這一重要觀點充分流露於下面這

段耶穌的禱詞中：

> 天父，我感謝祢，我知道祢會彌合支離破碎的聖子之
> 間那個間隙。他們每一個人都擁有祢完美且圓滿的神
> 聖性。他們必然是合一的，因為每個人都擁有那個一
> 體生命。即使是一粒微塵，你一旦認出它是聖子整幅
> 畫像的一部分，立即顯得神聖無比。每一碎片呈現出
> 什麼外形並不重要。因那一完整本體存於每一部分之
> 內。上主之子的每一部分與其他部分毫無不同之處。
> （T-28.IV.9）

如果我仍不甘心將你視為神聖的生命，只願把你當成身外的某人，這種對你的錯誤認知，表示我暗中**早已**決定要和自己的神聖本質一刀兩斷。這一決定必然出自恐懼，因為我擔心一旦擁有神聖本質，自己的個別價值與特殊性就會銷聲匿跡。簡言之，一切能力只可能存於心靈內，只因心外無物。而這能力就繫乎抉擇者──唯獨這個抉擇者擁有選擇或抵制上主之愛的能力。除此之外，世界沒有其他的能力。

最後，耶穌再次提醒我們，務必將這觀念**具體**套用在當天任何一個不順心的事件上。

(6) 至於那些多多益善的「短式」練習，你只需採用原有形式即可，除非有狀況發生，不論那是你的或是別人的，或只是你想起的問題。面對狀況時，則盡量採用比較具體的形式。

　　我之前強調過，日後還會不斷重申：如果我們不試著把這些原則一視同仁地套用在**所有的**事件（不論大事小事，好事壞事），做這些練習不會有任何效果的。我們遲早得明白所有的問題都是同一回事，因為它們來自同一個分裂或不神聖的源頭。反之，救贖會把我們帶回內心的神聖之念；救贖來臨時，所有不神聖之念自然會煙消雲散。

第三十九課

我的神聖本質乃是我的救恩

(1:1) 如果罪咎等於地獄，那它的反面又是什麼？

　　這個問題有兩種答覆方式。最明顯的答覆即是本課的標題：罪咎的反面就是神聖性，地獄的反面則是救恩。但我們會在第二段看到另一層次的解答：「罪咎等於地獄」的反面說法是「罪咎等於天堂」。

(1:2) 今天練習的觀念就如〈練習手冊〉所闡釋的〈正文〉一樣，非常簡單、清楚，毫無曖昧之處。

　　這段對〈正文〉的描述，大多數奇蹟學員大概都會感到難以苟同。問題在於，唯有不再把精力投注在個體生命上，也就是說，唯有在罪咎感和特殊性無法從中作梗時，我們方能了解《課程》的教誨，而且發現真理竟然如此單純。在這種心態下，才能體會到《課程》的「簡單、清楚，毫無曖昧之處」。

我們之所以覺得它難懂，不是因為文詞或詩句的隔閡，或任何形式上的問題，而是我們打心底不想要了解它。我這樣說，毫無任何攻擊或定罪之意，純粹是想幫大家明白為何我們覺得這部書不僅難以了解，更難以具體操練。只要我們還設法隱藏內心的意圖，把身體當真，或賦予自己的個體性無上價值，我們就會發現這部課程嚴重威脅到自己的信念；而抵制有形威脅最常見的手法，莫過於把它的說法搞得曖昧難懂。

為此，若想了解《奇蹟課程》，我們總得先讓它進入自己心中；它一旦真正進入心底，我們就會發現，一週、一月或一年前感到不知所云的句子，突然跳到眼前，變得「毫無曖昧之處」了。由此可知，耶穌多處提到他的《課程》極其簡單明瞭，絕非空泛之言，也毫無輕視我們之意。他只是想點醒我們，讀不懂此書的原因在於我們內心的抵制。我在下面所引的一段話，耶穌當初是針對海倫說的：

> 本課程已經講得不能再清楚了。如果你還無法了解其中道理，只有一種可能，你正以自己的詮釋抵制它，才會感到難以相信。你的所知所見受制於你的信念〔投射形成知見〕，而你的知見又不足以認出其中的意義，你對它自然難以置信。（T-11.VI.3:1~3）

(1:3~4) 我們對知性或邏輯這些玩意兒毫無興趣。我們著眼的原是顯而易見之事，它卻被你自以為是的複雜想法所遮蔽，使你視而不見。

　　請看，一句話就把我們自以為神聖或高明的想法全都打碎了。其實我們多少都明白自己的種種想法根本稱不上是思想，那些看似「深刻」的想法，只不過是我們內心恐懼之念投射出來的陰影罷了。說穿了，我們最怕的正是《奇蹟課程》的清晰度，才會發明「複雜化」這一抵制手法，使原本十分單純的真理顯得高深莫測。

　　《課程》的教誨就像太陽一般照亮我們的心靈，我們一開始害怕這光明，即刻醞釀出一層又一層的烏雲擋住陽光。《課程》將這種抵制手法象徵性地描述為「罪咎之雲」（T-13.IX），或「煙幕」（W-133.12:3），「保護」我們不受真理（太陽）的光照。顯然的，遮蔽太陽的烏雲是指我們的理性思考，因為這些求知的理性能力全都別有用心，企圖遮蔽奇蹟教誨的單純內涵。畢竟說來，真理的單純內涵只能體驗，無法藉著大腦來理解。耶穌在〈正文〉針對「複雜性」，這麼解說：

> 複雜乃是小我愛玩的把戲，它存心把原本一目了然的真相搞得曖昧不明。（T-15.IV.6:2）

> 複雜性與上主無關。它怎麼可能與上主扯上關係？因上主只知道「一」。祂只知道一個造化、一個實相、一個真理，以及一個聖子。有什麼東西能夠與這個「一」矛盾？那麼，祂怎麼可能複雜？（T-26.III.1:1~5）

(2:1~4) 如果罪咎等於地獄，那它的反面又是什麼？這個問題實在不難回答。你若支支吾吾地閃爍其詞，不是因為問題本身曖昧不明。而是你真的相信罪咎等於地獄嗎？

這正是問題之所在，我們毫不自覺罪咎在我們心目中與**天堂**無異。耶穌在〈正文〉第十九章「罪咎的魅力」（T-19. IV. 一 .(1)）那一節特別提到，我們常情不自禁地想在別人身上看到罪咎。無庸置疑，如果我在他人身上看到罪咎，表示我先把自己的罪咎當真了，這才是問題所在。我相信罪咎等於天堂，神聖才是不可饒恕的罪過。耶穌在〈正文〉也說過，我們真正害怕的不是十字架之苦而是救贖（或神聖本質）（T-13.III.1:10~11）。這一神聖本質一旦現前，個體性的自我概念就唯有遁形一途了。這就是救贖原則，我們的救恩**即在**其中。小我退位之後，所有問題及種種虛妄的解決方案也隨之銷聲匿跡，最後只剩下真理之光。然而，這光明常令我們戰慄不已。這正是問題的關鍵。

試問，罪咎的目的何在？無非就是要保住個體性，也因此，小我才會警告我們，不要往心內看去！只因我們的罪咎和自我憎恨如此之深，只要一接近它們，我們就會粉身碎骨。於是我們不得不聽從小我的計謀（「前言」已經細述過），開始打造一個世界和身體來遮掩這個「可怕的真相」。至此，身體存在的真正目的終於揭穿了，底下這一段〈正文〉為我們淋漓盡致地描述了身體存在的陰謀。我把整段的解說引用於此，之

後還會不時引用其中一部分。

> 恐懼的小天地就藏在肉眼所見的那一層次底下，它成
> 了整個世界的存在基礎。世上的幻相、妄想、瘋狂、
> 攻擊、憤怒、報復、叛逆，全是為了庇護罪咎而形成
> 的，而世界又是為了隱藏這一企圖而形成的。罪咎的
> 那些陰影一旦浮現出來，足以覆蓋罪咎顯而易見的表
> 相，世界才會如此孤獨絕望而了無生趣。然而，這一
> 罪咎的強烈程度卻被罪咎的重重掩飾遮蓋住了，讓你
> 認不出罪咎與掩飾它的世界其實是同一回事。身體無
> 法看破罪咎的陰謀，因為身體本身也是為了掩飾罪咎
> 而形成的，故絕不會讓你看清這一真相。為此，肉眼
> 從不著眼於自己的罪咎。它們只會去看罪咎要它們看
> 的東西。
>
> 只要你還相信罪咎的真實性，身體就不能不唯唯諾諾
> 地接受罪咎的指使。看似真實的罪咎，其實是一種幻
> 相，把自身變得如此沉重、晦暗而讓你看不透，它
> 是小我思想體系的真正基礎。你很難看出罪咎薄弱與
> 透明的一面，除非你著眼於它後面的光明，你才可能
> 看清罪咎不過是懸在光明之前的一片輕薄面紗而已。
> （T-18.IX.4~5）

我們毫不覺察自己選擇罪咎的用意，就是為了守住個體
性；我們不惜編織種種虛幻的想法，然後將它們界定為罪和

咎，以等候上天的懲罰。世界與身體就是為了掩蓋這一秘密、隱藏這個可怕的罪咎而打造成的。所以當耶穌問說：「你真的相信罪咎等於地獄嗎？」我們一定會大聲回答：「不信！」只要我們相信這具身體和人格特質代表了自己，便足以證明我們確實如此答覆了。耶穌知道這是形色宇宙的人生現實，他才會說出下面的話：

(2:5~6) 如果相信〔罪咎是地獄〕，你立刻就看得出〈正文〉所說的何等直截了當，你根本不需要這部〈練習手冊〉。沒有人需要靠練習才能得到他早已擁有的東西。

當我們抱怨《課程》艱深複雜，不斷繞來繞去，簡直太難懂了，上述幾句話即是耶穌的答覆。他直截了當地告訴我們，這**不是**問題之所在。套句前面引用過的一句話：「上主的想法則恰恰相反。」（T-23.I.2:7）耶穌說的也是同樣意思：「**我**的想法恰恰相反。」問題在於我們相信罪咎等於天堂，不願相信罪咎就是地獄，而且神聖性才是我們的救恩。顯然，耶穌絕無攻擊或批判之意，他只是告訴我們：「你若不接受我告訴你的實情，便無法從《奇蹟課程》學到任何東西，也表示你根本不想學習這部課程。唯有把你的學習恐懼症交託給我，我才能教你看出《課程》對你是百利而無一害的。而且，聖愛絕對不會遺棄你、背叛你，或置你於死地，你在聖愛的眼中永遠是基督自性。你真正害怕的，正是這個愛。」

在此，耶穌再度提醒我們謙虛一點。他委婉地開導我們，

讓我們體認到：在靈修路上，我們仍是一個無知的幼童，十分需要智慧的兄長溫柔地牽住我們的手，引導我們。只要我們仍與這具生理／心理的自我認同，就需要這一部課程，需要他教導我們如何穿越陰暗的小我思想體系，邁向小我所遮掩的光明真理之境。只有傲慢的小我，才會認為自己不需要耶穌的幫助。

(3:1~3) 我們已經說過，你的神聖本質乃是世界的救恩。那麼，你自己的救恩呢？你無法給別人自己沒有的東西。

　　世界只不過是一面鏡子，為我們反映出心目中的自己，所以才說，世界的救恩和我們自己的救恩其實是同一回事。

　　我們在〈正文〉已經讀過，「擁有」和「給出」，「施予」和「接受」，「有」和「是」，內涵等同，故可以等同視之（T-6.V）。既然愛的實相是**唯一**實相，是一個圓滿的整體，內在毫無分別差異，此外別無他物，我們才敢說：我之所「有」成了我之所「是」，我「給出」的，也正是我「接受」到的；它們是同一回事。這幾個同義詞可說為我們指出「唯愛存在，別無他物」的真相。當然，人盡皆知，在這個世間，「有」、「是」、「給」、「受」屬於四碼子事，我若給你一物，我就不再擁有此物。不僅如此，這一段課文還隱含了另一深意，它再次重申我們不需要為任何人領受救贖，只有自己有此需要。如果我仍是一位「尚未療癒的治療師」（T-9.V），是幫不了任何人的。下面這一句說得更為直截了當：

(3:4~5) 人間的救主必須自己先得救才行。否則他如何傳播救恩？

　　如果無法領悟萬物一體的道理，不論在小我夢境或在天堂裡，奇蹟的教誨對我的理性和生活都無何意義。要知道，我一己妄念中的咎和每一個人並沒有兩樣，而我的正念也是如此；只要寬恕一個人，等於寬恕了所有的人，因為每一個人都屬於同一生命。寬恕必須發之於心，而且也僅止於心，因為選擇罪咎的原初一念發生於心內，故也唯有心靈有待寬恕。如今我們皆已明白，只需親自接受救贖，救贖便會經由我們滲透於整個聖子奧體的。

(3:6) 今天的練習就是有意幫你認出你的得救是世界得救的關鍵。

　　說真的，我們實在無需為了拯救世界而操心，更無需忙於改善地球或個人的生存環境。唯一需要「操心」的，是該如何拯救自己。也就是說，我們需要求助於耶穌，以他的眼光正視自己的錯誤想法及決定。

(3:7) 只要你把這練習套用在周遭的事物上，整個世界將同受其惠。

　　這樣的說法，對一般世人而言，可謂殊無道理。然而，奇蹟學員在操練本課時，如果始終懷著「我真實地活在一個有待我拯救的世界」那種心態，便徹底違背了耶穌「世界根本不存

在」的基本教誨。這個道理在第一百三十二課還會詳加解釋。在此，他想告訴我們，只要願意放下小我，以他為師，致力於自己的得救，整個世界就會一起得救。世界的一體性不過是我們一體心靈的倒影；這種一體性可說是本來如此，因為**觀念離不開它的源頭**。

(4:1~2) 你的神聖本質答覆了人類過去提出的、現在還在問的、未來仍會問的一切問題。你的神聖性意味著罪咎的終結，因此也成了地獄的終結。

　　老實說，這正是我們最害怕的，我們才會寧可活得很不神聖。每當我在念頭、言詞或行為上攻擊他人之時，其實是存心證明自己的不神聖，故也不配得到愛。我們的動機其實很單純，就是企圖保住自己的罪咎；我若有罪，表示我的看法才是對的，耶穌全錯了，因他老是說我神聖無比。耶穌這種「攻擊」，對小我構成很大的威脅，故小我全力還擊：「讓我證明給你看！瞧瞧我現在所做或所想的好事，或者瞧瞧我故意不做或不想的事！」我們老想證明罪咎不是地獄，而是天堂；這種不可告人的隱衷，真的需要我們好好正視一番。請記得，一旦捲進罪咎的漩渦，小我思想體系會立刻推著我們將罪咎轉嫁到他人身上。對小我而言，這種投射簡直是天堂，因它護守住我們的不寬恕心態（W-PII. 一 .2），同時也護守了那個充滿罪咎的個體身分。所有的判斷及攻擊之念，它們的終極目的不過就是護守這個自我身分罷了。

(4:3) 你的神聖本質是世界的救恩，也是你自己的救恩。

　　理由何在？因為兩者根本是同一回事：**觀念離不開它的源頭**。

(4:4~6) 這神聖本質既然非你莫屬，你怎麼可能自絕於外？上主對不神聖之物一無所知。祂怎麼可能認不出自己的聖子？

　　上主不可能知道這個世界的，耶穌在〈正文〉已經為我們深深植入這一觀念（T-4.I.2:6,11~12;II.8:6~7），這兒顯然又蘊含了類似的觀念。這個不神聖的世界出自聖子不神聖之念，而上主是不可能知道這個活在不神聖之境的聖子的，否則，不神聖之境便成了真實之境，天堂實相立刻陷入了二元對立。縱然上主根本不知道分裂的聖子之存在，難免讓小我有些惱火，但說穿了，沒有比這更令它安心的說法了。總之，如果上主根本不知道這個分裂的聖子，表示這個我根本不存在；反之，上主若**深知**那個**真實**自性，表示它必定存在。

(5) 今天盡量作四次「長式」練習，每次整整五分鐘，若能延長時間或增加次數則更好。你若想要超過每天的最低標準，不妨加長練習時間，也可多作幾次；不過，多作幾次會比拉長練習時間的效果更好。

　　耶穌又開始溫柔地鼓勵我們好好練習了。他明確地要我們在一天之中盡可能憶念起他以及當天的觀念，但話中毫無威脅之意，因為威脅只會加深我們的恐懼。

(6) 練習之始,照常向自己複誦幾遍今天的觀念。然後,閉起眼睛搜查一下自己缺乏愛心的念頭,不論它化身為何種形式:不安、消沉、憤怒、恐懼、憂慮、攻擊、缺乏安全感等等。不論它化身為何種形式,都缺少了愛,你才會害怕。所謂得救,就是幫你由那些念頭中解脫出來。

　　「所謂得救,就是幫你由那些念頭中解脫出來」,這句話說得真是一針見血。但問題是,我們根本意識不到那些念頭,因為那些念頭早已從自己心裡飛到外面去了。也因此,我才反覆重申耶穌對省察心念的重視。搜尋自己缺乏愛心的念頭,始終是〈練習手冊〉的一大重點。耶穌偶爾也會提到搜尋內在的慈愛念頭(我們不久就會讀到),但整體來講,他比較側重不慈的念頭,因為那正是問題之所在,故只有它們才需要真理的光照。陰暗之念一旦被光明驅逐,慈愛念頭便自然而然**歷歷在目**了。

(7) 只要與那些缺乏愛心的念頭相關的場景、事件或人物,都是今天練習的最佳素材。你若要得救,就必須以不同的眼光去看它們。你唯有祝福它們,方能得救,重獲慧眼而看清了真相。

　　「你若要得救,就必須以不同的眼光去看它們」,這句話說得很重,毫不模稜兩可。話說回來,我們如果根本意識不到那些念頭的存在,怎麼可能「以不同的眼光去看」?為此,我們必須先將內心的不慈念頭搜尋出來才行。耶穌早就明說了,

他很了解我們其實聽不懂他真正要說的是什麼。問題還不僅如此，我們根本不想接受他的教誨，因為我們對於「咎」始終甘之如飴，根本不相信罪咎與地獄無異。所以這一段話就是告訴我們：「**別再**假裝自己是個道地的奇蹟學員，自以為很相信這些練習中的說法。」真正的奇蹟學員要學習的是「寬恕自己**並不**相信書中所說的一切」。再說一次，耶穌要我們把自己那些缺乏愛心的念頭帶到他的愛中，請他幫助我們重新詮釋。這就是為什麼認出這些不慈念頭，而且承認它們出於自己的內心，成了我們療癒與得救的關鍵。

(8) 省察你心中每一個橫梗在你與救恩之間的念頭，慢慢地，不加選擇，也不死盯著某個念頭。然後用下面的格式來套用今天的觀念：

　　我對 ＿＿＿＿＿ 缺乏愛的念頭，使我陷身於地獄之中。
　　我的神聖本質乃是我的救恩。

這段解說充分反映出我前面引用過那段〈正文〉的深意，我再次摘錄其中重要的幾句：

你在人間的功課並不是尋求愛，而是找出你為了抵制
愛而在心內打造出來的所有障礙。（T-16.IV.6:1）

這個觀點是《奇蹟課程》一而再、再而三所強調的關鍵教誨，它成了寬恕過程絕不可或缺的一環，即使每一課都重述一遍也不為過。我們必須隨時省察自己內在的不慈心念，才可

能將它們帶入心靈內永恆的聖愛，在愛的光明中逐漸消融。但別忘了，我們的本分只是把它們搜尋出來，至於化解或消融它們，則是聖靈的工作。

　　後面幾段的解說，提供了今天練習所需要注意的細節。請留意，這些提醒是如此的委婉，畢竟，我們還是剛剛上路的新手。

(9) 如果你能在這些「長式」練習之間，插入幾個「短式」練習，只慢慢複誦幾遍今天的觀念，等你作「長式」練習時，便會感到容易多了。今天，你也不妨加入幾段放鬆的插曲，好似什麼都不想，對你也會有莫大的好處。開始時，很不容易保持專心。等到你的心經過更多的訓練，不再那麼容易分心時，你自然就專心下來了。

　　愈來愈容易「保持專心」，也就是能夠隨時想起耶穌和他的寬恕訊息，成了資深學員的必備素養。當我們的專心一意愈來愈持久，而到了「不動轉」之境地時，便抵達了《奇蹟課程》的終極目標，證入真實世界。真實世界象徵著正念心境化解了妄念所有的問題，上主的記憶好似水落石出，浮現於已然療癒的神聖心靈。

(10) 同時，你也可以隨興在練習中加入一些變化。然而，當你靈活運用時，切莫改變了當天的主題。不論你決定如何運用，只要能把「你的神聖本質乃是你的救恩」之意表達清楚就行

了。練習結束時，請再複誦一遍這觀念的原有形式，且加上一句：

如果罪咎等於地獄，它的反面又是什麼？

耶穌開始教導我們靈活地練習，顯然是想幫助我們由具體套用延伸到**所有的**事件與情景。當他提醒我們「**切莫改變了當天的主題**」，其實是在重申「形式和內涵」的道理：寬恕或愛的**形式**可以千變萬化，但**內涵**永遠不變。

最後一段，鼓勵我們今天好好鍛鍊自己的覺察力，一旦覺察自己快被小我那一套罪咎信念動搖時，即刻把今天的觀念運用出來就成了。

(11) 每小時最好能作三、四次「短式」練習，多多益善；你可以反問自己這一問題，複誦今天的觀念，最好兩樣都作。當誘惑來臨時，最有幫助的練習形式即是：

我的神聖本質乃是幫我由此解脫的救恩。

每當我們開始內疚或憤怒之際，我們能夠「多快」覺察到這是小我的誘惑，就會「多快」完成此生的目標，徹底了悟「我的神聖本質乃是我的救恩」，以及「我是非常神聖的」。

第四十課

我是蒙受祝福的上主之子

(1:1) 從今天起，我們要重申那些基於你的生命本質而應享有的福氣。

我們在前面幾十課反覆提到：耶穌毫不諱言地點明，我們的心靈早已分裂，一部分效忠於罪咎與攻擊之念，另一部分依然保有生命真相的記憶。從本課開始，以及隨後的十課，耶穌暫時擱置小我，改而聚集焦點，直指我們的正念心境，即上述所謂「基於你的生命本質而應享有的福氣」。

(1:2~6) 今天無需作「長式」練習，卻應不斷作「短式」練習。最好每十分鐘練習一次，奉勸你盡可能謹守這一課程表。你若忘記了，再重新開始。不論中間耽擱了多久，再重新開始。只要一想起來，就重新開始。

今天的練習好似與前面的練習方式之間的一道分水嶺，我

們不再作長式練習而轉向短式練習。耶穌甚至奉勸我們每十分鐘都要記得練習，而且愈多愈好。但他仍溫柔地提醒我們，即使忘記了也不是什麼罪過。顯然，他看準我們一定會忘記的。

下一段更重要，因它提醒我們，不論在靜室冥想，或忙於生計，**隨時隨地**都得把今天的觀念套用出來。只要有心憶起上主及其聖子，**閉眼或張眼都不成問題**。

(2) 練習時，無需閉上眼睛，但閉起眼睛可能有助於你的練習。你這一天中難免會遇到某些情況，不方便閉起眼睛。不要因此而錯過了練習的機會。只要你真心想要練習，不論在什麼環境下，你都能好好練習的。

總而言之，這一整天，不論在開車的路上、與朋友聚餐、獨自在家，或忙著辦公，我們盡量記得今天的主題。

(3) 今天的練習不需要太多的時間及精力。先複誦一下今天的觀念，然後加上幾個你認為與上主之子有關的特質，套用在你自己身上。例如，一個練習可以這樣作：

> 我是蒙受祝福的上主之子。
> 我很幸福、平安、慈愛且知足。

也可換為這種形式：

> 我是蒙受祝福的上主之子。
> 我很平靜、安寧且充滿信心。

如果你只有很短的練習空檔，只需告訴自己，你是蒙受祝福的上主之子就行了。

關於我們的真實身分，耶穌要我們用比較具體或比較有感覺的話來取代原本的泛泛描述。本段最後一句再次點出，我們不需要另闢時間或場所才能憶起自己的真實身分。

這一說法值得我們深省。如果我們覺得非得需要一個特殊時空（比如儀式），才能憶起自己的本來面目，表示我們依舊認同這具身體。然而，耶穌的教誨最終是要我們明白自己原是心靈，故他設法幫我們對外在世界「斷奶」，這是我們認同心靈的過程中極其重要的一環。心靈才是一切祝福的源頭，但心靈也是我們否認自己真實身分的「發源地」。

奇蹟資訊中心
出版系列：

《奇蹟課程》
（A Course in Miracles）──新譯本

　　《奇蹟課程》是二十一世紀的心靈學寶典，更是近年來各種心理工作坊或勵志學派的靈感泉源。中文版已在 1999 年由若水譯出，並由作者海倫‧舒曼博士所委託的「心靈平安基金會」出版。

　　新譯本乃是根據「心靈平安基金會」2007年所出版的「全集」，也是原譯者若水在「教」「學」本課程十年之後再次出發的精心譯作。全書分為三冊：第一冊〈正文〉；第二冊〈學員練習手冊〉；第三冊〈教師指南〉、〈詞彙解析〉以及〈補編〉的「心理治療」與「頌禱」二文。新譯本網羅了《奇蹟課程》所有的正式文獻，使奇蹟讀者從此再無滄海遺珠之憾。（全書三冊長達 1385 頁）

《奇蹟課程》
〈學員練習手冊〉新譯本隨身卡

　　《奇蹟課程》第二冊〈學員練習手冊〉共三百六十五課，一日一課地，在力求具體的操練中，轉變讀者看事情的眼光，解開鬱積的心結。

　　若水由十餘年的奇蹟課程教學譯審經驗出發，全面重譯這部曠世經典。新譯版一本經典原文的精確度，語意更為清晰，文句更加流暢。精煉再三的新譯文，吟誦之，琅琅上口，饒富深意，猶如親聆J兄溫柔明晰的論述，每天化解一個心結，同享奇蹟。

　　為方便現代人在忙碌生活中操練每日一課，經三修三校的重譯版，首度以隨身卡形式發行，以頂級銅西卡精印，紙版尺寸 8.5 × 12.6 公分，另有壓克力卡片座供選購。（全套卡片共 250 張）

奇蹟課程導讀與教學系列

　　《奇蹟課程》雖是一部自修性的課程，只因它的理論架構博大精深，讀者常易斷章取義而錯失精髓，故奇蹟資訊中心陸續推出若水的導讀系列、米勒導讀，以及一階理論基礎及二階自我療癒DVD、其他演講錄音或錄影教材，幫助讀者逐漸深入這部自成一家之言的思想體系。

若水導讀系列

（一）《創造奇蹟的課程》（全書 272 頁）
（二）《生命的另類對話》（全書 272 頁）
（三）《從佛陀到耶穌》（全書 224 頁）

　　若水在這三冊中，解說《奇蹟課程》的來龍去脈與理論架構，透過問答的形式，說明崇高的寬恕理念如何落實於生活中；最後透過《奇蹟課程》的理念，闡釋佛陀和耶穌這兩位東西方信仰系統的象徵，在實相裡並無界境之別，而只有人心的「小我分裂」與「大我一體」的天壤之隔。

米勒導讀

《奇蹟半生緣》

　　一位慧心獨具卻不得志的記者，三十多歲便受盡「慢性疲勞症候群」的折磨，群醫束手無策，他在走投無路之下，不禁自問：「究竟是誰把我這一生搞得這麼慘？」

　　《奇蹟課程》讓他看到，自己竟是一切問題的始作俑者。他對這一答覆百般抗拒，直到有位心理治療師對他說：「恭喜你！你若讀得下這本書，大概就不需要心理治療了！」

　　《奇蹟半生緣》全書穿插作者派屈克‧米勒浮沉人生苦海的經歷，但他並不因此獨尊自身的經驗和詮釋，而以記者客觀實証的精神，遍訪散居全美各地的奇蹟講師與學員，甚至傾聽圈外人的質疑。本書可說是一部美國奇蹟團體的成長紀實。（全書 319 頁）

奇蹟課程有聲教學教材

　　奇蹟資訊中心歷年發行《奇蹟課程》譯者若水的演講錄音或錄影光碟，將《奇蹟課

程》的抽象理念與現實生活銜接起來，幫助讀者了解《奇蹟課程》的精髓所在，是奇蹟學員不可或缺的有聲輔讀教材，由於教材內容每年不盡相同，欲知詳情，請上網查詢。

www.acimtaiwan.info 奇蹟課程中文網站
www.qikc.org 奇蹟課程中文部簡体網

肯恩實修系列

《奇蹟原則50》

許多讀者久仰《奇蹟課程》之盛名，興沖沖地讀完短短的導言後，就怔忡在一條一條有如天書的「奇蹟原則」之前。讀了後句忘前句，「奇蹟」的概念好似漂浮在字裡行間，始終無法在腦海中落腳，以至於閱讀了一兩頁之後便後繼無力，難以終篇，竟至棄書而逃。

「奇蹟原則」前後五十條，其實是整部課程的濃縮，若無明師指點，讀者通常都不得其門而入。於今多虧奇蹟泰斗肯尼斯旁徵博引，以深入淺出而又幽默的答問形式，將寬恕與奇蹟的精神落實於生活中，為初學者乃至資深學員提供了一個實修的指標。（全書209頁）

《終結對愛的抗拒》

追尋心靈成長的人，學到某個階段往往面臨一個瓶頸：儘管修習多年，一遇到某種挑戰，就不自覺地掉回原地，因而自責不已。問題到底出在哪裡？

佛洛依德在他的臨床經驗中，驚異地發現，病人的潛意識中有「拒絕療癒」的本能，肯尼斯根據《奇蹟課程》的觀點，犀利地剖析人們「拒絕療癒或轉變」的原因，又仁慈地為讀者指出穿越小我迷霧的關鍵，由停滯不前的窘境中突圍。對於追尋心靈成長和平安的人而言，本書不但有提點指授的功效，更有當頭棒喝的力道。（全書109頁）

《親子關係》

坊間論及親子問題的書籍可謂汗牛充棟，泰半繞在親子關係複雜且微妙的糾結情懷，唯獨肯尼斯・霍布尼克不受表象所惑，借用《奇蹟課程》的透視鏡，澈照出親子之間愛恨交織的真正關鍵。

本書表面上好似在答覆「如何教養子女」、「如何對待成年子女」以及「如何照顧年邁雙親」等具體問題，它其實是為每一個人點出我們在由「身為兒女」，到「照顧兒女」，繼而「照顧雙親」的艱苦過程，以及我們轉變知見時必然經歷的脫胎換骨之痛。（全書238頁）

《性・金錢・暴食症》

在紛紜萬象的世界裡，性、金錢與食物可說是人生問題的「重頭戲」，最易牽動小我的防衛機制，故也最具爭議性。作者肯恩沿用《奇蹟課程》中「形式與內涵」的層次觀念，針對性、金錢等等所引發的光怪陸離現象（形式），揭露它們背後一貫的目的（內涵）──小我企圖藉無止盡的生理需求，抹滅心靈的存在，加深孤立、匱乏、分裂與受害感，最後連吃飯、賺錢與性交都可能變成一種攻擊的武器。

肯恩與學員的趣味問答，反映出我們日常是如何受制於這些生理需求的；然而，我們也能藉聖靈之助，將現實挑戰化為人生教室，將小我怨天尤人的陰謀，轉為寬恕與結合的工具。（全書196頁）

《仁慈──療癒的力量》

這是一部針對奇蹟教師及資深奇蹟學員的實修指南。全書分上下兩篇，上篇列舉奇蹟學員常有的現象，例如以奇蹟之名攻擊他人，或以善意為由掩蓋自己批判的心態；下篇探討如何用仁慈的眼光來看待自己與他人的缺陷，教我們將自身的限制或缺陷轉為此生的「特殊任務」，在人間活出寬恕的見證，成為聖靈推恩的管道。（全書251頁）

《逃避真愛》

本書是針對道理全懂卻難以突破的資深學員而寫的，它一針見血地指出，綑綁我們修行腳步的，不是世界的黑暗，也非人間的牽絆，而是自己打造出來的一道心牆。

只因我們深怕真愛會消融了自己的特殊性，故把心靈最深的渴望隱藏到心牆之後，與之「解離」，在人間展開一場虛虛實實又自相矛盾的追尋。一邊痛恨小我的束縛，一邊又忙著為小我說項；以至於內心有一部分奮力向前，另一部分則寧可原地觀望。藉著裝傻、扭曲、辯駁，把回歸真愛的單純選擇

渲染成複雜又艱深的學問。

《逃避真愛》溫柔地解除了人心無需有的恐懼，讓我們明白心牆的「不必要」，陪伴我們無咎無懼地跨越過去。（全書156頁）

《假如二二得五》

從古至今，多少人心懷救苦救難的大志，傾注一生之力貫徹自身理想，卻往往受現實所囿而終不能及。我們這些凡夫俗子，亦不乏拼搏自救之心，然而在現實面前，還是屢屢敗陣，活得憋屈而無奈。問題究竟出在哪裡？

對此，本書剴切提出：整個世界其實一直按照 $2+2=4$ 的「鐵律」來運作，萬物循著固定的軌跡盈虧盛衰，一切可謂「命中註定」，無怪乎歷史上的種種救世之舉皆以失敗告終。然而，《奇蹟課程》識破世界的詭計，小我既然使出 $2+2=4$ 的苦肉計，它便祭出 $2+2=5$ 的救贖原則，破解小我編織的羅網，溫柔地引領我們走出世界的幻境。本書即是教導我們，如何在貌似 $2+2=4$ 的世界活出 $2+2=5$ 的生命氣象，而且更進一步，迎向天地間唯一真實的等式 $1+1=1$。（全書171頁）

《駱駝‧獅子‧小孩》

本書書名出自德國哲學家尼采的代表作《查拉圖斯特拉如是說》裡的「三段蛻變」──駱駝、獅子、小孩。這則寓言提綱挈領地勾勒出靈性的發展過程，尼采的幾項重要論點，包括強力意志、超人、永劫輪迴，也在肯恩博士精闢的詮釋之下，與奇蹟學員熟悉的抉擇心靈、資深上主之師、小我運作模式等觀念相映成趣。

肯恩博士為奇蹟學員引薦這位十九世紀天才的作品，企盼在大家為了化解分裂與特殊性而陷入苦戰之際，可以由這本書得到鼓舞和啟發。我們終將明白，唯有「一小步又一小步」的前進，從駱駝變成獅子，再進一步蛻變為小孩，不跳過任何一個階段，才能抵達最後的目標。（全書177頁）

肯恩《奇蹟課程釋義》系列

《奇蹟課程序言行旅》

如果說《奇蹟課程》是一首曠世交響曲，《序言》便奠定了整首樂曲的氣質與基調，不僅鋪敘出奇蹟交響樂的關鍵理念，還將讀者提昇到奇蹟形上思想的高度和意境，堪稱《正文行旅》最佳的暖身之作。

肯恩有如一流的樂評家，領著讀者，在宏觀處，領受樂章磅礴的主旋律，在微觀處，諦聽暗藏其中的千百種變奏，致其廣大，盡其精微，深入課程之堂奧，回歸心靈之家園。（全書121頁）

《正文行旅》（陸續出版中）

《奇蹟課程》在人類靈性進化史上的貢獻可謂史無前例，而《正文行旅》乃是《奇蹟課程釋義》三部曲的完結篇。肯恩由文學，詩體，音樂三重角度，依循各章節的主題，提供了「重點式」以及「全面性」的導覽，幫助學員深入奇蹟三昧，沉浸於智慧與慈悲之海。

這部行旅可說是肯恩一生教學的智慧結晶，奇蹟學員浸潤日久，必會如他所願：奇蹟，發自心靈，必將流向心靈。（第一冊335頁）

《學員練習手冊行旅》（陸續出版中）

整套《奇蹟課程釋義》的問世，可說是無心插柳。1998年起，肯恩應學生之請，為〈學員練習手冊〉做了一系列的講解，基金會將研習錄音增編彙整為逐句詮釋的〈練習手冊行旅〉。此案既定，〈正文行旅〉以及〈教師指南行旅〉應運而生，為奇蹟學員提供了最完整且精闢的修行指針，訂名為《奇蹟課程釋義》，幫助學員將〈正文〉理念架構所引伸出來的教誨，運用到現實生活中。這三部《行旅》，可說是所有踏上奇蹟旅程的學員最貼心的夥伴。

《學員練習手冊行旅》的宗旨，乃是幫助奇蹟學員了解三百六十五課的深意，以及它們在整部課程中的作用。更重要的是，幫助學員將每日一課運用於現實生活中，否則《奇蹟課程》那些震古鑠今之言可謂枉費脣舌，徒然淪為一套了無生命的學說。（第一冊346頁，第二冊292頁，第三冊234頁，第四冊337頁）

《教師指南行旅》
（共二冊，含《詞彙解析行旅》）

〈教師指南〉是《奇蹟課程》三部書的最後一部，它以「如何才是上主之師」為主軸，提綱挈領地梳理出〈正文〉的核心觀念，全書以提問的形式鋪敘而成，為其他兩部書作了最實用的補充。

肯恩在逐句解說〈教師指南〉時，環繞著兩個主題：「個別利益」對照「共同福祉」，以及「向聖靈求助」。因為若不懂得向聖靈求助，我們根本學不會「共享福祉」這門功課。當然，全書也穿插不少副題，如「形式與內涵」、「放下判斷」等等，就像貝多芬的偉大樂章那樣，不時編入數小節旋律，讓主題曲與變奏曲銜接得更加天衣無縫。肯恩說：「我希望藉由本書讓學員看出，耶穌是如何高明地把他的基本訊息串連為一個整體，一如交響樂以主旋律與變奏曲那般交叉呈現、迴旋反覆地將我們領上心靈的旅程。」（第一冊337頁）（第二冊310頁）

其他出版品

《寬恕十二招》

《寬恕十二招》的作者保羅・費里尼，有鑑於人們的想法與情緒反應模式，早已定型僵化，成了一種「癮」，不是一朝一夕可以化解得掉的。因此，他將《奇蹟課程》的寬恕理念，分解為十二步驟，一步一步地引導我們超越自卑、自責以及過去的創痛，透過自我寬恕而領受天地的大愛。這是所有準備好負起自我治癒之責的人必讀的靈修教材，也是曠世靈修經典《奇蹟課程》的輔讀書籍。（全書 110 頁）

《無條件的愛》

作者保羅・費里尼繼《寬恕十二招》之後，另以老莊的散文筆法，細細描述我們每一個人心中都擁有的「無條件的愛」。他由大我的心境出發，以第一人稱的對話方式，直接與讀者進行心與心的交流，喚醒我們心中沉睡已久的愛，開啟那已被遺忘的智慧。此書充滿了「醒人」的能量，是陪伴你走過人生挑戰的最好伙伴。（全書 215 頁）

《告別娑婆》

宇宙從哪兒來的？目的何在？我究竟是什麼？為什麼會在這裡？我要往哪裡去？我該怎麼活在這個世界裡？當你讀完本書，會有一種「千年暗室，一燈即亮」的領悟。

全書以睿智而風趣的對話談當今世局、原子彈爆炸，一直說到真愛、疾病、電視新聞、性問題與股價指數等等，讓我們對複雜詭異的人生百態，頓時生出「原來如此」的會心一笑。它說的雖全是真理，讀起來卻像讀小說一樣精彩有趣，難怪一問世便成了西方出版界的新寵。（全書 527 頁）

《一念之轉》

作者拜倫・凱蒂曾受十餘年的憂鬱症所苦，一天早上，她突然覺悟了痛苦是如何形成又如何結束的。由此經驗中，她發明了四句問話的「轉念作業」（The Work），引導你由作繭自縛中徹底脫身，是一本足以扭轉你人生的好書。（全書 448 頁，附贈轉念作業個案 VCD）

《斷輪迴》 阿頓與白莎回來了！

繼《告別娑婆》走紅之後，葛瑞的生活形態發生重大的轉變，也面臨了更多的挑戰。葛瑞仍是口無遮攔地談八卦、論是非、臧否名流，阿頓和白莎兩位上師在笑談棒喝中，繼續指點葛瑞如何在現實挑戰下發揮真寬恕的化解（undo）功能，徹底瓦解我執，切斷輪迴之根。（全書279頁）

《人生畢業禮》

本書是保羅與 Raj 在 1991 年的對話記錄。對話日期雖有先後，內涵卻處處玄機，不論由哪一篇起讀，都會將你導入人類意識覺醒的洪流。

Raj 借用保羅的處境，提醒所有在人間孤軍奮鬥的人，唯有放下自己打造的防衛措施，才可能在自己的心靈內找到那位愛的導師。也唯有從這個核心出發，我們才會與所有弟兄相通，悟出我們其實是一個生命。（全書 288 頁）

《療癒之鄉》

《療癒之鄉》中文版由美國「獅子心基金會」委託台灣「奇蹟資訊中心」出版。

作者羅賓・葛薩姜把《奇蹟課程》深奧又慈悲的教誨化為一套具體的情緒啟蒙和心靈復健課程，協助犯罪和毒癮的獄友破除心理障礙，學習處理人與人之間的衝突，調整情緒，建立自信，切斷「憤怒→攻擊→憤怒」的惡性循環。《療癒之鄉》陪伴無數受刑人度過獄中歲月。

《療癒之鄉》也是為所有困在自己心牢裡的讀者而寫的。世間幾乎沒有一人不曾經歷童年的創傷、外境的壓迫，以及為了生存而形成種種不健康的自衛模式。獄友的心路歷程給予我們極大的啟發，鼓舞我們步上心靈療癒之路。（全書 440 頁）

《我要活下去》

這本書不只是一本鼓舞信心的療癒指南，還是一個女人把自己從鬼門關前拉回來的真實故事。

作者朱蒂・艾倫博士（Judy Edwards Allen, Ph.D.）原本是成功的專業顧問、大學教授、大學教科書作者，四十歲那年獲知罹患乳癌的「噩耗」，反而成為她生命的轉捩點，以清晰、熱情的文筆，記錄了她奮力將原始的求生意念成功地轉化為「康復五部曲」的歷程。讀者會看到她如何軟硬兼施地與醫生打交道，如何背水一戰克服無助感，又如何透過寬恕，喚醒內心沉睡已久的愛與生命力。最後，她終於超越自己對生死的執著，在這一場疾病與療癒的拔河大賽中，獲得了靈性的凱旋。（全書 280 頁）

《時間大幻劇》

人們對於時間，存在著種種截然不同的看法，比如：時間是良藥，可以癒合一切創傷；善惡終有報，只等時候到；時間是無情的殺手，終將剝奪我們的一切……人類早已視時間的存在為天經地義，戰戰兢兢地活在過去的懊悔、現在的焦慮和對未來的恐懼中。我們好似活在一座無形的牢籠裡，苟延殘喘，等待大限的到來。

《奇蹟課程》的泰斗肯恩博士曾說：「不了解時間，不可能讀懂《奇蹟課程》的。」他引經據典，將散落全書有關時間的解說，梳理出一個完整的思想座標，猶如點睛之龍，又如劃破文字叢林的一道靈光，讓我們一窺《奇蹟課程》的究竟堂奧（究竟義）。此書可說是肯恩留給奇蹟資深學員最珍貴的禮物。（全書413頁）

《奇蹟課程誕生》

《奇蹟課程》的來歷究竟有何玄虛？為什麼它選擇經由海倫・舒曼博士來到人間？它的記錄方式及成書過程，與它傳給人類的訊息有何內在關係？有幸親炙此書的我們，又該如何延續奇蹟精神的傳承？

不論你只是好奇《奇蹟課程》的精采傳奇，還是有心以「史」為鑒，窮究奇蹟的傳承精神，本書都提供了最可靠的第一手資料。作者因與茱麗、海倫與比爾等人交往密切，故受這些開山元老之託，冷靜而客觀地梳理《奇蹟課程》的記錄及成書經過，佐以三位奇蹟元老的親筆自白，融鑄成一部信實可徵的《奇蹟課程》誕生史，帶領讀者重新走過五十年前那段精采神奇的心靈歷程。（全書195頁）

《飛越死亡的夢境》

本書榮獲美國出版界著名的「活在當下書籍獎」（Living Now Book Awards），全書以嶄新的視角詮釋曠世靈修經典《奇蹟課程》的教誨，為讀者剀切指出「起死回生」的著力點。

作者特別選取在人間每個角落不時作祟的「死亡陰影」入手，揭露小我抵制永恆生命的伎倆。作者以親身的經歷為奇蹟作證，並且提供了極其實用的反省練習，解除我們潛意識中對死亡的恐懼，為百害不侵的生命本質開啟了一扇門，真愛與喜悅得以流過人間，讓奇蹟成為日常生活裡「最自然的事」。（全書524頁）

國家圖書館出版品預行編目資料

奇蹟課程釋義：學員練習手冊行旅. 第一冊（1-40課）
／肯尼斯·霍布尼克博士（Kenneth Wapnick, Ph.D.）
著；若水譯 -- 初版 -- 臺中市：奇蹟課程·奇蹟資訊中
心，民 106.11
　　面；　　　公分
譯自：Journey through the workbook of a course in
miracles: the study and practice of the 365 lessons
ISBN 978-986-95707-0-1（平裝）

1. 靈修

192.1　　　　　　　　　　　　　　　106020549

奇蹟課程釋義
學員練習手冊行旅　第一冊

作　　者　肯尼斯·霍布尼克博士（Kenneth Wapnick, Ph.D.）
譯　　者　若 水
責任編輯　李安生
校　　對　李安生　黃真真　吳曼慈
封面設計　林春成
美術編輯　陳瑜安工作室
出　　版　奇蹟課程有限公司·奇蹟資訊中心
　　　　　桃園市光興里縣府路 76-1 號
聯絡電話　（04）2536-4991
劃撥訂購帳號　19362531　戶名　劉巧玲
網　　址　www.acimtaiwan.info
電子信箱　acimtaiwan@gmail.com

印　　刷　世和印製企業（02）2223-3866
經銷代理　聯合發行公司
　　　　　電話（02）2917-8022＃162
　　　　　（03）212-8000＃335

定　　價　新台幣 350 元
出版日期　2017 年 11 月初版
　　　　　2020 年 9 月三刷

ISBN　978-986-95707-0-1